# 사무실의 도른자들

# 사무실의 또라이들

테사 웨스트 지음

박다솜 옮김

# JERKS AT WORK

문학동네

일러두기

1. 본문의 미주는 모두 원주다.

2. 원서에서 이탤릭체나 대문자로 강조된 부분은 고딕체로 표기했다.

3. 단행본과 잡지는 『 』로, 영화 및 TV 프로그램 제목은 〈 〉로 표기했다.

4. 인명, 지명 등 외래어는 국립국어원 외래어표기법을 따랐으나 일반적으로 통용되는 표기
   가 있을 경우 이를 참조했다.

5. 원서의 영단어 jerk는 '얼간이' '멍청이' '또라이'를 뜻하는 단어로 원서에서 표현하고자
   하는 바와 가장 유사한 단어는 '또라이'이다. 다만, 이 책에서는 jerk를 '또라이'와 의미가
   유사하면서도 온라인 공간이나 대중문화 콘텐츠에서 통용되는 '돌아이' '도른자'로 번역
   표기했다.

이 이야기에 영감을 준 우리 가족—제이,
매티, 잭, 애니, 부모님, 저스틴 오빠에게.
그리고 잘 맞는 사람들과 함께 일하는 게
얼마나 멋진지 알려준 학생들과 오랜 협업자들에게.
하루도 빠짐없이 생각한다.
**내가 여기 있는 건 엄청난 행운이라고.**

차
례

## '그들'은 어디에나 있다, 당연히 당신 옆에도

"월말까지 매출을 두 배로 올리지 않으면 사샤가 나를 조져놓을 거야. 팀원 전체가 모인 자리에서, 나한테 얼마나 실망했는지 **일장 연설**을 늘어놓았다니까."

초저녁 어느 술집, 애니는 칵테일 한잔을 앞에 두고 고개를 푹 떨구고서 전 동료 캘빈에게 지난 두 달간의 근황을 줄줄 읊고 있었다. 애니가 입사하고 얼마 지나지 않은 어느 날, 상사 데이비드가 아시아에서 터진 공급망 문제를 해결하기 위해 갑자기 뉴욕 사무실을 비우게 되었다. 자신을 대리할 사람을 찾을 시간이 부족했던 데이비드는 사샤에게 사무실의 키를 맡겼다.

사샤는 뾰족한 특기는 없으나 그럭저럭 할 줄 아는 건 많은 인물이었다. 뉴욕 사무실에서 꼬박 10년을 일한 터줏대감이라 조직에 대해서도 속속들이 알고 있었다. 영업팀의 누가 고객과의 저녁식사 자리에 적격인지 알면서, 망가진 비디오 프로젝터 고치는 법**까지** 아는 사람은 많지 않을 것이다.

무엇보다도 사샤는 돈에 밝았다. 탐정이라도 되는 양 세부 내역을 샅샅이 확인해야 직성이 풀렸다. 사샤는 몇 시간이고 엉덩이를 붙이고 앉아서 예산을 톺아보며 구석구석에서 새는 돈을 1달러씩 잡아내곤 했다. 그렇게 이루어진 예산 삭감에 대해 불평하는 여론이 들끓었지만 ("에스프레소 머신 어디 갔어?") 데이비드는 신경쓰지 않았다. 비용 절감이라니, 오히려 환영이었다. 데이비드가 자리를 비운 기간이 한 달씩 늘어날수록, 사샤는 회사를 서서히 장악해나갔다. 처음엔 예산과 관련된 소소한 결정을 도맡는가 싶더니 나중엔 채용과 진급마저 손댔다. 사샤가 영업팀을 완전히 손아귀에 넣자, 그야말로 지옥도가 펼쳐지기 시작했다.

온갖 끔찍한 상사 유형을 하나로 합친 존재라는 점에서, 사샤는 프랑켄슈타인 박사가 만들어낸 괴물에 필적했다. 그는 팀 전체가 모인 자리에서 공개적으로 팀원을 깎아내렸고, 사사건건 통제하려 들었고, 손바닥 뒤집듯 지시를 바꾸어 모두에게 현기증을 유발했다. 회의중엔 도저히 예측할 수 없는 행태를 보이는 탓에 다들 한시도 긴장의 끈을 늦출 수 없었다. 만면에 미소를 띠고 칭찬하다가 갑자기 고문에 가까운 굴욕을 주는 일이 다반사였다. 향수는 또 얼마나 독하게 뿌리는지, 애니는 사샤와 같은 방에 10분만 있어도 머리가 슬슬 아파왔다.

입사 초기에 사샤는 매력적인 직원이었다. 데이비드가 가까이에서 지켜보고 있던 그 시기, 사샤는 비굴해 보일 정도로 남들의 비위를 맞추려 노력했다. 애니에게 보내는 이메일에 이런 글귀를 적곤 했으니 말다 했다. "함께 일하게 되어 정말 영광이에요. 당신의 비법을 조금이라도 배우고 싶어요. 교육 세션 같은 걸 열어주시면 안 될까요?" 그런데 데이비드가 이제 자신을 이메일 참조인에서 빼도 된다고 말한 순간, 이런 아첨은 거짓말처럼 사라졌다.

그렇게 시간이 흘러 데이비드가 사무실을 비우자, 사샤는 흉측한 본색을 드러냈다. 사샤는 전형적인 돌아이처럼 행동했다. 우선 남들 앞에서 애니의 평판에 소소하게 흠집을 내기 시작했다. 영업팀장인 애니는 매주 팀 전체를 모아 회의를 열었는데, 한 달쯤 지나 사샤가 회의가 끝나기 5분쯤 전에 은근히 자리에 끼는 걸 눈치챘다.

"애니, 안녕하세요! 영업팀원들이랑 잠깐 수다 좀 떨다 가도 될까요?" 사샤는 무해한 얼굴로 물었다. 그리고 애니에게는 들리지 않을 만한 거리에서, 남몰래 애니에 대한 팀원들의 신뢰를 흔들기 시작했다. 팀원들에게 애니의 결정에 대해 의문을 표했고("이게 괜찮은 생각이라고 확신하세요?") 직속 부하 앞에서 애니의 전문성을 깎아내렸다("그 고객이라면 제가 잘 알거든요. 애니보단 훨씬 뛰어난 사람이죠. 여기에 동의할 리 없어요"). 애니에 대해 이상한 헛소문을 퍼뜨리기도 했다. 알고 보니, 전부 애니의 팀원들과 친목을 다지기 위한 수작이었다.

사샤는 애니를 과잉 통제했다. 애니가 세운 예산을 자꾸만 임의로 바꿔놓았다. 매일 45달러로 요청한 일간 식비를 40달러로 깎았는데, 그저 누구에게 진짜 힘이 있는지 확인시키려는 의도였다. 가끔은 반대로 애니의 예산을 이유 없이 증액하기도 했다. 이러나저러나, 애니가 납득할 만한 처사는 아니었다.

시간이 흐르며 사샤는 애니를 향해 질투를 내비치는 동시에 공공연하게 훈계를 하려 들었다. 태세 전환이 아주 재빨랐다. 애니가 스스로 결정을 내리려 하면 사샤는 자기 권한을 다시금 짚고 넘어갔다. "데이비드가 저더러 **모든 사람**이 하는 **모든 행동**을 감독하라고 했어요." 사샤는 처음에는 예산을 살짝 수정하는가 싶더니, 어느새 예산에 대한 폭넓은 점검에 착수해 있었다. 애니는 사샤의 개입 없이는 영업 계약을 아예 실행하지 못하는 신세가 되었다.

이윽고 해고의 피바람이 불어닥쳤다. 자신에 대한 나쁜 이야기가 퍼져나가는 걸 막느라 애를 먹고 있던 사샤가 편집증적 행동을 보이기 시작한 것이다. 사샤는 인민에 대한 통제권을 잃어가는 독재자가 그러듯, 눈에 띄는 족족 참수를 해나갔다. 때론 시간을 아끼기 위해 여러 사람을 사무실로 불러 단체로 해고를 통보했다. 애니는 불안해하는 팀원들에게 보호해주겠노라 약속했지만, 자신은 없었다. 위태로운 지위에서 비롯한 불안은 업무에도 그늘을 드리웠다. 직원들은 성과를 자축하지 않게 되었다. 점심에 외식을 하지 않게 되었다. 하루를 더 버티면 다행으로 여겼다.

애니의 전 동료 캘빈을 포함해 대부분의 직원들이 일이 잘못되어가는 낌새를 느끼자마자 침몰하는 배에서 뛰어내렸다. 가만히 앉아서 일터가 지옥이 되어가는 걸 지켜보지 않으려는 선택이었다. 반면 애니는 그 자리에 남아, 긍정적인 태도를 유지하려 애썼다. 하지만 하루하루 점점 더 힘이 부쳤다.

이 시기에 애니는 몇 차례 데이비드와 소통을 시도했다. 그런데 아시아 쪽 상황도 좋지 않은지, 애니가 이메일을 보내도 한동안 자동 답장만 돌아올 뿐이었다. 한참을 기다린 끝에 애니는 마침내 어느 날 새벽 2시에 데이비드와 영상통화를 할 수 있었다. 애니가 원래 하고 싶었던 말은 이거였다. "사샤는 끔찍해요. 우리 회사를 망가뜨리고 있다고요!" 그러나 입을 채 열기도 전에 애니는 이 전략이 먹히지 않으리란 걸 눈치챘다. 데이비드는 지칠 대로 지쳐 보였다. 몇 번이고 같은 미로를 헤매기만 할 뿐, 출구를 찾지 못한 사람처럼.

"애니, 내 말 들어봐요. 사샤를 대하기 힘들 수 있다는 건 알지만, 그 사람은 많은 일을 하고 있어요. 내가 해줄 수 있는 최선은 당신이 그와 직접 대면하는 시간을 줄여주는 정도예요." 데이비드가 말했다. 그는 격려의 말 몇 마디로 영상통화를 마무리하며 "이놈의 공급망 문제가 해결될 때까지만 버텨줘요"라고 간청했다.

지금쯤 여러분은 이렇게 생각하고 있을 것이다. 애니는 대체 왜 그러고 있는 걸까? 그냥 퇴사하면 되는 것을. 돌이켜보면 명료하게 보이는 사실이다. 애니도 캘빈처럼 데이비드가 사샤에게 통치권을 넘기자마자 퇴사했어야 한다. 하지만 애니는 오래 꿈꿔온 일자리를 포기하고 싶지 않았다. 모든 게 최악으로 치닫던 시기에도, 데이비드가 눈앞에서 당근을 흔들었다. "기억해요, 사샤는 임시예요." 현실 부정은 인생에서 우리를 갖가지 나쁜 결정으로 이끄는데, 커리어 결정도 예외는 아니다. 누구나 그렇겠지만 애니도 잦은 이직을 원하지 않았다. 이 회사를 터전 삼아 정착하고 싶었고, 면접 자리에서 그런 기회가 주어지리라는 확언을 들었다. "일을 다 가르친 다음 내보내고 싶지는 않아요.

당신이 여기서 능력을 쌓아가도록 돕고 싶어요." 이런 말, 혹시 여러분도 들어보지 않았는가?

애니는 그 말을 믿었다. 믿지 않을 이유가 없었다. 하지만 이제 애니는 30대보다 80대에게 더 흔한 여러 질환을 앓게 되었다. 사샤가 날뛰는 아래에서 1년을 보내는 동안 혈압이 높아졌고, 평균 수면 시간은 여덟 시간에서 다섯 시간으로 줄었으며, 채소가 주를 이루던 건강 식단은 핫도그와 맥주에게 자리를 내주었다. 머리카락이 점점 가늘어졌고 눈가에 이상한 경련이 일었다. 침대에 누우면 즉시 팔다리가 따끔거렸다. 본인이 인정할 준비가 되지 않았을 뿐, 음주 문제도 있는 듯했다.

다시 술집. 바텐더가 다가오자 애니는 앞에 놓인 마라스키노 체리를 들여다보았다. 값싼 술을 파는 눅눅하고 어둑한 이 바는 반경 다섯 블록 안에서 일하는 불쌍한 회사원들의 아지트였다. 속시원하게 수다를 떨 기운조차 없는 사람들이 모여드는 곳. 애니도 그중 하나였다.

"애니, 솔직하게 말할게요." 캘빈이 입을 열었다. "지금 당신, 고급 레저웨어 브랜드의 영업팀장이 아니라 근무시간 막판에 한바탕 싸움을 말리고 온 교도관처럼 보여요. 끝이 어떨지 훤하군요. 좋지 않아요."

반년 전 사샤에게서 벗어난 캘빈은 산뜻한 얼굴에 컨디션이 좋아 보였다. 한마디로, 이 바에 어울리지 않았다. 경쟁사로 이직한 그는 오후마다 라테를 홀짝이며 상사와 요가 노하우를 나누곤 했다. 캘빈에게서는 우월한 분위기가 물씬 풍겼다. 대학 시절 기말고사를 일찍 끝내고 도서관 앞에서 남들의 부러움을 사며 공놀이를 하는 학생처럼.

'너 참 안됐다.' 잘난 얼굴이 그렇게 말하는 듯했다. 맞는 말이긴 했다.

"이해가 안 가요? 데이비드는 머리에 총구가 들어와도 이 회사에서 누가 일하는지, 작년 매출이 얼마인지 말 못할걸요. 사샤만큼 이 회사를 속속들이 아는 사람은 없어요. 데이비드는 절대 사샤를 해고 못해요. 마음은 굴뚝같더라도, 못해요. 사샤에게 완전히 의존하고 있거든요. 사샤는 끝까지 살아남을 겁니다."

대부분의 사람들은 일하다가 만난 사람 때문에 평정심이 크게 흔들리는 경험을 한 적이 있다. 그에게 대처하려고 몇 가지 전술을 시도해보기도 했을 것이다. 친구들에게 하소연해서 속을 풀기, 직장 내 사교생활을 말끔히 그만두기, 상사가 풍문으로라도 자신이 얼마나 마음 고생을 하고 있는지 알게 되길 바라며 그 사람에 대해 수군거리기.

그중 제일 대담한 이들은 정면 승부를 시도해봤을지도 모른다. 그러나 면전에서 자기 결점을 지적당하는 걸 좋아하는 사람은 없으니만큼, 이런 시도는 십중팔구 더 큰 갈등을 불러왔을 것이다. 정면 승부에 실패하면, 직속 상사를 찾아가 도움을 청할 수도 있다. 그러나 아무리 이해심 깊은 상사라 해도 정작 문제 인물들을 다룰 능력은 부족한 경우가 많다. 예를 들어 데이비드 같은 상사는 돌아이에게 크게 의존하고 있기 때문에 선뜻 행동을 취하지 못한다. 어떤 상사는 문제가 있다는 데에는 동의하지만 문제 인물에게 제동을 걸 힘은 없다. 그런가 하면 갈등을 회피하려는 성향이 강해서 돌아이에게 맞선다는 생각만 해도 마음이 물러지는 상사도 있다.

정면 승부가 실패하면 '가급적 회피' 전략으로 돌아서게 된다. 나로 말하자면, 어떤 돌아이와 화장실을 같이 쓰는 일을 기필코 피하고자 근무시간 자체를 옮긴 적도 있다. 불편했고 수면에 해로웠지만, 적어도 하루 여섯 시간은 스트레스 없이 보낼 수 있었다. 나만의 얘기는 아닐 거다.

자, 좋은 소식이 있다. 꼭 그렇게까지 할 필요는 없다는 것이다. 여러분의 영혼을 파괴하는 돌아이들, 그들이 여러분의 인생에 들이붓는 혼돈을 감내하며 살지 않아도 된다. 이 책을 통해 돌아이들이 어떤 동기로 그렇게 행동하는지 이해하고, 연구를 토대로 고안한 전략들을 실전에 적용해보자. 그럼으로써, 여러분의 에너지를 바닥내고 정서 건강을 해치며 결국에는 마음의 평화를 깨뜨리는 돌아이들에게 대처할 능력을 장착하게 될 것이다.

사회심리학자인 나는 지금껏 20년 가까이 사람들이 소통하는 방식을 연구했다. 사람들이 협상하고, 협업하고, 효과적으로 논쟁하고, 성공적으로 서로를 회피하는 전략들을 관찰했다. 상호작용이 엉망이 될 때 사람들이 느끼는 스트레스가 얼마나 큰지, 그 스트레스가 신체에서 어떻게 발현되며 다른 사람에게 얼마나 빨리 퍼져나가는지 측정해왔다.

일터에서 인간관계 문제가 해결되지 않을 경우, 우리 삶의 모든 면에—우리가 아이들과 상호작용하는 방식부터 연인이나 배우자에게 느끼는 연결감까지—스며들어 어떤 일을 일으키는지 나는 수없이 목격했다. 이제 사회과학 연구를 기반으로 사무실의 돌아이 문제에 접근해보겠다. 지금까지 나는 신입 사원부터 '최고'로 시작하는 직함을 단 중역들까지 여러 사람을 도왔다. 이제 여러분을 도울 차례다.

## '사무실의 도른자들', 그들은 누구인가

돌아이에게 대처하는 건, 말하자면 연쇄살인범을 프로파일링하는 것과 비슷하다. 다시 말하면 그들이 무엇을 동력으로 행동하는지 알기 위해, 일단 그들의 머릿속에 들어가봐야 한다는 뜻이다. 어떻게 희생자를 고르는가? 어떻게 적발당하지 않고 넘어갔는가? 그들의 행동으로 (은연중에) 이득을 보는 타인이 있는가? 프로파일링 여정을 시작하기 전에, 우선 돌아이들을 유형별로 나누어보자.

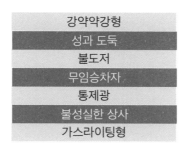

| 사무실의 도른자들 |
| :---: |
| 강약약강형 |
| 성과 도둑 |
| 불도저 |
| 무임승차자 |
| 통제광 |
| 불성실한 상사 |
| 가스라이팅형 |

**강약약강형**은 단 하나의 목표를 향해 움직인다. 수단과 방법을 가

리지 않고 정상으로 올라가는 것. 그러기 위해 이들은 자기와 동등하거나 아래에 있는 이들을 경쟁자로 취급한다. 상사가 보지 않는 곳에서는 예의바른 허울을 벗어던진다.

**성과 도둑**은 양의 탈을 쓴 늑대다. 자기 자신만 생각하는 이기적인 팀원과 멘토가 여기에 해당한다. 이들은 친구처럼 굴다가, 훔칠 만한 아이디어를 발견하면 신뢰를 저버린다. 팀의 프로젝트에 도움을 주지만 상사 앞에서 발표할 때는 동료의 기여도를 깎아내린다. 동료가 미완의 아이디어를 발전시키도록 돕지만, 목적은 오직 나중에 성과를 가로채기 위해서다. 말로는 승승장구하도록 돕겠다고 하면서 마음속으로는 동료의 성공을 질투한다. 자기 행각을 숨기는 데 능한 유형이다.

**불도저**는 원하는 것을 손에 넣기 위해서라면 거리낌없이 위력을 행사한다. 경력과 인맥이 풍부한 직원인 경우가 많다. 이들의 특징적 행동으로는 두 가지가 있다. 첫째, 집단 의사결정을 좌지우지하려 한다. 둘째, 공포와 겁박을 활용해 자기를 제지하려는 상사들을 무력화한다. 대부분 원하는 것을 쟁취하기 위해 상사의 머리 꼭대기에 올라가는 법을 알고 있으며 자신을 중요 인재로 여기는 한두 직급 위의 상사와 친하다. 진실을 말하자면, 많은 일터에서 불도저형 행동은 '리더십'으로 여겨지며 의도한 효과를 얻는다. 삐걱거리는 바퀴에 기름을 칠해주니까. 그러나 불도저와 함께 일하는 사람은 자주 속이 답답해진다. 불도저가 제 뜻을 관철시킬 때까지 의사결정은 마냥 지지부진하게 흘러

갈 것이다. 이 돌아이들은 타협할 생각 따위 꿈에도 없으므로.

**무임승차자**는 아무것도 안 하면서 보상을 받는 게 전공이다. 허울만 좋고 실제 노력은 거의 들지 않는 일을 귀신같이 찾아낸다. 이들은 잘 돌아가는 팀에 속해 있으면 승승장구하기 쉽다. 팀워크를 중시하는 성실한 사람들이 똥을 치워주니까. 대부분 호감을 사고 여러 사람과 친하게 지내므로 지적하기도 쉽지 않다.

**통제광**은 직원의 개인 시간과 공간을 존중하지 않는 성마른 관리자다. 그중엔 현재 직원에게 배정된 실무를 담당했던 과거의 습성을 버리지 못한 이들도 있고, 감독을 할수록 성과가 잘 나온다는 착각에 사로잡힌 이들도 있다. 직원을 세세하게 통제하는 건 한 번에 여러 사람에게 쓸 수 있는 전략이 아니므로, 이런 유형의 상사를 둔 부하들은 번갈아 관리를 받게 된다. 관리 대상에서 벗어나 있을 때는 상사에게서 며칠, 때론 몇 주씩 버림받기도 한다. 이런 점에서 통제광은 불성실한 상사 유형과 동전의 양면처럼 붙어 있다.

**불성실한 상사**는 일이 어떻게 돌아가는지 모르면 견디지 못한다. 그러나 허다한 이유로 그런 상태에 놓이게 된다(그 이유 중 하나는 부하를 사소한 부분까지 통제하고 있기 때문이다). 불성실한 상사가 밟게 되는 특징적인 세 단계가 있다. 첫째, 부하를 한참 내버려둔다. 둘째, 일을 챙기지 않았으므로 불안해진다. 셋째, 불안을 덜기 위해 과도한 통제를 시작한다. 이런 상사를 둔 사람은 만성적 불확실의 세계에 살게 된다. 불성실한 상사가 가장 다루기 만만찮은 돌아이인 이유다.

**가스라이팅형**은 남을 기만하기 위해 큰 그림을 그린다. 이들은 우선 희생자를 고립시키고, 다음으론 자기 입맛에 맞는 대안적 현실을 천천히 구축해나간다. 희생자를 고립시키는 방법으로는 일터에서의 지위가 불안하다고 느끼게 하거나, 반대로 비밀 모임의 일원인 것처럼 대우함으로써 자신이 특별하다고 느끼게 하는 것이 대표적이다. 가스라이팅은 어떤 목적의 수단인 경우가 잦다. 혼자서는 하지 못할 사기나 횡령의 한패가 되어줄 동료나 부하를 찾는 것이다.

이 책에서는 장마다 하나의 돌아이 유형을 다룬다. 우선 각 유형의 두드러진 특징이 무엇인지, 그들의 동기는 무엇이며 주로 어떻게 발현되는지 소개한다. 다음으로는 돌아이를 다루는 전략과 팁, 비법들을 소개한다. 전부 세월로 검증된 방법들이다. 독심술 전문가가 아니더라도, 가급적 갈등을 피하고 싶은 사람이라도 충분히 활용할 수 있을 것이다.

각 장은 내용이 이어지지 않으니 필요한 유형만 찾아 읽어도 좋다. 그러나 종종 다른 유형을 언급하기 때문에, 책을 순서대로 읽어나가며 여러 돌아이들의 공통점과 차이점을 파악해보는 것도 도움이 되리라 본다. 그러다보면 여러 종류의 돌아이들을 같은 전략으로 무찌를 수도 있다는 깨달음에 이를 것이다.

이 책이 사무실에 새로운 돌아이가 등장할 때마다 열어볼 수 있는 일종의 '돌아이 공략집'이 되길 바란다. 사회 초년생이라면, 업계에서 수년을 구른 노련한 회사원과는 다른 눈으로 이 책을 읽게 될 것이다. 경력이 쌓이고 이직을 거친 뒤 이 책을 읽으면, 처음에는 놓쳤던 새로운 통찰을 얻을지도 모른다. 지금 이쯤에서 본문 뒤에 딸린 부록의 테스트 문항을 먼저 풀어보는 것도 좋겠다. 이후 7장까지 다 읽은 다음 테스트를 다시 하면, 뭔가 달라졌음을 느낄 것이다.

## '사무실의 도른자들'에 관한 진실 혹은 거짓
●○

나는 일을 하면서 돌아이들을 둘러싼 수많은 오해를 들어왔다. 그 오해들을 바로잡는 것이야말로 돌아이 문제를 해결하는 첫걸음일 테다.

### 첫번째 오해: 그들에게 당하는 건 사회 초년생뿐이다

꽤나 관록이 있는 이들도 도움을 구하러 나를 찾아온다. 그들은 그토록 오래 일하고도 직장 내 인간관계 문제를 해결하지 못하는 게 당황스럽다고 말한다. 그럴 때마다 나는 능력이 반드시 시간에 비례해서 커지는 건 아니라고 상기시키곤 한다. 학력이 어떠하든, 직책이 어떠하든, 누구나 돌아이의 희생자가 될 수 있다. 일터에서 시간을 많이 보냈다고 갈등 관리 능력이 저절로 쑥쑥 자라는 건 아니다.

대부분의 사람들은 돌아이 대처법을 정식으로 배운 적이 없다. 경영 수업과 리더십 훈련은 주로 직장에서 해야 하는 행동(그리고 하지 말아야 할 행동)에 집중할 뿐, 인간관계를 동원해 직장 내 문제를 해결하는 법이나 고위 상사의 관심을 끌 전략을 짜는 법은 거의 다루지 않는다. 이런 기술을 배우려면 우선 직장 내 인간관계가 어떻게 작동하는지 알아야 한다. 돌아이 퇴치법을 배우기에 여러분은 아직 늦지 않았다. 너무 이를 리도 없고!

### 두번째 오해: 돌아이들은 실무 능력이 없는 '무쓸모 직원'이다

"그 사람이 나를 고문하는 이유는 딱 하나죠. 나를 질투하고, 나보다 앞서나갈 방법을 알지 못하기 때문이에요." 이런 말을 수도 없이 들었다. 일터의 돌아이들을 단순히 '빌런'으로 치부하기야 쉽다. 여러분의 눈에 그들은 여러분의 인생을 비참하게 만드는 것 말고는 할일이 없는, 무능한 명청이로 보일 것이다. 하지만 이런 접근법으로는 멀리 가지 못한다. 능력은 있으나, 그 능력을 악독한 방향으로 발휘하는 사람이 회사마다 평균적으로 한 사람씩은 있다. 관건은 그들의 능력이 정확히 무엇인지 파악해내는 것이다. 대부분의 돌아이들은 사회적 인지능력이 뛰어나며 인맥도 많다. 그들을 과소평가해서는 문제를 해결할 수 없다. 이 책에서는 그들의 능력을 파악하여 여러분이 오히려 선수를 칠 수 있도록 도울 것이다.

## 세번째 오해: 상사가 돌아이를 내버려두는 건 관심이 없기 때문이다

슬픈 현실은, 대부분의 관리자가 사람을 관리할 줄 알아서 그 자리에 올라간 게 아니라는 거다. 그들은 그냥 하던 일을 잘해서 승진했을 뿐이다. 돌아이 문제의 근본적 원인이 형편없는 리더십인 경우도 허다하다. 돕고 싶은 마음은 굴뚝같은데 돌아이를 어떻게 다루어야 할지 모르는 상사도 많다.

때론 돌아이 문제의 본질이 시간, 자원, 우선순위의 문제로 압축되기도 한다. 당장 할일이 너무 많은 상사는 직원과 소통하길 포기해버린다. 무소식이 희소식이라는 믿음하에, 부하와의 일대일 대화는 급한 불을 끌 때에나 가까스로 시도한다. 이런 상사의 관심에서 제일 먼저 밀려나는 건 실적이 좋고 능력 있는 직원이다. 아주 유능한 팀의 직원들도 마찬가지다. 무임승차형 돌아이는 이런 상사 밑에서 활개를 친다. 자기가 게을러서 싼 똥을, 팀원들이 불평 없이 치워줄 걸 아니까.

돌아이 부하에게 무심코 다른 부하들과의 소통을 맡겨버리는 상사도 있다. 예를 들어 상사의 신뢰를 얻어내는 데 전문가인 강약약강형은 작은 행동 몇 개로 상사를 조종해서 스스로 상사와 다른 직원들 사이의 연결고리를 맡기도 한다. 앞의 사례에서 사샤가 호랑이 없는 굴의 여우처럼 굴 수 있었던 것도 감시하는 사람이 없기 때문이었다.

사무실의 돌아이 문제를 두고 상사를 탓하기는 쉽다. 그러나 이 책에서는 상사를 탓하기에 앞서, 상사가 이 문제에 정확히 어떤 식으로 기여하고 있는지 확인하는 법을 알려주려 한다. 어떤 상사는 기강이 잡히지 않은 분위기에서 고군분투하고 있다. 어떤 상사는 끔찍한 멘토 아래에서 일하고 있다. 어떤 상사는 애초에 의사소통 능력이 부족하며, 능력을 키울 방법도 모른다. 이 책을 읽고 여러분은 상사가 왜 그렇게 행동하는지, 그들이 여러분의 편을 들지 못하는 이유는 무엇인지 이해하게 될 것이다.

까다로운 사람들을 대하는 전략을 익히면서 여러분이 '확실성'이라는 감각을 얻어가길 바란다. 사무실에 돌아이가 존재하더라도, 그의 행동을 예측하고 맞춤 전략을 세울 수만 있다면 문제는 해결된다. 여러분은 불안을 내려놓고 자신감을 느끼게 될 것이다. 혹여나 돌아이와 마주칠까봐 근무시간을 바꾸고, 걸을 때마다 살금살금 까치발을 들고, 엘리베이터 대신 계단을 이용하던 나날에 이제는 작별을 고하자.

사람들이 서로 소통하는 방식을 여러 해 동안 연구하며 내가 얻은 가장 귀중한 교훈은 이것이다. 사무실의 돌아이 문제를 해결하고 싶다면, 사회적 관계를 활용하는 법을 반드시 익혀야 한다. 다시 말해, 사무실의 돌아이에 맞설 무기는 다른 거창한 게 아니다. 사무실의 친구들이 가장 좋은 무기다. 여러분이 애니와 같은 신세로 전락하지 않길 바란다. 지금의 일자리는 다음 일자리로 건너갈 발판일 뿐이라고, 억지로 생각을 바꾸지 않길 바란다. 무작정 참거나 사표를 내는 것밖에 선택지가 없다고 지레 포기하지 않길 바란다. 남에게 도움을 청함으로써 원하는 것을 얻을 수 있다. 내 목표는 여러분에게 그 방법을 가르치는 것이다.

여러분이 아직 알지 못할 뿐, 바로 지척에 여러분에게 크나큰 도움을 줄 수 있는 사람이 있을 수도 있다. 손 내밀면 닿을 거리에서 일하는 동료가 여러분을 '높은 분'에게 연결해줄 인맥을 가진 경우도 있다. 사실 직장 내 문제를 해결할 때는 절친한 친구보다 가까운 자리에서 일하는 동료가 더 유용하다. 이 책에서는 (당신이 가깝게 느끼는 사람들과) 깊고 좁게 사귀기보다 (직장 내의 사회적 관계망에 속하는 많은 사람들과) 널리 교류하기를 권장한다.

여건상 사내에서 고립되어 있거나 신입이라 인맥이 별로 없다면, 인맥을 만드는 방법부터 알아보자. 무려 70퍼센트에 달하는 사람들이 행복한 직장생활을 위한 제일 중요한 요소로 직장 내 친구를 꼽는다.[1] 사무실의 돌아이 문제를 왜 혼자 해결하려 하는가?

이 책에서는 여러분이 피해자가 아닌 돌아이의 입장에서 상황을 생각해보도록 한다. 그게 불편하다면, 충분히 이해한다. 돌아이에게 공감하려는 목적으로 이 책을 집어든 건 아닐 테니까. 그런데 사람은 누구나 마음속 깊은 곳에 돌아이를 하나씩 숨기고 있다. 인간의 본성이 그렇다. 나도 예외가 아니다. 사실 이 책을 쓰기로 결정한 건, 내가 바로 사무실의 돌아이가 되었다는 걸 깨달은 날이었다.

그날 나는 일이 요상하게 꼬이는 바람에 지하철을 타고 뉴욕 퀸스에서 열리는 어느 꼬마의 생일 파티에 가고 있었다. 지하철에서 로제 와인을 캔째 들이마셨다. 굳이 캔 와인을 (도합 네 캔이나) 산 건, 남들에겐 예쁜 스파클링 워터로 눈속임하려는 계략이었다. 고단한 한 주였다. 그때 직장에서 내가 맡은 업무 중에 사무실 이사가 있었다. 우리 사무실은 수십 년 만에 처음으로 리모델링에 들어가기로 했다. 페인트

칠을 새로 하고, 조명을 추가로 설치할 예정이었다. 이사할 사무실은 복도 반대편 계단을 오르면 바로 나왔다. 나는 동료 존과 함께 몇 달 동안 이사 계획을 이리저리 검토했고, 준비 끝에 마침내 직원들 앞에서 발표하는 날이 왔다. 동료 절반은 회의에 직접 참석했고 나머지 여덟 명가량은 영상통화로 참여했다. 스크린 속에 어색한 얼굴들이 옹기종기 모여 있었다(우리가 영상통화에 이골이 나게 된 팬데믹 이전이었다).

다들 이사에 대해 불안해하는 기색이라, 존과 나는 이사를 하면 어떤 면에서 사무실 생활이 개선될지 나열하는 긴 목록을 준비했다. '평수가 넓어진다. 조명이 개선된다. 천장에서 떨어져 매일 책상 위에 쌓이는 이상한 검은 가루, 그것도 없어진다' 등등. 그런데 우리가 준비한 목록은 놀랍도록 관심을 받지 못했다. 직원 대다수는 애초에 왜 이사를 하는지 알 수 없어 어리둥절한 모양이었다. 지금껏 이사 계획에 거의 참여하지 않았으니 당연했다. 이사 계획이 하도 많이 바뀌어서, 사무실을 옮기는 대신 그냥 가벽 몇 개를 세우는 걸로 해결할 수 없는 이유가 정확히 무엇인지 기억하지 못하는 것 같았다. 혼란은 빠르게 공포를 낳았고 때로는 분노로 변신했다. "대체 이사를 왜 하는 거죠? 나는 정든 이곳이 **좋다고요!**" 아수라장에 대고 한 사람이 소리쳤다. 영상이 돌연 음소거 처리되었다.

그 순간 나는 발끈했다. 방어 심리가 작동했다. 계획은 이미 세워졌다. 그대로 밀고 나갈 테다. 다른 이들이 어떻게 느끼든 상관없었다. 나는 지금껏 해온 일이 인정받지 못하는 것에 짜증이 치밀어서, 성을 내며 회의를 끝냈다. 얼마간의 시간이 흐른 뒤(그리고 로제와인을 몇 캔 마신 뒤) 나는 인정할 수밖에 없었다. 이사 계획을 세우고 준비를 하는 몇 달 동안 나는 뜻하지 않게 불도저형 인간으로 변모해 있었다. 처음부터 사람들의 입을 막아버릴 생각은 없었다. 당신들이 어떻게 느끼든 중요하지 않다고 으를 생각도 물론 없었다. 하지만 그렇게 행동해버렸다.

목표를 달성해야 한다는 생각에만 사로잡혀 시야가 터널처럼 좁아진 것이다. 그러면 안 되는 걸 알면서도, 나는 이사가 동료들의 관점에서 어떻게 느껴질지 생각해보지 못했다. 장장 10~20년을 일한 사무실을 떠나야 한다고 통보받는 게 어떤 기분일지 헤아리지 못했다. 게다가 나는 동료들에게 미래의 직장생활에 대해 불확실한 기분을 심어주었다. 매일 일과가 어떤 모습을 띨지, 기피하고 싶은 돌아이를 화장실에서 마주치게 되는 건 아닐지 확신할 수 없게 만들었다. 자기만의 돌아이를 상대하고 있는 이들이 자기 행동의 결과를 스스로 통제할 수 없다는 무력감과 불확실감을 느끼는 건 흔한 일이다.

자, 좋은 소식이 있다. 돌아이들은 달라질 수 있다. 돌아이처럼 굴었던 나 역시, 이 책에서 소개하는 몇 가지 전술들을 활용해서 망가진 인간관계를 회복시킬 수 있었다. 불도저형 인간은 여럿이 목소리를 높여 대항하면 잠잠해진다. 그래서 나는 사람들에게 목소리를 낼 기회를 주었다. 그들의 관점은 어떤지, 가장 큰 걱정거리는 무엇인지 물었다. 중요한 결정에 모두가 참여할 수 있다는 규칙을 만들어서 한 사람이(그러니까, 나 한 사람이) 모두를 대신해 결정하는 일을 막았다. 그러자 동료 직원들도 차츰 주인의식을 느꼈다. 절차상 공정을 기하기 위해, 중요한 의사결정을 내릴 때는 몇 차례 투표를 실시했다. 시간과 인내심이 필요하긴 했지만 결국 이사는 원활하게 이루어졌으며 대부분의 직원들이 새 사무실을 더 좋아하게 되었다.

다시, 지하철에 앉아 있는 내가 보인다. 캔에 담긴 로제와인을 마시면서 끔찍했던 회의에 대해 생각하고 있다. 자기연민은 그만두고 해결책을 찾기로 결심한 참이다. 마침 핸드백에 종이가 한 장 들어 있다. 나는 작업에 착수했다. 돌아이의 첫번째 유형은 엘비스 프레슬리 스타일의 정장 차림으로 퀸 음악을 듣고 있는 남자와 무릎에 닭을 얹은 여자 사이에서 작성되었다.

## 1장

File Edit View Help

# 강약약강형

---

## 툭하면 선 넘는 사람들과 안전거리를 유지하는 법

---

데이브를 처음 만난 건 내 상사 마리와의 비공식 점심 면접 자리에서였다. 그때 나는 고급 백화점의 한 지점에서 일하고 있었는데, 데이브는 다른 지점에서 전배를 오려는 인물이었다. 그는 키가 크고 스타일이 좋았으며 머리숱도 풍성했다. 거뭇거뭇한 턱수염이 건강미를 더했다. 전에 일하던 지점에서 신발을 얼마나 많이 팔았던지 부상으로 자동차를 받았다는 이야기가 전설처럼 들려왔다.

마리는 그에게 홀딱 반했다. 보통 면접에서는 면접자가 면접관에게 좋은 인상을 주려고 애쓰지 않는가. 그날은 반대였다. 마리는 질문 따위 던지지 않았다. 마냥 칭찬을 늘어놓을 뿐이었다.

"휴스턴 사람들이 당신에 대해 좋은 이야기만 하더군요." 마리가 또 한바탕 칭찬을 쏟아냈다.

"뭐, 저 혼자 한 일은 절대 아닙니다. 좋은 팀 문화야말로 성공에 필수죠." 데이브가 겸손을 떨었다.

며칠 뒤 마리는 나와 영업팀 직원 두 사람에게 데이브와 저녁 자리를 가지라고 했다. 우리는 한 번에 손님을 여섯 명까지만 받기로 유명한, 맛은 있지만 아주 협소한 이탈리안 음식점에 갔다. 딱 보아도 2인용인 테이블에 4인 자리가 세팅되어 있었다. 데이브가 먼저 자리에 앉더니, 즉시 자기 옆의 식기를 맞은편으로 밀었다. 그리하여 나머지 세 사람은 마치 심사위원처럼 데이브의 맞은편에 쭈그러져 앉게 되었다. "얼굴을 보고 대화하고 싶거든요." 팔을 편하게 벌리고 다리도 쩍 벌린 데이브가 미소 지으며 말했다. 맞은편에서 두 남자 사이에 끼인 나는 힘주어 두 허벅지를 딱 붙여야 했다. 왼손잡이라서 편하게 식사하는 건 진작 포기한 터였다.

식사는 처음엔 괜찮았다. 우리는 데이브가 부상으로 차를 받은 이야기를 기꺼이 청해 들었다. 하지만 우리가 입에 발린 소리를 그만두고 친구로서 대화를 걸자, 데이브는 약간 떨떠름하게 본색을 드러내기 시작했다. 자기가 나파 밸리에서 3주짜리 소믈리에 코스를 수강했다면서, 진짜 소믈리에를 몇 차례 모욕했다("딱 봐도 이건 카베르네 소비뇽을 '블렌드'한 거군요"). 크기가 맞지 않는다고 트집을 잡아 디저트 스푼을 되돌려보냈다. 그것도 두 번이나.

다음날 데이브는 우리 지점의 매장으로 첫 출근을 했다. 그날 그가 맡은 업무는 신발 판매였다. 그의 말소리가 들릴 만한 거리에 지점장이 있을 때 그는 더할 나위 없이 매력적이었다. 갓 들어온 파릇파릇한 신입 사원을 불러다가, 손님에게 더 비싼 신발을 파는 비법을 부드럽게 알려주었다. 자신만만하지만 고압적이지는 않은 태도였다. 하지만 지점장이 자리를 뜨자마자 그는 다른 사람이 되었다.

일을 하고 있는데, 먼발치에서 그가 누군가에게 말하는 게 들렸다. "테사가 대체 뭘 하고 있는 건지 걱정스럽군요. 구둣주걱 쓰는 법을 모르나보죠?" 나는 당황했다. 그후로 상황은 점점 나빠지기만 했다. 데이브는 그야말로 활개를 치고 다녔다. 다른 직원에게서 손님을 빼앗았고, 창고의 신발을 제멋대로 다시 정리해서 직원들이 물건을 절대 찾지 못하게 만들었다(물론 그는 휴스턴식으로 정리했을 뿐이라며 항변했다). 우리는 그가 280mm 사이즈 신발을 혼자만 찾을 수 있는 곳에 숨겼다고 확신했다. 280mm 사이즈는 남성 신발 중 제일 잘 나가는 사이즈로, 280mm 사이즈 재고가 없으면 매출 인센티브는 포기해야 한다.

소매업에서는 성격 나쁜 사람에 대한 소문이 금방 퍼진다. 그러니 월간 미팅 날, 마리의 사무실에 들어가자마자 그녀가 열띤 어조로 이런 말을 건넸을 때 내가 얼마나 놀랐을까. "데이브 정말 훌륭하지 않아요? 매출이 천장을 뚫을 기세예요. 게다가 당신이랑 다른 팀원들이랑 같이 일하는 게 얼마나 좋은지 열변을 토하던걸요." 마리는 사회성이 뛰어난 사람이었고, 트러블 메이커와 '신발 상어(다른 직원에게서 손님을 빼앗는 사람을 뜻하는 업계 용어)'를 포착하는 레이더도 장착하고 있었다. 하지만 데이브는 마리 앞에서 손님에게도 잘하고 영업팀과도 잘 지내는 완벽한 직원 행세를 하는 데 성공한 모양이었다.

곧 데이브는 신발 코너의 '강약약강형'으로 통하게 되었다. 매력적인 성격과 재치 덕분에 점장들에겐 인기가 좋았고, 매출이 워낙 탄탄하니 능력을 부정할 수도 없었다. 하지만 데이브는 경쟁심이 심하고 남보다 앞서나가기 위해서라면 수단과 방법을 가리지 않는 마키아벨리적 인물이기도 했다. 데이브 때문에 나는 감정적으로 고통받았고 매출을 빼앗겼으나, 사내의 높으신 분들 중 누구도 그 사실을 알지 못했다. 뭐라도 해야 했다.

## 그들의 목표는 오직 하나, 성공이다

강약약강형은 단 하나의 목표를 향해 움직인다. 수단과 방법을 가리지 않고 정상으로 올라가는 것. 그러기 위해 이들은 자기와 동등하거나 아래에 있는 사람들을 경쟁자로 취급한다. 상사가 보지 않는 곳에서는 예의바른 허울을 벗어던진다.

사람의 성격 특질 중에 사회비교 지향성social comparison orientation이라는 것이 있다.[1] 이는 자연스럽게 자신을 다른 사람과 비교하는 정도를 일컫는다. 누구에게나 있는 이 특질이 남들보다 유독 강한 사람도 있다. 소매업에서 일할 때, 나 역시 내 매출액을 데이브의 매출액과 비교했다. 고등학교 동창들의 소셜미디어 계정을 염탐하며 나보다 얼마나 잘사는지 저울질하기도 했다. 하지만 대부분의 경우 나는 적당한 선에서 그만둘 줄 안다. 남이 나보다 얼마나 돈이 많고 매력 있고 행복한지에 관해 너무 골똘히 생각하는 건 위험한 놀이니까.

하지만 강약약강형은 스위치를 끄지 못한다. 자신을 다른 모든 사람과, 특히 자신과 비슷한 사람과 강박적으로 끊임없이 비교한다. 직책, 집안, 사무실 크기, 뭐든 하나라도 강약약강형 인간과 같은 게 있으면 긴장하라. 분명히 그들에게 주기적으로 평가를 받고 있을 테니. 여러분에 대해 너무 잘 안다 싶은 사람을 경계하라. 최근 연봉 협상 때 여러분의 연봉이 얼마나 올랐는지 끝자리 수까지 아는 사람, 여러분이 자기보다 같은 직무를 몇 달(또는 며칠) 늦게 시작했는지 아는 사람. 이런 데 집착하는 사회비교 탐정들은 자기가 아는 내용을 재료로 삼아 파괴적인 경쟁 구도를 영리하게 만들어낸다. 데이브 같은 사람은 동료들 앞에서 여러분의 전문성에 대해 의문을 제기하거나, 상사에게 달려가 사소한 우려들을 보고할 것이다.

그들의 전략에도 리스크는 있다. 예를 들어 데이브가 내 동료 JW 같은 사람을 모욕했다고 치자. 물밑 정치질에 대해 무관용 원칙을 지니고 있으며 분노 조절이 잘 안 되는 탁월한 신발 판매 사원 JW를 건드렸다가는, 데이브는 매출이 제일 잘 나오는 시간대에 손님을 맞는 게 아니라 신발을 닦는 처지가 될 것이다. 퇴근하고 주차장으로 걸어갈 때마다 밤길을 조심해야 할 테고. 그래서 데이브는 그를 건드리지 않았다. 머리가 조금이라도 있는 강약약강형 인간이라면, 그런 사람은 건드리지 않는다.

데이브는 그 유형의 돌아이들이 그렇듯 또다른 능력을 지니고 있다. 사무실의 분위기를 읽는 능력이다. 데이브 같은 사람은 중역들의 매출 회의에 들어가서 엄청나게 많은 것을 관찰할 수 있다. 자리 배치는 어떤지, 아무도 감히 말을 끊지 않은 사람은 누구인지, 누가 누구에게 미소 지었는지, 누가 대화의 방향을 주도했는지 등등. 내가 동료 연구자 스위 유Siyu Yu와 개빈 킬더프Gavin Kilduff와 함께 '지위 예민성status acuity'이라고 이름 붙인 이 능력 덕분에 강약약강형 인간들은 자신을 비교할 대상뿐 아니라 권력자들 앞에서 안전하게 비판할 수 있는 사람이 누군지 쉽게 찾아낸다.[2]

지위 예민성은 정량화할 수 있는 능력이다. 스위와 개빈과 나는 한 연구에서 서로 모르는 사람들을 모아 약 1분 30초 동안 함께 일하게 한 다음, 구성원들이 가장 존중하는 사람과 가장 존중하지 않는 사람이 누구라고 생각하는지 각자에게 물었다. 그리고 피험자들의 답변과 실제로 존중받은 순위를 비교해보았다. 개중엔 답변을 아주 잘해낸 사람들이 있었는데, 그들은 1년쯤 뒤에 다시 한번 실험했을 때에도 정답에 근접했다. 지위 예민성이 한순간에 국한되지 않고 계속 활용할 수 있는 능력이라는 뜻이다.

데이브는 오래지 않아 직장 내 사람들의 서열을 간파했다. 안전한 타깃이 누구인지 점찍는 것도 순식간이었다. 데이브는 JW가 위협적인 인물이라는 걸 직감했고, 그를 건드리지 않을 정도의 머리는 있었다.

## 대체 왜 그런 짓을 하는 걸까?

강자에게 약하고 약자에게 강한 전략은 시간이 많이 들고 리스크도 있다. 자연스럽게 의문이 떠오른다. 그럼 애초에 왜 그런 짓을 할까?

## 적신호! 강약약강형의 특징

- **여러분이 잘 보여야 하는 사람 앞에서 여러분을 깎아내린다.** 강약약강형은 작은 것에서 시작한다. 예를 들어, 여러분의 전문성에 의문을 제기하는 한 마디를 던진다. ("그 고객의 마음을 움직이려면 어떻게 해야 하는지 **정말** 아는 거 맞아요? 여기서 일한 지 두 달밖에 안 됐잖아요.")

- **제일 못된 행동은 일대일 상황을 위해 아껴둔다.** 신발을 숨기는 것처럼, 그 럴듯하게 잡아뗄 수 있는 작은 방해 공작들도 물론 예상해야 한다. 하지만 일대일 상황에서는 여러분을 대놓고 깔보는 발언, 부적절한 요청, 부당한 지 시가 나올 수도 있다. 강약약강형은 직장에서 여러분을 불편하게 만들 수단 이라면 뭐든 기꺼이 동원한다.

- **할일이 산처럼 쌓여서 넋이 나간 상사에게 호의를 베푼다.** 상사에게 근무 시간 외에 해야 할 일이 있다면, 신입 인턴을 면접 볼 사람이 필요하다면, 참 석하기 싫은 위원회에 대신 가줄 사람이 필요하다면, 틀림없이 강약약강형 인간이 자원할 것이다.

- **직책이 높은 사람에게 업무 외적으로 접근한다.** 간부들만 참석하는 사내 파티, 운동 수업, 축구, 장보기는 강약약강형에게 군침 도는 기회다. 강약약 강형 인간은 생각의 틀을 깰 줄 아는 창의적 기회주의자다. 직장 밖에서 높 으신 분과 악수를 할 기회가 있다면 놓치지 않을 것이다.

무엇보다, 위로 올라가려는 경쟁은 치열하며 시간이 갈수록 더 심해진다는 점을 생각하자. 글로벌 컨설팅기업 머서Mercer에서 최근에 진행한 설문에 의하면, '최고' 직함을 단 중역의 90퍼센트가 앞으로 몇 년 동안 경쟁이 더 심해지리라 예상하고 있다.[3] 경쟁을 뚫은 이들은 큰 특전을 누리게 되니 고생한 보람이 있다. 경제학자 로버트 프랭크 Robert Frank에 의하면, 넷플릭스나 골드만삭스 같은 기업의 고위 직책이 누리는 보상은 그냥 큰 정도가 아니다. 바로 아랫급 기업에 비해서도 어마어마한 수준이다. 극소수만이 정상에 올라가는 '희소성 사고방식scarcity mindset'을 기반으로 번창하는 기업에서 직원들은 어떤 수단을 동원해서든 앞서나가라는 부추김을 받는다. 경쟁이 권장된다. '어떤 대가를 치르더라도 해내라'라는 지령이 직원들에게 직접 전달된다. 이런 메시지를 전하는 상사들 본인도 순진하거나 '약한' 사람들을 착취해서 자기 지위까지 오를 수 있었다고 자랑하곤 한다. 이렇듯 강약약강형 행동은 목적 달성을 위한 버젓한 수단이 된다. 게다가 그 자체에도 놀라운 기능이 있다. 데이브 같은 사람의 직장 스트레스를 줄여주는 것이다. 왜일까?

데이브 같은 사람은 경쟁이 심한 정글에 매료된다. 즉 CEO의 연봉이 신입 사원보다 500배쯤 높은 직장에서 일하는 걸 선호한다. 사회과학자들이 사회지배 지향성social dominance orientation이라고 부르는 특질이 강하기 때문이다. 믿기 어려울지 모르겠지만, 어떤 사람들은 위계를 사랑한다.[4] 자신이 밑바닥에 있을 때조차도 예외가 아니다. 강약약강형 인간이 여기에 해당한다. 그들은 모두 비슷한 연봉을 받고 비슷한 권력을 지닌 평등한 구조에서 일하기를 택하지 않는다. 경쟁이 심한 정글로 들어가 도전하길 원한다. 방금 입사한 사람보다 연봉을 500배 더 받는 CEO 자리까지 올라가고 싶은 것이다.

불행히도 우리 대부분에게—데이브 같은 사람에게도—권력은 위태로운 것이다. 많은 일자리에서(소매업도 포함해서다) 이직이 흔하고, 우리가 손쓸 도리는 없다. 코로나19 팬데믹 이후 회사들이 줄지어 문을 닫았다. 같은 회사에서 일자리를 보전하되 다른 지점으로 옮겨가야 하는 일도 잦다. 데이브는 휴스턴 지점에서 평판이 나빠지기 시작하자 기쁘게 전배를 받아들였지만, 새 지점에서 새로이 기초를 닦아야 했다. 권력의 기반을 다시 다지고 위계질서를 다시 파악해야 했다.

강약약강형 인간은 스트레스를 줄이는 제일 좋은 방법을 안다.5 권력이 있는 입지를 재빠르게 굳히고, 어떤 수단으로든 그 권력을 지켜내는 것이다. 그 과정에서 주변 사람들을 망가뜨려야 한대도 개의치 않는다. 그들에게 강자 앞에서 약하게 구는 것은 불확실한 세계에서 권력을 보장받기 위한 전략이자, 권력을 잃을지도 모른다는 스트레스를 줄이는 전략이다. 직장 내 스트레스를 줄이기 위한 전술치고 그 파괴력은 치명적이다.

## 그들은 순식간에 권력을 쟁취한다, 하지만 시야가 좁다
●○

경쟁이 심한 근무 환경은 사하라 이남 아프리카와 유사하다. 그곳에서 왕좌에 오르고자 투쟁하는 많은 동물들은 서로 다른 전술로 사냥에 임한다. 조용히 숨어 있다가 먹잇감의 허를 찌르기도 하고, 빠른 달리기 실력을 십분 활용하기도 한다. 강약약강형 인간들도 이와 다르지 않다. 그들의 강점과 약점을 알아보자.

### 재빠르게 권력을 손에 쥔다

누군가 사무실 내 최고 권력자로 등극하는 과정을 처음 지켜봤을 때가 기억난다. 참으로 조용하고도 효과적인 방식이었다. 그때 우리는 구인중이었는데, 채용위원회는 말 그대로 지지부진하게 흘러가고 있었다. 회의 첫날, 사무실에 들어가보니 반쯤 빈 쿠키 트레이 옆에 구직자들의 이력서가 산처럼 쌓여 있었다. 팀원들의 관심은 온통 쿠키에만 쏠려 있었다.

생각 없는 수다가 5분 정도 이어지자 동료 마크가 나섰다. "이력서를 알파벳 순서로 정리하는 것부터 하면 어때요? 내가 A부터 D를 검토할게요. 테사, 당신은 E부터 I를 검토해요. 이런 식으로 해봅시다." 그 순간 마크는 리더가 되었다. 논란 없이 매끄러운 권력 획득이었다.

그로부터 몇 년 뒤 나는 캐서린 토슨Katherine Thorson과 오아나 두미트루Oana Dumitru와 함께 그날 내가 관찰한 것을 공식적으로 시험해볼 일련의 연구를 설계했다. 서로 모르는 다섯 사람에게 함께 구직자 후보들 중 한 명을 선발하는 일을 시킨 것이다. 선발 과정이 시작되기 전, 우리는 한 피험자에게 남몰래 접근해서 특정 후보(임의로 선정했다)를 뽑도록 여론을 이끌어준다면 가욋돈을 주겠다고 일러두었다. 누구에게도 그 사실을 발설하지 않는다는 조건이었다.

설득의 과학에 친숙한 사람이라면, 남을 설득하기 위해서는 주장의 질이 중요하다는 걸 알 것이다. 캐서린과 오아나 그리고 나는 우리의 연구에도 이 사실이 드러나리라 예상했다. 하지만 아니었다. 우리의 실험 결과는 도리어 몇 년 전 내가 마크에게서 본 자질을 반영하고 있었다. 남을 성공적으로 설득하는 사람은 상호작용의 초반부터 자기주장을 펼치는 사람들이었다. 집단 앞에 나서서 '한 사람씩 이름을 소개해 볼까요?'라고 말하는 단순한 행위만으로도 충분했다. 그때부터 집단은 처음 나선 사람에게 지도를 맡겼다.[6]

교육에는 매튜 효과Matthew effect라는 현상이 있다. 생애 초기에 무언가를 배우면, 가령 읽기를 배워두면 나중에 배우는 것보다 실력을 키우고 숙달하기에 유리하다는 것이다. 직장에서의 권력도 같은 방식으로 작동한다. 초반에 약간의 권력을 잡아두는 게 나중에 권력을 잡으러 나서는 것보다 훨씬 나은 전략이다.

강약약강형들은 기존 권력 구조에 편입되기를 원하지 않는다. 새로운 권력의 판을 짜고 싶어한다. 겉으로는 별다른 권력이 없어 보이는 역할을 교묘하게 노리는 동료가 있다면, 경계하라. 조직을 구성하는 단순한 업무조차 강약약강형 인간에게는 앞으로 권력의 자리에 오르기 위해 필요한 발판이 될 수 있다.

### 권력자들과 자신의 공통점을 찾아낸다, 귀신같이

영업팀 회의는 종종 치어리딩 궐기대회를 방불케 한다(비꼬는 기색

하나 없이 진심으로 '백전백승 영업팀!' 같은 구호를 외치는 거다). 이게 이 업계의 생리인 것을 어쩌겠는가. 여기에 진심으로 몰두하는 사람들도 있다(나는 아니다). 내가 일한 신발 판매팀에서는 1년에 한 번 대대적으로 궐기대회를 열어서 최신 제품을 소개하곤 했다. 바이어, 제품 판매원, 관리자, 판매팀이 모두 참석하는 자리였다. 데이브에게 궐기대회는 이런 자리가 아니면 만날 가능성이 희박한 권력자들에게 줄을 댈 절호의 기회였다.

어느 해, 나는 대회에 늦게 도착하는 바람에 상사 눈을 피하려고 커다란 축제 장식 뒤에 숨었다. 그런데 데이브가 어떤 지점장과 대화를 나누는 게 보였다. 둘은 짓궂은 장난을 모의하는 청소년들처럼 서로 마주보며 박장대소하고 있었다. 대체 뭐가 그렇게 웃긴 거지? 자초지종이 궁금했던 나는 몰래 그쪽으로 귀를 기울였다. 놀랍게도 데이브와 지점장은 자신들이 같은 브랜드의 청바지를 입은 게 얼마나 우스운지 얘기하고 있었다. 이런 우연이라니! 모르긴 해도, 데이브가 미리 계획한 게 틀림없었다.

공통점이 호감을 낳는다는 건 누구나 안다. 하지만 공통점이 그만한 효력을 발휘하려면, 상당한 수준의 우연이 필요하지 않을까? 데이브는 청바지 하나를 매개로 남과 친밀감을 쌓을 수 있는 인물이었다. 조 머기Joe Magee와 협업한 연구의 결과, 나는 사람들이 소위 '밸런스 게임'(선호도가 비슷한 선택지 두 개 중 하나를 골라 취향을 알아보는 게임—옮긴이)에서 같은 대답을 고른 상대와 친밀감을 형성할 수 있다는 사실을 알게 되었다. 피험자들은 '날 수 있는 능력과 투명해질 수 있는 능력 중 무엇을 고르겠습니까?' '15킬로미터 걷기와 3킬로미터 뛰기 중 무엇을 고르겠습니까?' 같은 일곱 개의 질문에 답했다. 피험자 절반에게는 장차 한 팀이 될 짝꿍과 질문 일곱 개 중 다섯 개의 답이 일치했다고 일렀고, 나머지 절반에게는 공통 답변이 두 개뿐이었다고 일렀다. (거짓말이었다. 실제 유사성은 중요하지 않았다. 중요한 건 단지 상대가 자신과 유사하다는 믿음일 뿐.) 실제로 짝꿍을 만났을 때, 서로 다섯 개의 답변이 일치했다고 믿는 사람들은 다른 집단에 비해 서로에게 친밀감을 느꼈고 팀워크도 더 좋았다.7

권력을 얻으려면, 단순히 아첨만 늘어놓는 걸로는 부족하다. '높은 분'의 마음을 열어줄 단 하나의 것을 찾아내야 한다. 입에 발린 아첨은 듣다보면 짜증이 나지만, 공통점은 누구나 좋아한다.

### 하지만 근시안적이다

강약약강형 동료들은 과소평가할 수 없는 능력들을 갖추고 있다. 하지만 사람을 승자와 패자로 분류하는 버릇 때문에, 결국 사람을 도구로 생각하게 된다. 그들이 집중하는 질문은 이것이다. '저 사람이 **지금 당장** 내게 뭘 해줄 수 있지?' 이 전략이 단기적으로는 통할지 모른다. 하지만 지위는 고정불변이 아니다. 부서를 옮기고 사내에서 다른 역할을 맡으면서 개인의 지위도 유동적으로 변할 수 있다.

오늘날 우리가 놓인 업무 환경을 생각해보자. 많은 기업들이 직원들에게 여러 사무실을 오가며 일하는 '사무실 로테이션'이라는 선택지를 제공한다. 예컨대 전미풋볼연맹의 주니어 로테이션 프로그램에서 직원들은 4년 동안 네 개 지점(뉴욕, 캘리포니아, 워싱턴 D.C., 뉴저지)에서 일할 수 있다.[8] 이런 프로그램은 전통적 업무 환경에서는 서로 교류할 일이 전혀 없었을 직원들끼리 접촉하게 해준다. 소문이 빠르게 퍼지고, 약자에게만 강한 이들은 평판에 심한 먹칠을 당하게 된다. 알고 보면 강약약강형 동료들이 지금 괴롭히는 상대가 훗날 그들이 기대야 하거나 심지어 상사로 모셔야 하는 인물일지도 모른다. 이것이야말로 그들에게 진짜 리스크다.

## 그들은 상사를 등에 업고, 소문을 퍼뜨린다

강약약강형 동료들은 뜻한 바를 이루기 위해 '분할 정복' 정책을 쓴다. 그들이 놓인 상황은 두 연인에게 양다리를 걸치는 것과 비슷하다. 두 연인의 사교 반경이 겹치지 않는 게 가장 좋다. 혹시 둘이 만날 기회가 있다면, 어떻게 대처할지 제대로 계획을 세워두는 편이 좋을 것이다. 따라서 강약약강형은 이 계획을 조율하는 데 많은 시간을 쏟는다. 나아가 자신에 대한 불만의 말이 퍼져나갈 위험에 대비하여, 자신을 보호해줄 권력자와 인맥을 쌓는 데 총력을 기울인다.

### 상사도 그들의 희생양이 될 수 있다?

돌아이들에 대해 생각하다보면 자연히 상사를 탓하게 된다. 도대체 왜 저 인간을 해고하지 않은 걸까? 직원들의 사기는 도무지 안중에도 없는 걸까? 인과관계가 상사에서 직원을 향한다고 가정하는 것이다. 그러나 실제 방향은 반대일 수 있다. 상사들도 유해한 부하의 희생자가 될 수 있다.9 상사들도 부하의 기만과 착취에 당할 수 있다. 강약약강형 부하들은 멘토의 도움과 지식, 인맥을 오로지 자기가 앞서나가는 데에 쓴다. 착취하기 쉬워 보이는 상사를 일부러 찾아 나서기도 한다.

착취하기 쉬운 상사란 어떤 상사일까? 팀원들과 단절된 상사(예를 들어 6장에서 다룰 불성실한 상사)는 강약약강형에게 손쉬운 먹잇감이다. 성실한 성취지향형 부하에게 기꺼이 책임을 넘겨주고자 하는 상사도 마찬가지다. 자리를 자주 비우는 상사는 스스로 사실을 확인하지 않으므로, 강약약강형은 일터에서 자기 행동의 서사를 제멋대로 써내려갈 수 있다. 또한 강약약강형은 우리 대부분이 기피하는 행동을 함으로써 상사가 자신에게 의존하게 한다. 그 행동이란 바로 자청해서 일을 더 하는 것이다.

내가 알던 강약약강형 인간 새러는 업무 지원의 귀재였다. 새 프로젝트가 시작된다 싶으면, 불성실한 상사를 찾아가서 일단 자기가 맡겠다고 자원했다. 그런데 막상 새러에겐 그 프로젝트를 해낼 시간이 없었다. 그는 대체 인력을 압박해 주말 동안 업무를 시켰다. 그러다가 결국은 올 것이 왔다. 대체 인력이 새러의 상사에게 불만을 제기한 것이다. 그러나 새러의 상사는 단순한 투정이라며 귀담아듣지 않았다. 새러 덕분에 꿀을 빨고 있는데, 뭣 하러 신경쓰겠는가? 상사를 등에 업은 새러는 차츰 해로운 부하로 변신해갔다.

오해하진 말길. 부하들에게 업무를 적절히 위임하는 것은 좋은 상사의 징표다. 상황이 위험해지는 건 상사가 **모든 것**을, 특히 팀원들과의 의사소통을 강약약강형 부하에게 위임할 때다. 새러가 상사의 공보비서를 자처하고 나서자, 다른 팀원들과 상사 사이의 연결은 전부 가로막혀버렸다. 상사는 새러의 행동이 다른 사람들에게 미치는 영향을 알면서도 손을 쓸 수 없게 되었다. 모름지기 상사라면 아무리 바쁘더라도 팀원 모두와 직접 소통해야 한다. 그래야 승진에 눈이 먼 음해 세력을 잡아낼 수 있다.

## 직장과 먼 곳에서 평판을 주무른다

과거에 내가 알고 지낸 강약약강형 동료 스텔라가 '토요일 서핑 타임' 모임에 가입한 건, 그 모임을 만든 사람이 사내에서 좀처럼 가까워지기 어려웠던 관리자이기 때문이었다. 스텔라는 원래 바닷가보다 수영장을 선호했다. 모래와 미끄러운 해초를 혐오했고, 피부가 아주 예민해서 서핑을 시작하자마자 '서퍼 발진'이라고 부르는 증상에 시달렸다. 잠수복을 오래 입고 있으면 보기 싫은 붉은 닭살이 피부에 돋은 것이다. 그러나 스텔라는 그 모든 걸 꾹 참고, 바셀린을 치덕치덕 발라가며 서핑 모임에 몸을 바쳤다. 새로운 인맥을 얻을 수 있다면야, 피부가 따끔거리고 간지러운 것쯤이야 사소한 대가였다.

권력이 있는 사람들은 보통 바쁘고 만나기 어렵다. 평생 한 기업에서 일해도 제일 높은 사람은 만나지 못하기가 예사다. 그러나 강약약강형들은 우회로를 찾아낸다. 악수 한번 해볼 기회를 잡기 위해 회사

밖으로 진출하는 것이다. 그들이 권력자와 인맥을 쌓고자 하는 이유는 자기를 알리기 위해서도 있고, 남의 평판을 통제하기 위해서도 있다. 개중 똑똑한 이들은 여러분의 평판을 깎아내리고 싶을 때 자기 상사에게 험담을 하지 않는다. 자기 상사와 가까운 사람, 즉 상사의 상사나 상사의 대학 시절 절친에게 접근해 여러분 이야기를 한다. 왜일까?

기본적으로 남의 평판을 주무르는 건 먼 거리에서 더 쉬워진다. 예를 들어 여러분을 두 다리 건너 아는 사람은 애초에 여러분을 잘 모르고, 여러분에 대해 딱히 의견이 없다. 다시 말해 여러분을 조져놓으려는 강약약강형 인간이 애써 바꿔놓아야 할 기존 의견이 없다는 뜻이다. 여러분과 거리가 먼 사람일수록, 여러분이 직장에서 부적절한 행동을 하든 말든 별로 신경쓰지 않는다.[10] 내 직속 부하가 프로답지 못한 행동을 할 때는 화가 나지만, 내 동료의 직속 부하가 그러면 화가 나지 않는다. 내 평판에 영향을 미치는 건 내 부하니까. 강약약강형 인간들이 여기저기 뿌려놓은 소문들이 퍼져나가다보면, 결국 여러분의 상사에게도 메시지가 닿을 것이다. 이러한 간접적 접근은 강약약강형들이 일터에서 남들을 제치고 앞서나가기 위해 사용하는 가장 효율적인 전략이기도 하다.

# 안전거리를 유지하는 다섯 가지 방법

●○

강약약강형 인간은 돌아이지만 유능하다. 분위기를 살필 줄 알고 권력자들의 호감을 살 줄도 안다. 하지만 그중에서도 가장 특출한 능력은 여러분이 떠 마시는 우물에 독을 푸는 능력이다. 여러분이 참다 못해 상사에게 불만을 제기하면, 아리송한 표정을 지은 상사에게서 지금 그이를 질투하는 거냐고 반문을 당할 가능성이 높다(내 경험담이다. 자세한 이야기는 조금 뒤에 들려주겠다). 강약약강형들이 짜놓은 판에서 그들을 이기려면, 전략적으로 사고해야 한다.

우선, 적신호에 유의한다. 부적절한 비교가 자꾸 되풀이된다는 느낌에 정신을 바짝 차린다. 다음으로, 인맥의 도움을 받아 여러분이 부당한 대우를 받았다는 증거를 수집한다. 마지막으로, 모든 준비를 마친 뒤에 상사를 찾아간다. 이 시점에 이르면 상사가 여러분이 상대하는 돌아이에게 호감을 품고 있을 가능성이 높다. 여러분이 이 과정을 밟아나가는 내내, 강약약강형 인간도 자기 전략이 통하게 하려고 나름대로 시간과 노력을 쏟을 테니까. 그들의 능력을 과소평가해선 안 된다. 그중 가장 유능한 이들은 여러분이 설득해야 할 권력자들을 상대로 이미 좋은 평판을 쌓아놓았을 것이다. 게다가 활용할 수 있는 기술도 풍부할 것이다. 어떤 돌아이들은 질투가 날 정도로 유능하다.

## 첫째, 인맥왕을 아군으로 확보하라

처음 강약약강형 인간에게 당했을 때, 내가 겪는 일이 진짜 현실인지 의문이 들었다. '내가 너무 예민한 걸까? 여기서는 경쟁을 이런 식으로 하는 건가?' 당시 나는 선을 넘은 행동을 잘 구별해내지 못했다. 과거의 나처럼 순진한 사람들은 강약약강형 인간들의 먹잇감이 되기 딱 좋다.

이때, 여러분에게 필요한 건 현실을 일깨워줄 아군이다. 최고의 아군은 여러분을 감정적으로 위로해주는 사람이 아니라, 여러분 바로 옆자리에서 일하는 사람이다. 그러니 여러분이 아는 사람 중 인맥이 넓은 이를 찾아내라. 조직의 다양한 층위에서 얕게나마 지인이 많은 사람을 찾아내라. 이러한 아군은 여러분의 골치를 아프게 하는 돌아이가 사내에서 얼마나 문제를 일으키고 있는지 정확히 파악하도록 도와줄 것이다.

지금 이런 생각을 하고 있을지도 모르겠다. '사내 인맥이 넓은 사람이라면, 직급이 높은 사람 말인가?' 꼭 그렇진 않다. 오히려 사내 인맥이 제일 풍부한 사람들 중엔 직급이랄 게 아예 없는 이들도 있다. 테러 조직으로 치면, 택시 운전사나 운반책 같은 사람들을 생각하면 된다.

내가 백화점에서 일하던 때 아군이 되어준 이는 백화점 안 커피숍에서 일하는 자말이었다. 그는 1년에 한 번쯤 들르는 최고 중역부터 도둑을 감시하는 사복 경찰까지 별의별 사람을 다 알고 있었다. 게다가 커피숍을 찾은 사람들은 으레 커피를 마시며 수다를 떨기 마련이라, 자말의 머릿속에는 회사 사람들의 평판에 대해 훌륭한 지도가 그려져 있었다. 가장 뛰어난 강약약강형 인간에게 필적할 만한 정보력이었다. 나는 자말에게 데이브에 대해 좋은 이야기든 안 좋은 이야기든 뭔가 들은 게 있느냐고 물었다(입맛에 맞는 증거만 찾아선 안 된다). 얘기를 들어보니, 데이브가 괴롭히는 사람은 나뿐만이 아니었다. 이로써 첫번째 목표가 달성되었다. 데이브 문제가 사내에 널리 퍼져 있다는 걸 알아낸 것이다.

### 둘째, 그들의 다른 먹잇감을 찾아보라

다음 단계는 여러분처럼 강약약강형의 먹잇감이 되어 고통받고 있는 사람들을 찾아내는 것이다. 이 단계에서 조금 소심해질 수도 있다. 당연하다. 어색한 대화를 좋아하는 사람은 없다. '싫은데요'라는 답을 들을 수도 있다고 생각하면 겁이 날 것이다.

사람들에게 접근할 때 반드시 기억할 몇 가지가 있다. 첫째, 여러분의 목표는 여러분을 괴롭히는 강약약강형 인간이 나쁜 사람이라고 주장하는 게 아니다. 데이브의 평판을 망치려는 의도가 아니라는 거다. 이런 대화를 할 때, 나는 중립적인 표현으로 말문을 연다. "데이브랑 좀 어울려봤나요? 그 사람, 어땠어요?" 그리고 나서 상대방이 그 사람한테 당한 느낌이었다고 털어놓으면, 그때부터 여러분의 경험을 공유해도 좋다. 사실에 입각하되 개인적 공격은 삼가라. 이 대화를 나눌 때 핵심은 끝까지 프로다운 태도를 지키는 것이다. 대화 상대가 여러분에게 편하게 마음을 터놓는다면, 함께 상사를 찾아가 이야기해볼 생각이 있느냐고 물어라. 대화 상대가 거기까지는 마음을 열지 못한다면, 여러분이 상사와 면담할 때 방금 들은 이야기를 언급해도 좋겠느냐고 허락을 구하라. 상대의 이야기를 받아 적고, 그대로 전해도 될지 내용을 함께 확인한다.

둘째, 나쁜 경험을 했다고 해서 모두가 바로잡고 싶어하는 건 아님을 유념한다. 자기도 모르게 무심코 강약약강형 인간에게 협조하는 유형들도 있다. 큰일에 말려드는 게 싫어서 일부러 못 본 척하는 사람, 앙갚음을 당할까봐 걱정하는 사람, 개입할 동기가 없어서 굳이 신경쓰지 않는 사람들이 여기에 해당한다. 자기도 권력을 손에 넣을 날을 꿈꾸며 강약약강형 인간과 한편에 서는 사람도 있다.

문제의 강약약강형 인간이 여러분이 행동에 나섰다는 소식을 전해들을 가능성도 있으니, 반격에 대비하라. 아군에게 누구를 찾아가는 게 최선일지 물어라. 실제로 여러분이 부당 대우를 받았다는 증거가 충분히 쌓이면, 그것을 기반으로 다음 단계로 진행할 수 있다. 이때 여러분이 수집하는 데이터는 상세하고 사실에 집중한 것이어야 한다. 강약약강형 인간이 실제로 어떤 행동을 했는지에 집중하라. 그로 인해 여러분이 어떤 기분을 느꼈는지는 중요하지 않다. 행동에 대한 기록은 자세할수록 좋다.

### 셋째, 물리적·정신적 완충 장치를 마련하라

이 과정을 밟아나가는 동안 스트레스를 줄이기 위해, 여러분과 강약약강형 인간 사이에 물리적·정신적 완충 장치가 필요할 것이다. 우선 여러분을 힘들게 하는 사람과 언제, 얼마나 자주 대면하는지 적어보자. 쓸데없게 느껴질지도 모른다. 하지만 일과중에 일어나는 상호작용 가운데 우리가 놓치고 있는 게 놀랍도록 많다(엘리베이터에서 마주치는 것도 하나의 예다). 다음으로는 돌아이와의 대면이 주간 회의처럼 미리 계획할 수 있는 것인지, 커피 머신 앞에서의 마주침처럼 계획할 수 없는 것인지 구분하라. 미리 계획할 수 있는 대면의 경우, 아군들에게 돌아이와 물리적 거리를 유지하도록 도와달라고 부탁하라. 내가 한 연구에 따르면, 불편한 사람과 단 몇 미터 더 떨어져 앉기만 해도 불안도가 낮아진다고 한다.[11] 상대와 같은 테이블에 앉아야 할 경우라면 같은 쪽에, 적어도 두 자리를 사이에 두고 앉아라. 상대와 눈이 마주칠 가능성을 낮추면 여러분이 느끼는 통제감이 높아진다.

### 넷째, 구체적인 행동을 지적하라

마침내 적극적으로 행동에 나설 결심이 서서, 나는 마리를 찾아가 데이브 이야기를 꺼냈다. 그런데 우리의 대화는 생각과는 다르게 흘러갔다. "데이브는 남들을 무시하고, 거짓말을 하고, 제가 매출을 올리지 못하게 방해해요." 단어들이 내 입 밖으로 마구 터져나왔다. 그 순간 마리의 얼굴에서 온기가 싹 가셨다.

마리가 입을 열었다. "안 그래도 이렇게 될까봐 걱정했어요. 데이브가 그러더군요. 당신이 그에게 심하게 경쟁의식을 느끼는 것 같다고요. 자기가 성과를 올리는 걸 당신이 위협으로 여기는 것 같다고요. 테사, 잘 들어요. 데이브는 당신이랑 정말 잘 지내고 싶어해요. 솔직히 말해 데이브에게는 다른 팀원들에겐 없는 재능이 있다는 거, 나도 알아요. 하지만 지금은 치졸한 질투나 할 때가 아니에요. 고등학교가 아니잖아요."

나는 꼬리를 내리고 사무실을 나섰다. 그때 나는 중요한 사실을 간과하고 있었다. 내가 데이브의 행동을 견디며 불만을 쌓는 동안, 마리와 데이브는 유대감을 쌓고 있었다. 데이브는 마리의 부담을 덜어주었고 매출을 높여주었다. 두번째로 마리를 찾아가 대화할 때 나는 다른 접근법을 택했다. 괴롭긴 했지만 우선 데이브의 강점을 인정하는 말을 했다. 그의 능력을 부정했다가는, 내가 그저 억울해서 생떼를 쓰는 것처럼 보일 테니까.

나는 말했다. "매출 면에서 데이브가 아주 잘하고 있는 거 알아요. 데이브만큼 손님의 지갑을 술술 여는 직원도 없죠. 손님들이 데이브한테 홀딱 반해버리더라고요."

마리는 '하지만'이 언제 나오는지 기다리고 있는 듯했다. "하지만 우리 업무 환경에 대해 조금 걱정이 들어요." 나는 '우리'라는 단어를 강조했다. "저만 그렇게 생각하는 게 아니에요. 데이브와 관련해서, 저랑 비슷한 문제를 겪고 있는 사람이 몇 명 더 있어요. 상황이 나아지지 않으면 유능한 사람들이 퇴사하겠다고 할까봐 걱정이 돼요." 나는 마리가 제일 두려워하는 부분을 건드렸다.

나는 다음으로 데이브의 행동을 몇 가지 예를 들어 설명했고, 다른 사람들의 이야기도 직접 들어보라고 강조했다. 이 시점에 마리는 팀원들에 대한 정보를 대체로 데이브를 통해 얻고 있었다. 내 이야기마저 데이브에게 확인받는 일은 피하고 싶었다.

나는 데이브에 대해 사람들이 어떤 감정을 느끼는지는 가볍게 언급하고, 그의 구체적인 행동에 초점을 맞추었다. 마리는 데이브에 대한 비판을 썩 흥미롭게 듣진 않았지만, 대놓고 반박하지도 않았다. 그 정도면 내겐 충분했다.

상사와 대화할 때, 여러분이 앙심을 품었다거나 질투를 한다는 인상을 가급적 줄여야만 장기적으로 신뢰를 얻을 수 있을 것이다. 상사들은 갈등이 있는 것 자체보다 나쁜 행동을 반복하는 것에 더 민감하다.

### 다섯째, 이제 기다려라

마리와 대화를 마치자 내게 남은 일은 앉아서 기다리는 것뿐이었다. 경험에 비추어볼 때, 기다리는 것이야말로 이 과정에서 제일 어렵다. 뉴욕대학교의 한 학과장이 내게 말했다. "눈에 보이는 움직임이 없다고 해서, 막후에서 바퀴가 멈춰 서 있는 건 아닙니다. 인내하세요. 권력자들이 이런저런 세부사항을 공개하지 못하는 경우도 많습니다. 사생활 침해 방지법에 위배되거든요." 나는 요즘도 이 조언을 곱씹는다. 인내심을 발휘하고, 상사를 재촉하기 전에 충분히 시간을 주어라.

### 덧붙여, 강약약강형 직원을 막고 싶은 상사에게

직급이 올라가고 조금씩 권력을 얻으면서 나는 경쟁이 때론 불가피하다는 걸 알게 되었다. 특히 극소수만이 정상에 올라가는 업계에선 경쟁이 필수라서, 강약약강형 인간이 활개를 치게 된다. 상사로서 강약약강형 직원이 기를 펴지 못하게 하고 싶다면, 몇 가지 팁이 있다.

하나, 동료들에게(특히 직급이 같은 동료와 부하에게) 존경받지 못하는 사람을 리더 자리에 앉히지 않는다. 적임자를 찾을 때는 자기 본능을 믿지 말고, 주위에 평판을 물어본다.

둘, 강약약강형이 아직 회사에 적응하지 못한 신입 사원을 이용하는 일을 막도록 작은 안전장치를 둔다. 데이브가 신입 사원에게서 손님을 뺏어가는 일이 반복되자, 마리는 손님을 차례로 돌아가며 받는다는 규칙을 정했다. (첫 손님은 내가 응대하고, 다음 손님은 데이브가 응대하고, 그다음 손님은 신입 사원이 맡는 식으로.) 공정한 규칙은 강약약강형 행동을 막는 좋은 방법이다.

셋, 모든 팀원들과 소통을 유지한다. 여러분을 대신해 나머지 팀원들과 소통해주는 한두 사람에게 의존하지 않는다. 강약약강형을 비서처럼 부리면 그들에게 날개를 달아주는 격이 된다. 강약약강형이 제일 날뛰는 건 그들의 강자가 그들의 약자와 단절될 때라는 사실을 기억하길.

 **깨진 돌아이도 다시 보자**

강약약강형 인간은 단 하나의 목표를 향해 움직인다. 수단과 방법을 가리지 않고 정상으로 올라가는 것.

▶ 강약약강형 인간에겐 몇 가지 능력이 있는데, 그중 하나가 분위기를 읽는 것이다. 그들은 사람들이 서로를 대하는 방식을 관찰해서 누구에게 힘이

있고 없는지 파악한다.

▶ 강약약강형 인간은 권력자와 인맥을 쌓기 위해 다채로운 전술을 동원한다. 친밀감을 쌓으려고 작은 공통점을 찾아내는 것도 그중 하나다.

▶ 일찍 일어나는 새가 권력을 잡는다. 강약약강형 인간은 권력의 위계가 굳어지기 전에 일찍 앞에 나서서 힘을 얻곤 한다.

▶ 강약약강형 인간을 포착하는 건 어렵지 않다. 나타나는 장소만 알면 된다! 그들은 상사와 일대일 면담을 자주 하고, 기회를 잡을 만한 행사(또는 사내 동아리)에서 목격되기 쉽다.

▶ 강약약강형 인간을 무찌르고 싶다면 몇 개의 단계를 밟아야 한다. 첫째, 아군을 찾는다. 아군은 친구와는 다르다. 여러분에게 현실을 일깨워줄 마당발 직원이 필요하다.

▶ 둘째, 강약약강형 인간에게 당하고 있는 다른 사람들을 찾는다. 이들에게 접근할 때는 신중하라. 당연히 같은 편에 서줄 거라는 기대는 버리는 게 좋다.

▶ 셋째, 강약약강형 인간과 물리적, 심리적 거리를 둔다. 회의를 할 때 몇 자리 건너에 앉는 것만으로 스트레스가 감소한다.

▶ 넷째, 상사와 면담을 하기 전에는 여러분의 경험에서 나온 자세한 정보를 수집해둔다. 여러분의 감정이 아닌 강약약강형 인간의 행동을 보고한다.

▶ 다섯째, 면담을 한 다음에는 인내심을 가지고 기다린다. 실질적인 변화가 일어나려면 시간이 걸리는 법이다.

▶ 여러분이 상사라면, 모두에게 평등한 기회를 주는 규칙을 만든다. 그러면 누구든 혼자 앞서나가려고 강약약강으로 행동할 가능성이 줄어든다.

## 2장

File Edit View Help

# 성과 도둑

---

## 양의 탈을 쓴 늑대로부터 내 것을 지키는 법

---

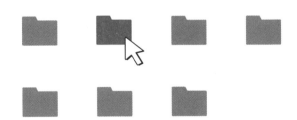

부동산 업계는 마음 약한 사람이 일하기에 적절하지 않은 곳이다. 그 정도야 샌드라도 각오하고 있었다. 샌드라의 대학 시절 룸메이트 카라는 이 업계에 들어왔다가 금방 꼬리를 내리고 나갔다. 카리스마와 세련미를 장착한 카라는 부동산 중개인으로서 성공할 자질이 여럿 있었지만, 성격이 예민했다. 누가 무례하게 굴거나 자기 뒷담화를 한 걸 알면 바로 울음을 터뜨렸다. 부동산 업계는 카라에게 지옥이었다. 퇴사 후 카라는 강아지 구호 사업을 생업으로 삼았다.

샌드라는 카라와 달리 투지가 넘쳤다. 아이비리그에서 MBA를 따고 금융계에서 10년을 버틴 이력을 자랑하는 샌드라는 자신이 있었다. "금융계 인간들 틈바구니에서 살아남았으면 어디서든 살아남을 수 있어." 공인중개사 자격시험을 수월하게 통과한 샌드라는 서던 캘리포니아 지역 최고의 중개업자인 호세 아래에서 일을 시작했다.

호세는 한마디로 겉만 번지르르한 사람이었다. 그는 미국 최고의 부촌 벨에어에 사는 성형외과의사처럼 옷을 입었다. 스리피스 수트를 차려입고 이탈리아제 로퍼를 신었다. 미소조차 값비싸 보였다. 190센티미터의 장신과 캐러멜 빛깔 피부, 근육질 몸매 덕분에 모델로 오해받기 일쑤였는데 실제로 6년 전엔 모델로 일하기도 했다.

샌드라와 처음 만났을 때 호세는 흥분했다. "아이비리그 출신이 부동산 업계에 들어왔다고요? 우리 한번 죽이게 일해봅시다!" 그 말은 현실이 되었다. 처음 6개월 동안 샌드라는 호세의 도움을 받아 500만 달러 이상의 고가 주택을 다섯 채나 팔았다. 초보 중개인으로서는 전무후무한 실적이었다. 그 덕에 샌드라는 거물 외국 투자자들의 레이더망에 올랐고 빠르게 호세의 실적을 뒤쫓았다. 호세는 슬슬 불안해졌다.

샌드라가 성과를 빼앗기기 시작한 게 그쯤이었다. 호세는 처음에는 아이디어 하나, 목록 하나처럼 작은 것을 훔쳤다. 이어서 해변가 저택을 선보일 때 가구를 온통 흰색으로 채워넣자는 아이디어를 훔쳤다. "조잡해 보일 수 있다는 건 알지만, 다들 '졸부' 스타일을 활용하고 있잖아요." 어느 날 브런치를 먹던 중 샌드라가 말했다. 호세는 그 자리에서 아이디어를 기각했지만, 며칠 뒤 자기가 판매할 주택을 공개할 때 50킬로미터 반경 내에서 구할 수 있는 모든 고급 흰색 가구를 대여해서 꾸몄다. 샌드라가 쓸 수 있는 건 잔디밭용 간이 플라스틱 의자 몇 개가 전부였다.

다음으로 호세는 샌드라의 협상 전술을 '빌렸다'. 처음엔 샌드라도 크게 개의치 않았다. 호세가 그 전술을 샌드라의 고객들에게 사용하기 전까지는. "요새 바빠 보이는데, 토머스 가족 건은 내가 맡아도 불만 없겠지요?" 호세가 말했다. 샌드라는 얼굴을 굳혔다. 까탈스럽기로 악명 높은 토머스 가족의 신뢰를 얻기 위해 자그마치 1년을 공들인 터였다.

샌드라의 입장에서 제일 나빴던 건, 호세가 항상 도둑질을 부인할 여지를 남겨둔다는 점이었다. "'올 화이트' 콘셉트를 당신이 발명한 건 아니잖아요." 호세가 버럭 소리를 질렀다. "토머스 가족은 당신이 일을 시작하기 훨씬 전부터 내 고객이었고요. 부동산에선 고객을 소유하지 않아요."

샌드라는 패배한 기분이었다. 굴욕감을 느꼈다. 지금의 중개 사무실을 떠나 자기 일을 시작하기에는 시기상조였다. 새 도시로 옮겨서 맨땅에서부터 고객을 모으려면 아직 멀었다. 그렇다고 해서 경쟁 사무실로 옮겼다간 호세에게 앙갚음을 당할 게 뻔했다. 샌드라에게 유일한 선택지는 호세가 가축의 피를 빠는 흡혈박쥐처럼, 죽지는 않되 약해질 정도로 자신의 피를 조금씩 빨아먹도록 놔두는 것이었다. 강아지 구호 사업이 갈수록 매력적으로 느껴졌다.

## 그들은 주로 '양의 탈'을 쓰고 있다
●○

성과 도둑질은 직장 내 갈등을 일으키는 흔한 원인의 하나다.[1] 그런데 이런 도둑질이 많이 일어나는 것에 비해 적신호를 알아차리기는 쉽지 않다. 왜일까? 경계하는 방향이 잘못되었기 때문이다. 대부분의 사람들은 외부 인력의 도둑질을 걱정한다. 전체 기업의 절반가량이 직원들에게 퇴사시 기업 비밀을 유출하지 말라는 경쟁금지 계약서를 작성하게 한다.

하지만 현실을 보면 도둑질은 재직중인 직원이 저지를 가능성이 더 높다. 한 설문에서는 놀랍게도 전체 직장인의 25퍼센트에 달하는 사람들이 50달러였던 출장 식비를 100달러로 부풀려 보고하는 등의 비용 관련 부정을 저지른 적이 있다고 고백했다.[2] 자기 능력을 과장하려는 직원에게 아이디어를 빼앗겨본 적이 있는 사람은 전체의 절반가량이었다.[3]

성과를 훔치는 것은 개인 간에 일어나는 사내 절도로 간주할 수 있다. 도둑질을 하는 사람은 모르는 사람이 아니라 팀원, 멘티, 한때 친구라고 믿었던 사람이다. 손봐야 할 아이디어가 있으면 자기를 찾아오라고 격려하는 동료, 여러분의 직장생활을 돕는 시늉을 하는 강약약강형 인간, 또는 여러분의 성과를 시샘하는 멘토다. 아는 사람이고 믿는 사람이기에 여러분은 그들에게 약점을 이용한 착취를 당하고 만다.

성과 도둑질은 보통 작은 것에서 시작한다. 흰색 가구만 사용하는 아이디어처럼 작은 것부터. 영리한 도둑들은 이렇게 간을 보면서 얼마나 많이 훔쳐도 괜찮은지 확인해나간다. 샌드라처럼 약자 위치에 있을 경우, 성과 도둑과 계속 함께 일할 도리밖에 없다. 윗사람들은 성과 도둑이 자기가 아끼는 부하면 잘못을 알면서도 넘어가주기도 한다. 호세처럼 인맥이 탄탄한 사람은 들킬지 모른다는 우려 없이 점점 큰 아이디

## 적신호! 성과 도둑의 특징

- **성과 도둑은 기회주의자다.** 팀원들과 협업할 경우, 상황이 애매해지기를 기다렸다가 여러분의 아이디어나 작업 성과를 차지하려 할 것이다. 성과 도둑질은 단체 회의, 사내 점심식사, 비공식 피드백 세션처럼 누가 뭘 했는지 기록하지 않는 상황에서 이루어지기 쉽다.

- **성과 도둑은 여러분이 잘 아는 사람이다.** 여러분의 멘티이거나, 아군이거나, 친구라고 생각한 사람이다. 여러분의 성과에 위협을 느낀 새 상사일 수도 있고, 경쟁심 많은 팀원도 후보가 된다. 남의 성과를 훔치는 건 강약약강형 인간이 선호하는 전략이기도 하다.

- **성과 도둑은 약한 상사를 이용한다.** 남의 성과를 도둑질하는 부하 덕분에 매출이 높아지거나, 고객을 더 많이 확보하거나, 권력을 손에 넣게 되는 상사가 좋은 목표물이 된다.

- **성과 도둑이 전부 의도적으로 훔친 건 아니다.** 어떤 성과 도둑은 여러분이나 나처럼 보통 사람이다. 단지 의사결정에서 자기가 맡은 역할을 과대평가하는 편향이 있을 뿐이다. 우리에겐 유해한 행동으로 느껴지는 것이 그들 입장에선 정당할 수 있다.

어와 혁신적 발상을 훔치곤 한다. 그들은 자기 자취를 감추는 데 능숙하며, 훗날 도둑질을 부정할 여지를 충분히 마련해둔다. 나중에 저 사람에게 내 아이디어를 도둑질당했다고 고발하더라도 사람들은 미심쩍은 표정을 지어 보이며 여러분을 편들지 않을 것이다.

성과 탈취에 대처하는 방법은 도둑질이 어디서 일어나는지에 달렸다. 아이디어가 '공중에 마구 떠다니는' 단체 회의에서 일어나는가? 아니면 샌드라와 호세의 경우처럼 일대일 상황에서 일어나는가? 이 장의 전반에서는 멘토와 멘티 사이나 동료 사이처럼 친밀한 업무 관계에서 일어나는 의도적 도둑질에 맞서는 법을 보여주려 한다. 적신호를 미리 알아차리는 것도 중요하지만, 여러분의 성과를 지지해줄 사람들을 확보하는 것도 그만큼 중요하다. 그래야만 여러분이 입을 열었을 때 남들이 귀를 기울여줄 것이다.

이 장의 후반에서는 팀에서 일어나는 성과 도둑질에 어떻게 대처할지 보여주려 한다. 비법은 실제 업무가 시작되기 **전에** 팀이 어떤 절차로 일할지 정하는 것이다. 이 장을 끝까지 읽으면, 성과 도둑에게 맞서는 방법과 도둑질이 재발하지 않도록 예방하는 법을 알게 될 것이다.

# 성과를 가로채는 사람들의 두 가지 유형

●○

회사에서 보통은 업무를 누가 했는지, 아이디어를 누가 냈는지 모호한 경우보다 명확한 경우가 더 많다. 여러분이 공을 세웠으면 여러분이 인정을 받아 마땅하다. 의도적으로 여러분의 성과를 가로채려 드는 사람이 있을까봐 걱정되는가? 성과 도둑의 유형을 알아보자.

## 친구인 척하는 적

자연계에서 도둑질하기 제일 좋은 대상은 다름 아닌 친구가 될 가능성이 있는 개체다. 친구의 것을 훔치는 일은 동물들이 수백만 년의 진화를 거치며 알아낸 전략이다. 예를 들어 수컷 밑들이벌레는 짝짓기를 하려면 교미 후 암컷이 먹을 죽은 벌레를 찾아와야 한다. 그런데 즙이 풍부한 벌레를 찾는 건 쉽지 않아서 똑똑한 수컷은 다른 순진한 수컷에게 암컷인 척 접근해서 벌레를 빼앗는다. 이 전략은 효과가 좋다. 이런 식으로 남의 먹이를 약탈하는 수컷 밑들이벌레는 다른 수컷들에 비해 더 많은 암컷과 교미하고, 번식도 더 많이 한다.[4]

영리한 성과 도둑은 수컷 밑들이벌레와 크게 다르지 않다. 그들은 의심을 품지 않은 가까운 동료에게서 도둑질을 한다. 그리고 적발되지 않도록 영리하게 처신한다. 불운한 부동산 업자 샌드라의 사례는 우리에게 많은 교훈을 준다. 호세와 몇 년을 더 일한 샌드라는 이제 참을 만큼 참았다고 결론을 내렸다. 호세는 토머스 가족을 샌드라에게서 빼앗았고, 말리부 절벽이 내다보이는 그해 최고가 저택을 판매하는 데 성공했다. 그는 자축의 의미로 요트를 빌리고 잘나가는 중개업자들을 전부 초대해서 호화로운 파티를 벌였다.

호세가 샴페인을 손에 들고 자축 연설을 늘어놓고 있던 때였다. 샌드라가 그의 탄탄한 근육질 몸을 태평양에 내던지는 상상에 골몰한 와중, 변화구가 훅 들어왔다. 호세가 샌드라가 사실상 손도 대지 않은 일에 대해 공로를 치하한 것이다. "샌드라가 아니었다면 이 거래를 성사시키지 못했을 겁니다." 호세가 사람들을 보고 말했다. "샌드라가 모든 걸 제자리에 붙이는 접착제 역할을 해주었지요." 말리부 저택 매매에서 샌드라는 한 일이 없었다. 거래가 진행되는 동안 바베이도스로 휴가를 가서 자기연민에 빠져 지냈을 뿐이다. 호세는 왜 이런 소리를 한 걸까?

성과 도둑은 한 가지 특기로 먹고사는 평면적인 유형이 아니다. 영민한 성과 도둑은 남의 성과를 빼앗기만 하지는 않는다. 때론 자기 성과를 나눠주기도 한다. 왜일까? 캘리포니아대학교 버클리 캠퍼스의 대니얼 스타인Daniel Stein에 의하면, 사람들은 남들에게 어떤 인상을 주고 싶으냐에 따라 성과를 자기 것으로 내세우기도 하고, 다른 사람에게 양보하기도 한다.[5] 유능함을 내세워 동료를 모으고 싶을 때는 자기 기여도를 과장한다. 겸손해 보이고 싶을 때는 자기 성과를 줄여 말한다. 자기 구역에서 더티 플레이를 하는 호세 같은 사람은 이런 전략을 활용해서 고발당하는 걸 피한다. 샌드라가 참다못해 한마디를 하려던 순간, 호세는 선수를 쳤다. 그렇게 샌드라는 자신이 하지도 않은 일에 대해 치하를 받고 말았다. 호세가 깔아놓은 판에서 샌드라가 한마디라도 뱉었다간, 배은망덕하고 정신이 불안정한 사람으로 보이게 될 것이다.

성과 도둑이 자기 성과를 낮춰 말할 때는 대부분 감사 연설, 관리자급이 참여하는 피드백 세션, 신입 교육처럼 여러 사람이 모여 있는 자리에서다. 자신이 팀 플레이어라는 인상을 주고 싶은 것이다. 그들이 취하는 전략은 강약약강형과 동일하다. 도둑질을 행하는 건, 아무도 보지 않는 닫힌 문 뒤에서다.

### 꿀을 빠는 상사

성과 도둑질이 일어나지 않도록 막는 건 상사의 의무다. 당연하지 않으냐고? 글쎄, 나도 그렇게 생각하고 싶다. 이 책의 집필을 시작하기 전에 나는 도둑질을 묵인하는 상사가 존재하는 이유를 이해해보려고 애썼다. 물론 성과 도둑에게 위협을 느껴서 개입하지 않는 상사들도 있다. 하지만 허튼짓을 계속 놔두는 건 좀 이상하지 않은가. 그러다가 나는 특수한 유형의 상사들에 대해 알게 되었다. 그들은 성과 도둑질을 묵인하는 걸 넘어, 오히려 돕는다.

재능은 부족하지만 예술계에 훌륭한 인맥이 있던 인테리어 디자이너 키디의 사례를 살펴보자. 키디의 상사 탤은 최상위 부자를 고객으로 하는 부티크 회사(투자나 법률 등에 관해 소수의 고객에게 맞춤 서비스를 제공하는 작은 회사—옮긴이)를 운영하고 있었다. 탤이 키디를 채용한 것도 키디의 인맥을 좀 활용해보려는 의도였다. 탤은 키디가 하지도 않은 일에 대해 찬사를 퍼붓곤 했다.

하루는 탤이 미술 전시회에서 고객의 환심을 사려 애쓰고 있었다. "안방에 딸린 욕실에 금줄이 세공된 벽지를 바르는 건 키디의 아이디어였습니다. 가히 천재적이죠." 그의 말에 키디는 뺨을 붉히며 말했다. "그 아이디어를 떠올린 순간, 저는 정말 성장한 기분이었어요. 색깔과 질감을 예기치 못한 새로운 방식으로 사용하는 거니까요."

사실 벽지 아이디어를 낸 건 키디가 아니라 준이라는 신입 직원이었다. 하지만 키디로서는 탤의 말을 정정할 까닭이 없었다. 칭찬을 들으면 기분좋지 않은가. 시간이 흐르며 키디와 탤은 하나의 패턴에 익숙해졌다. 키디의 팀에서 아이디어를 내면, 키디가 그 공로를 가로채고, 이윽고 탤이 키디의 인맥을 활용해 고객들이 원하는 예술작품을 확보한다. 그렇게 디자인 업계의 악어와 악어새 한 쌍이 탄생했다. 두 사람은 공생 관계를 이루었다.

그러던 어느 날, 심히 까다로운 고객 마크가 그들을 방문했다. 마크는 예술계 친구들에게 키디의 명성을 익히 들은 터라, 키디에게 시골 저택을 멋지게 꾸며달라고 맡겼다. 변수는 마크가 사생활을 중시하는 사람이라는 것이었다. 디자인 팀원 여럿이 자기 공간에서 일개미처럼 바쁘게 돌아다니는 건 생각만 해도 끔찍했다. 마크는 열쇠를 오로지 키디에게만 맡겼다. 수화기 너머로 여러 사람의 목소리가 들리는 것도 싫어서, 전화를 걸 권한도 키디에게만 주었다. 그렇게 작업에 착수하고 한 달이 지나도록 키디가 한 일은 다락방에 둘 신예 예술가의 조각품 두 점을 산 게 다였다. 달랑 그걸로 끝이었다. 차고를 칠할 페인트 색상조차 정하지 못했다. 키디의 재능에 대한 소문이 크게 과장된 것을 알아차린 마크는 격분했다. 키디는 해고되었고, 텔의 평판도 휴지 조각이 되었다.

성과 도둑질로 가장 영향을 받는 사람이 피해자가 아니라, 도둑질 덕에 꿀을 빨고 있는 상사일 때도 있다. 텔 같은 상사가 이끄는 팀에 키디 같은 인물이 있는가? 가능한 한 빨리 그 팀에서 탈출하라. 상사의 상사와 아주 *끈끈한* 인맥이 있지 않은 한, 여러분의 아이디어가 낸 성과를 인정받는 일은 죽었다 깨어나도 없을 거다. 상사가 여러분이 어떤 기여를 했는지 모르는 건 아니다. 하지만 상사는 전혀 개의치 않는다. 도둑질을 묵인하는 게 자신에게 이득이기 때문이다. 이렇듯 상사를 등에 업은 성과 도둑질은 산불처럼 번진다. 직장 내에서 나쁜 행동은 전염성이 강하다.

## 더 큰 목소리를 가진다는 것

살다보면 한 번쯤은 성과 도둑의 표적이 되는 일이 있을 것이다. 성과로 사람의 가치를 평가하는 경쟁적 분위기의 조직에서 일한다면, 반드시 그런 일을 겪는다고 해도 무리가 아니다. 처음부터 심하게 행동하지 않는다는 점에서 성과 도둑은 다른 유형의 돌아이들과 같다. 그들이 처음부터 지독한 도둑질을 하는 건 아니다. 보통은 고객 목록과 같은 제로섬 자원을 서서히 독식하는 것으로 시작한다. 남의 아이디어에 관심 있는 척하다가 그것을 '빌려'가기도 한다. 힘있는 사람들 앞에서는 관대하게 자신의 공로를 나누는 척한다.

초기에 적신호를 알아차리는 건 물론 중요하다. 그러나 직장에서 여러분이 기여한 만큼 정확히 성과를 인정받고 싶다면, 그보다 더 중요한 건 성과 도둑보다 더 큰 '목소리'를 가지는 것이다. 문자 그대로의 목소리도 커야 하고, 비유적인 표현으로서의 목소리도 커야 한다. 상대는 아마 여러분보다 큰 소리로 말을 할 것이고, 지위가 높은 권력자라서 사람들이 더 쉽게 귀를 기울여줄지도 모른다.

목소리를 지닌다는 건, 입을 열면 다른 사람들이 하던 얘기를 멈추고 집중한다는 뜻이다. 중요한 말을 하고 나서 오랜 시간이 지난 뒤에도 사람들이 그 말을 누가 했는지 기억해준다는 뜻이다.

목소리를 얻으려면, 실제로 목소리를 낼 일이 생기기 **전에** 동료와 상사에게 존중을 얻어야 한다. 사전에 아무런 준비 없이 회의중에 갑자기 목소리를 얻는 건 어렵다. 상사와 동료들이 귀를 기울여주는 사람은 승진의 사다리를 빠르게 오른다. 성과 도둑과 전투를 벌이느라 시간을 허비하지 않는다. 그럴 필요가 없으니까.

예전에 내가 함께 일한 상사 블레인은 석 달째 힘겨운 이혼 절차를 밟고 있었다. 월요일 오전마다 변호사와 두 시간 동안 면담을 했고, 그날은 내내 똥 씹은 얼굴로 지냈다. 블레인은 종잡을 수 없는 사람이었기에, 신입 직원들은 매주 월요일 오전 11시부터 오후 1시까지 블레인의 스케줄이 마법처럼 빈다는 사실을 알고 기뻐했다. 블레인이 제일 아끼는 팀원 카이에게 운좋게 귀띔을 들은 이들은 월요일에 블레인을 건드리지 않는 것을 철칙으로 했다. "변호사 면담 직후엔 절대 블레인을 만나지 말아요. 다른 날을 노리세요. 열흘을 더 기다려야 한대도 요." 카이의 조언이었다.

카이는 직장 내에서 탄탄한 인맥을 쌓고 있었다. 각종 노하우의 보고이기도 했다. 카이는 블레인이 제일 존경하는(그리고 제일 존경하지 않는) 관리자가 누구인지 알았고, 제일 까다로운 고객들을 매료할 수 있는 직원이 누구인지 알았으며, 반드시 기피해야 할 명절 파티가 무엇인지 알았다.

블레인은 바빴다. 각종 조언을 얻으러 직접 여러 사람을 찾아갈 시간 여유가 없었다. 그는 회사가 돌아가는 상황을 파악하기 위해 몇 사람에게 의존했고, 그 사람들은 자연히 목소리를 얻었다. 카이가 그중 한 사람이었다. 그렇게 카이는 자신이 낸 아이디어와 업무에 대해 공로를 정확히 인정받게 되었다. 남의 공을 가로채는 직원들도 카이의 성과를 훔칠 엄두는 내지 못했다. 블레인에게 즉시 철퇴를 맞을 걸 알았기 때문이다.

카이는 어떻게 그런 입지를 다졌을까? 목소리를 인정받는 것에 관해 가장 규모가 큰 연구를 진행한 테이야 하월Taeya Howell은 직장에서 목소리를 얻기 위해 무엇이 필요한지를 천 명 이상의 회사원에게 물었다.[6] 답변을 종합해보니, 목소리를 얻게 해주는 가장 예측 가능한 요소는 '핵심 조언자'가 되는 것이었다.[7] 요컨대 직장생활을 잘할 방법에 대해 남들에게 조언해줄 수 있는 사람은 목소리를 얻을 확률이 높았다.

핵심 조언자가 되는 비법은 간단하다. 다른 사람의 조언에서 배우는 것이다. 카이는 입사하자마자 이 조직에서 일이 어떻게 굴러가는지 아는 사람들을 찾아나섰다. 일을 시작한 첫 주에 서무 직원부터 장기 근속 직원까지 다양한 사람들과 커피를 마시며, 업무 환경에 대해 온갖 이야기를 들었다. 그중엔 회장이 사무실에 오는 날을 아는 사람도 있었다("그 주에는 결재를 올리지 마세요"). 블레인이 누구를 조언자로 생각하고 누구와 갈등 관계인지 아는 사람도 있었다. 다양한 직원들과 관계를 맺음으로써 카이는 넓은 인맥을 쌓을 수 있었다.

다음으로 카이는 회의에서 누군가 아이디어를 공유할 때 블레인과 다른 고위 관리자들이 어떻게 반응하는지 관찰했다. 누구에게 귀를 기울이고, 누구를 무시하는가? 남의 말을 끊는 사람에게 너그러운가, 짜증을 내는가? 사람마다 기준이 다르다. 제각기 선을 어디에 긋고 있는지 파악하는 건 중요한 기술이다.

카이는 사내에서 성공적으로 처신하기 위한 노하우를 충분히 쌓았고, 남들에게 아낌없이 전해주었다. 핵심 조언자가 되려면 단지 유용한 정보를 가진 것만으론 부족하다. 그 정보를 남들과 기꺼이 나눠야 한다. 정보를 틀어쥐고만 있으면 어디에 쓰겠는가.

핵심 조언자라고 해서 꼭 지위가 확고하거나 권력을 손에 쥔 사람은 아니다. 우리가 이미 아는 사람 중에도 있을 수 있다.[8] 파티에서 알게 된 사람이나 전 팀원일 수도 있다. 그러니 다양한 종류의 '인사이더 노하우'가 있는 조언자들과 인맥을 쌓기를 권한다. (똑같은 지저분한 비밀을 아는 사람을 열 명 사귀는 건 효용이 떨어진다.) 좋은 조언자들은 상사에게 면담을 언제 요청하는 게 좋은지("그 사람은 요청을 받은 지 2주쯤 지났을 때 제일 관대해요" "48시간 안에 승부를 보지 않으면 국물도 없을 테니 스케줄을 비워두세요"), 사람들에게 언제 다가가야 할지, 사람들을 언제 피해야 할지, 누가 누구와 사이가 나쁜지 알려준다. 상사의 일정을 잘 파악하고 있는 핵심 조언자는 정말로 도움이 된다. 상사가 언제 일이 너무 바빠서 도움을 주지 못하는지(예를 들어 결산일 무렵), 언제 휴가를 가는지, 어느 요일에 면담할 시간이 날지 알려주니까.

1장에서 인맥이 탄탄한 아군을 찾아내는 방법에 대해 이야기했다. 다른 이들과 널리 관계를 맺은 사람, 얕게라도 아는 사람이 많은(그래서 여러분을 도울 수 있는 인물도 알 법한) 사람을 찾아내라고 했다. 바로 이 사람들이 핵심 조언자를 찾아내는 것도 도와줄 수 있다. 본인이 핵심 조언자인 경우도 흔하다.

## 조언자는 친구와 다르다
●○

핵심 조언자를 많이 사귀는 데 열을 올리다보면 빠지기 쉬운 유혹이 있다. 남들에게서 개인적 호감을 사는 데 기운을 전부 빼는 것이다. 바쁜 사람을 위해 커피 심부름을 자처하고, 동료를 위해 베이비 샤워를 열어주는 것 말이다. 약간의 친화력이야 뭐, 나쁘지 않다.9 하지만 정도가 지나치면 본업에서 생산성이 떨어질 게 분명하다. 그랬다가는 일 잘하는 사람이 아니라, 그저 아무도 자원하지 않는 일을 도맡는 사람으로 알려질 공산이 크다.

직장에서 친구를 많이 사귀었다고 해서 저절로 목소리가 생기는 건 아니다. 오히려 친구에게 뒤통수를 맞기도 한다. 테이야 하월의 연구에서는 사내에 친구가 많을수록 업무와 관련해 목소리를 인정받지 못하는 경우가 오히려 많다는 결과가 나왔다. 특히 수다쟁이 직원들이 그러하다. 실질적인 업무를 방해하는 수준으로 근무시간에 수다를 떨거나 주말 계획을 세우는 직원들이 상사의 마음에 들 리 없다.

직장에서 사교를 그만두라는 이야기는 아니다. 일과 관련 없는 수다는 사무실 밖에서 떨면 된다. 조언자도 많이 사귀면서 친구도 많을 수 있다. 중요한 건 언제 누구를 찾아가야 할지 아는 것이다. 그래야 여러분의 목소리를 얻을 수 있다.

### 문제를 제기하거나, 해법을 제안하거나

상사와의 면담이나 단체로 하는 회의에서 업무에 기여하는 데에는 크게 두 가지 방법이 있다.[10] 문제를 제기하거나, 해법을 제안하는 것이다.

둘 다 동료들 사이에서 힘과 지위를 얻는 데 유용하지만, 더 효과가 좋은 건 해법에 집중하는 전략이다. 사람들은 일을 방해하기보다 발전시키는 아이디어에 귀를 기울이는 걸 선호한다. 동료들에게 인정을 받으면, 자연스럽게 그들에게 조언을 해주는 입장에 설 수 있다. 결과적으로는 상사가 여러분의 평판을 전해듣고 목소리를 얻는 데 도움을 줄 것이다.

### 다른 사람들에게도 목소리를 줘야 한다

일을 하다보면 팀원들이 성과를 빼앗기고 부당한 대우를 받는 일을 목격하게 된다. 그들의 아군이 되어주자. 인정받을 자격이 있음에도 인정받지 못한 이들의 공로를 인정해주자. 프로젝트가 결실을 맺기 위해 무엇이 필요한지 창의적으로 생각하고, 소수의 직원에게만 스포트라이트를 비출 게 아니라 모든 팀원의 공로를 인정하라. 사내에서 성과를 가로채는 일을 없애고 싶으면, 성과 도둑들을 걸러내는 것도 중요하지만 목소리를 내야 마땅한 이들에게 목소리를 주는 것도 그만큼 중요하다.


## '내 것'을 지키기 위한 2단계 전략

언젠가 패널로 초청을 받아, 직장에서 동료들이 편안하게 목소리를 내도록 돕는 법에 대해 이야기한 적이 있다. 패널은 나 말고도 두 사람이 더 있었다. 그런데 내가 무슨 말을 할 때마다, 30초쯤 뒤에 다른 패널 한 사람이 자기가 먼저 생각해낸 양 내가 한 말을 똑같이 되풀이하는 게 아닌가. 코미디가 따로 없었다.

다행히 내가 그에게 맞설 필요는 없었다. 청중 한 사람이 선수를 쳤다.

"테사가 한 말을 몇 초 뒤에 똑같이 따라 하는 건 그만둬주시겠어요? 테사의 의견을 두 번씩 들을 필요는 없으니까요."

모두 어찌할 바를 모르고 침묵을 지켰다. 정적을 깬 것은 어색한 내 웃음소리였다. 나는 온 힘을 다해 웃었다. 그러다가 마이크가 배터리 팩에서 떨어졌고, 나는 마이크 선을 다시 연결하다가 의자에서 굴러떨어질 뻔했다. 신발이 벗겨졌다.

성과 도둑에게 맞서는 건 이토록 진땀나게 어색한 일이다. 그러다가 일이 틀어질 여지는 또 얼마나 많은가. 이때 제일 중요한 건, 감정적으로 격앙되지 않는 것이다. 적어도 처음에는 그래야 한다. 여러분과 돌 아이의 관계를 이대로 굳히지 않고 어색한 순간을 넘기고 싶다면.

성과 도둑과 승부를 봐야 할 때, 나는 계획을 신중하게 세운다. 맞붙을 타이밍을 정확하게 잰다. (성과 도둑이 남들 앞에서 지적받는 건 그에게나 나에게나 재미없는 일이다.) 이 책에 담긴 많은 조언들과 마찬가지로, 성과 도둑을 대하는 내 계획은 역지사지로 시작한다. 내가 어떤 입장에 처했는지를 상대에게 알리는 한편 상대의 입장에 서보는 것이다.

## 1단계. 입장을 말하라

성과 도둑이라고 해서 모두가 여러분을 망가뜨리려는 의도로 그러는 건 아니다. 대부분은 어떤 아이디어나 작업에 대해 자기도 어느 정도 기여했다고 인정받고 싶을 뿐이다. 그러니 도둑질하지 말라고 직설적으로 지적하면 상대는 즉각 방어 태세를 취할 것이다. 이보다 나은 전략은 일어난 일에 대한 여러분의 입장을 말하는 것이다(그렇다, 정확히 '입장'이라는 단어를 사용하는 게 좋겠다). "저번 회의에서 우리 둘이 상당히 비슷한 아이디어를 나누었다는 생각이 들더군요. 당신 입장은 어떤가요? 당신도 그렇게 느꼈나요? 제 생각엔 제가 먼저 아이디어를 낸 것 같은데, 당신이 생각하기엔 어때요?" 이런 대화는 팬데믹 기간 동안 누가 집안일을 더 많이 했는지를 두고 배우자나 룸메이트와 벌이는 다툼과 비슷하다. 양쪽 다 자기 혼자서 100퍼센트를 했다고 생각하기 마련이다. 직장의 상황도 별반 다르지 않다.

## 2단계. 각자 무얼 했는지 정확히 알아보라

여러분 입장에서 여러분과 상대가 각자 어떤 기여를 했다고 생각하는지 이야기해본다. 이야기의 논점이 누가 더 많이 일했는지로 옮겨가면, 각자 '보이지 않는 노동'을 얼마나 했는지도 고려하자. 가정에서는 쓰레기 버리기, 빨래 개기, 아이 병원 진료일 잡기 등이 보이지 않는 노동에 해당한다. 직장에서는 문서 정리, 오류 검토와 같이 따분하지만 필수적인 일들이 여기에 해당할 것이다. 성실한 사람들은 따로 요청을 받지 않아도 꾸준히 이런 일들을 해낸다. 성과 도둑은 여러분이 최근에 보이지 않는 노동을 얼마나 떠맡았는지 알아차리지 못하고 있을 수도 있다(여러분도 상대의 일에 대해 모를 수 있고).

여러분과 상대가 나눠 맡은 보이지 않는 노동이 한쪽으로 치우쳐 있다고 생각한다면, 이렇게 말문을 열어보자. "최근에 제가 일을 많이 한 것 같아요. x, y, z를 전부 제가 했거든요. 당신 생각도 그런가요? 우리가 각자 해온 일에 대해 한번 대화해보는 게 좋겠어요. 상대 모르게 하고 있는 일이 꽤 많을 게 분명하거든요."

1단계와 2단계의 목표는 상대와 현실을 공유하는 것이다. 그다음 단계는 앞으로 또다시 성과를 두고 옥신각신하지 않으려면 두 사람이 어떻게 해야 할지 생각하는 것이다. 돌아이들도 개인적으로 집착하는 영역 바깥에선 놀랍도록 합리적으로 행동할 수 있다. 돌아이의 방정식에서 일단 빠져나와라. 그러면 돌아이에게 맞서 일하는 게 아니라, 돌아이와 **함께** 일할 수 있다. 다음 섹션에서 몇 가지 기본 방법을 알려주겠다.

앞서 이야기한 부동산 중개업자 호세와 같은 상대는 굳이 성과 도둑질이라는 문제의 해법을 찾을 동기가 없다. 상대의 일거수일투족을 감시하는 상사가 있지 않은 한(있을 리 없다), 그런 상대와는 거리를 두는 게 좋다. 같은 팀에서 일하는 것을 피하라. 여러분이 진행중인 프로젝트를 '한번 살펴봐주겠다'는 제안을 거절하라. 조언을 나누지 마라.

거리를 두는 이유를 물으면 '우리 사이에 신뢰가 부족하다'는 핑계를 추천한다. 상대를 앞에 두고 분통을 터뜨리는 일은 삼가자. 이 사람과 일하고 싶지 않다고 마음의 결정을 내렸으면, 괜히 논쟁에 말려들지 않도록 유의할 것. 대화해봤자 혈압이 오르기밖에 더하겠나.


## 그들은 주로 여기서 활동한다
●○

지금까지 성과 도둑이 어떻게 남의 신뢰를 배반하고 피땀어린 결실을 가로채는지 알아보았다. 여기에 맞서는 방법도 알아보았다. 그런데 단둘이 아닌 여러 사람이 협업하는 상황에서 공로를 각자 알맞게 나누는 것은 또다른 이야기다. 성과 도둑이 누군가를 착취해서가 아니라, 집단 의사결정의 명료하지 못한 속성으로 인해 논공행상이 잘못 이루어지기 때문이다. 심지어 누가 어디까지 기여했는지 구별해내기가 거의 불가능한 경우도 있다. 자신이 해낸 일에 실제보다 더 가치를 부여하는 인지 편향도 어려움을 더한다.

집단 내에서 성과 도둑질을 막는 방법을 설명하기 전에, 우선 이런 일이 어떤 상황에서 자주 발생하는지 살펴보자.

### 생각이 비슷한 사람들이 모인 팀

팀원들에게 생각과 경험, 배경의 다양성이 있는 건 아주 중요하다. 다양한 사람들로 이루어진 팀은 비슷한 사람들로 이루어진 팀보다 더 창의적이고 실현성 높은 아이디어를 낼 수 있다.[11] 실수할 확률도 더 적다. 여기에 더해, 자주 간과되는 장점이 하나 있다.

다양한 배경은 다양한 생각을 낳는다. 따라서 다양한 사람들이 모인 팀 사람들은 똑같은 아이디어를 낼 확률이 낮다. 나는 생각이 비슷한 사람들이 모인 팀에서 일한 적이 여러 번 있는데, 처음 아이디어를 '도둑질'당한 게 그런 집단에서였다. 대학원생일 때의 일로, 어느 수요일 밤에 술모임에서 친구들에게 새로운 연구 아이디어에 대해 이야기했다. 그리고 금요일에 같은 팀원 제시카가 그 아이디어를 훔쳤다는 걸 알게 되었다. 제시카는 모임에 나오지도 않았는데! 누군가 나를 배신한 게 분명했다.

제시카가 내 아이디어를 가로챘다는 건 발표 자리에서 더욱 명확해졌다. 제시카가 15번 슬라이드에서 내 연구 아이디어를 토씨 하나까지 그대로 베껴서 자신의 장래 연구 방향으로 소개한 것이다. 발표를 마치고 제시카는 팀원들에게서 여러 가지 건설적인 피드백을 받았다. 내차례가 되자, 나는 아이디어를 도둑질한 게 아니냐고 은근히 지적했다. 효과를 극대화하기 위해, 최대한 못된 목소리를 냈다.

지도교수는 내 행동에 실망한 모양이었다. 호출을 받고 교수 사무실에 가보니 제시카가 팔짱을 끼고 앉아 있었다. 제시카는 내 시선을 피한 채, 연구 아이디어는 전적으로 자신이 낸 것이고 도둑질 따위 하지 않았다고 주장했다. 지도교수는 우리에게 철 좀 들라고 잔소리를 하더니, 우리 둘이 자기만의 고유한 생각이라고 주장하는 아이디어가 '누가 봐도 후속 연구로서 뻔한 아이디어이며 썩 빼어난 것도 아니라'고 말했다.

제시카와 나는 배경이 거의 같았다. 똑같은 연구 훈련을 받았고, 능력도 비슷했고, 사고방식도 같았다. 같은 논문들을 읽었고 지식의 기반도 거의 동일했다. 같은 수업을 들었으며, 심리학 연구를 설계하는 방법도 똑같이 배웠다. 우리가 72시간 차이를 두고 똑같은 아이디어를 떠올린 건 전혀 놀랄 일이 아니다.

이렇게 낯뜨거운 사건을 피하려면, 어떻게 해야 할까? 그때 내가 팀원의 구성을 바꿀 수는 없었다. 그래서 나는 같은 문제가 또 일어나는 것을 피하기 위해, 팀에서 거리 두는 법을 익혔다. 다른 팀원들과 차별화되는 기술을 습득했고, 내 학문적 배경 밖에 있는 사람들과 관계를 맺었다. 시간이 지나자 내 아이디어는 덜 뻔해졌고, 더 흥미로워졌으며, 제일 중요하게는, 다시는 제시카에게 '도둑질'당하지 않았다.

커리어를 쌓아가는 과정에서 나는 같은 공간에서 일하는 사람들이 비슷한 아이디어를 내는 일이 흔하다는 사실을 몇 차례 실감했다. 최근에는 학계에서 두 저자가 며칠 차이로 똑같은 데이터에 대한 똑같은 분석을 같은 저널에 투고한 사건이 있었다고 들었다. 말도 안 된다고? 나도 전에는 그렇게 생각했다.

저널측에서는 간단한 해법을 제시했다. 두 저자를 하나의 프로젝트로 묶어 그 안에서 전문성을 한껏 발휘하도록 하고, 둘 다의 공로를 인정해준 것이다. 저자들은 서로 도둑질을 했다고 주장할 수도 있었겠지만, 그러지 않았다. 함께 연구할 길을 찾는 건 그들에게도 보람된 일이었다. 그게 아니라면 둘 다 논문을 내지 못하게 될 테니.

## 아이디어가 '공중에 마구 떠다니는' 생산적인 팀

많은 사람들이 팀 단위로 브레인스토밍을 하는 최고의 방법은 아이디어를 마구 던지는 것이라고 생각한다. 누군가 어떤 아이디어를 내면, 팀원 전체가 맑은 여름날 프리스비를 하듯 그 아이디어를 이리저리 돌려보다가, 괜찮다 싶으면 발전시킨다. 하루가 끝날 무렵엔 혁신적이고 멋진 결과물이 완성된다.

모두 만족한다. 불평할 게 있겠는가? 있다, 불평할 게. 이런 팀에서는 아무리 훌륭한 성과가 나와도 개인들이 불만을 품게 된다. 자기 기여도를 인정받기 어렵기 때문이다. 어떤 사례가 있을까?

치과에 가는 걸 두려워하는 환자들을 위한 치과 의자를 디자인하는 팀에서 일하고 있다고 상상해보자(엄연히 실존하는 업무다!). 회의가 시작된 지 45분째, 여러분은 괜찮은 아이디어를 벌써 열 개나 냈다. 여러분의 아이디어는 다른 사람들이 낸 아이디어에 비해 훌륭하다. 다들 고개를 끄덕이고, 미소를 짓고, 엄지를 치켜드는 걸 보면 확실하다.

회의를 마치고, 상사 제이슨이 마무리 멘트를 던진다. "다들 멋지게 일해줘서 고마워요! 우리 팀 전체가 잘해줬어요." 잠깐, 제이슨. 이게 무슨 헛소리죠? **내가** 팀에 얼마나 기여했는데, 왜 **나를** 인정하지 않는 거죠?

제이슨은 일부러 여러분을 무시한 게 아니다. 단지 여러분이 생각한 만큼(또는 바란 만큼) 팀원 개인에게 관심을 기울이지 않은 것뿐이다. 여러분이 특별히 관심을 받고 있었다고 느낀다면, 그건 '조명 효과' 때문이다.[12] 조명 효과는 다른 사람이 자신에게 기울이는 관심을 과대평가하게 하는 흔한 인지 편향이다. 길거리에서 넘어지고선 10분이 넘도록 혼자 민망해한 적이 있는가? 여러분이 넘어지는 걸 본 사람이 전부 지나간 뒤에도 부끄러움이 가시지 않은 적이 있는가? 이것도 조명 효과 때문이다.

팀이 다 같이 협업하고 있을 때조차 우리는 대부분의 시간을 머릿속에서 보낸다. 우리가 그럴듯한 발언을 했을 때 누가 맞장구를 쳐주는지, 누가 무시하는지 속속들이 파악하고 있다. 하지만 다른 사람에겐 그만큼 신경쓰지 않는다.

팀 단위로 업무를 할 때, 여러분이 자신에게 쏟는 관심만큼 다른 사람에게서도 관심을 받을 거라고 기대하지 말자. 여러분처럼 그들도 주로 자기 자신에게만 집중하고 있을 것이다. 자신에게 집중한 상태에선 다른 사람이 전체에 얼마나 기여하고 있는지 정확히 알기 어렵다.

팀 업무가 조명 효과로 인해 방해받지 않게 하려면, 제일 좋은 방법은 한 사람에게 누가 어떤 아이디어를 냈는지 기록하도록 하는 것이다. 서기 역할은 돌아가며 맡는 게 좋다. 그래야 모두가 조명 효과에서 벗어나는 경험을 해볼 수 있을 것이다.

간단한 양식의 표를 팀원 모두가 공유하는 것도 괜찮은 출발점이다. 한 열에는 '아이디어'라고 적고, 다른 열에는 '이름'이라고 적는다. 회의 마지막에 모든 팀원이 자기 생각대로 표를 채워넣게 한다. 작성한 표를 비교해보고, 서로 일치하지 않는 부분이 있으면 기억이 흐려지기 전에 즉시 명료하게 정리한다.

## 대부분의 업무가 개인적으로 이루어지는 팀

나는 지난 10년 동안 뉴욕대학교에서 강의를 했다. 내 수업에선 학생들이 4인 1조를 이루어 하나의 프로젝트를 해야 한다. 같은 팀에 속한 학생들은 같은 성적을 받는다.

학생들은 이 수업을 증오한다. 게으른 팀원에 대한 불만이 하늘을 찌른다. 그래서 나는 아이디어를 하나 냈다. 성적이 좀더 공정하게 느껴지도록, 학생들에게 기말 프로젝트에서 자신의 공로가 얼마나 되는지 설문한 것이다. 자신의 기여도를 0퍼센트('나는 무임승차했다')부터 100퍼센트('나 혼자 다 했다')까지 비율로 답하도록 하고, 그것을 최종 성적에 반영하겠노라 약속했다.

이 전략은 보란듯 실패했다. 대다수의 학생이 자기가 과제의 80퍼센트를 했다고 주장한 것이다. 30퍼센트 미만으로 기여했다고 답한 학생은 아무도 없었다. 그런데 넷이 완전히 공평하게 과제를 나눠 했다고 가정했을 때조차, 개인의 기여도는 25퍼센트에 머문다. 30퍼센트는 그보다 5퍼센트나 높은 수치다.

어디서부터 잘못된 걸까? 학생들은 분명히 자기 공로를 과장했다. 그런데, 내 학생들이 유달리 별나서 그런 건 아니다.[13] 우리 대다수가 자신이 수행한 역할을 과대평가한다. 다른 사람이 한 일이 눈에 보이지 않으면, 자연스럽게 자신이 다른 누구보다도 더 많이 일했다고 생각하는 것이다.

팀 업무가 흔히 그렇듯 내 학생들은 과제의 많은 부분을 개인적으로 했다. 물론 일주일에 한 번 만나서 뭘 끝냈고 뭘 더 해야 하는지 공유했지만, 대부분의 시간은 기숙사 컴퓨터 앞에서 혼자 보냈다. 보이지 않는 노동과 마찬가지로, 다른 사람들 눈에 보이지 않는 업무는 공로를 얼마나 인정해야 할지 파악하기 어렵다.

이런 문제를 방지하는 방법이 있다. 팀원 모두에게 개인적으로 업무에 쏟는 시간을 기록하도록 하는 것이다. 이 간단한 조치를 통해 누가 얼마나 공로를 인정받아야 하는지를 둘러싼 불확실성이 줄어든다. 이는 집단의 발전을 막는 숨겨진 걸림돌과 병목을 발견하는 기회가 되기도 한다. 가령 어떤 업무를 영 소질이 없는 사람에게 맡겼다는 사실을 발견할 수 있다. 조지가 한 시간 만에 할 수 있는 일을 잭이 하느라 세 시간을 쓰고 있다는 걸 발견하면, 팀에 장기적으로 도움이 될 것이다.

## 조직 내에서 성과를 공정히 나누는 법
●○

팀 업무에서 개인의 공로를 골라낼 때 제일 큰 문제는 '누가 무엇을 했는가'를 깔끔히 정리하기 어렵다는 것이다. 여기서 팀의 업무 과정을 좀더 명료하게 만들어줄 몇 가지 조치를 소개해보겠다. 목표는 일한 만큼 공로를 인정받지 못해서 씁쓸한 기분으로 퇴근하는 팀원이 없도록 하는 것이다.

### 일하기 전에 누가 무엇을 할지 결정한다

팀 업무를 시작하기 전에, 팀원 개개인의 할일 목록을 만든다. 업무를 공평하게 나눈다(공평한 업무 분장이 목표라면). 일을 시작하기 전에 팀원들에게 업무 분장에 동의하는지 확인한다. 일을 마친 다음에는, 나처럼 자신이 생각하는 기여도를 묻는 실수를 범하지 말도록. 그보다는 자신이 하겠다고 **동의한** 일을 했는지, 다른 사람도 맡은 일을 잘 했는지 물어라.

하기로 한 일과 실제로 한 일이 일치하는지를 기준으로 공로를 논한다. 무엇을 하기로 했는가? 실제로 무엇을 했는가? 이 질문을 받게 될 걸 아는 사람들은 남의 성과를 탐내거나 게으름을 피울 확률이 낮아진다. 일석이조다.

## 성공적 결과 vs 노력의 과정

대부분의 경우, 개인의 공로를 논하는 기준은 팀이 얼마나 성공적인 결과를 냈는지다. 성과와 보상의 관계를 완전히 끊어버리는 건 현명하지 않다. 그러나 보상을 받는 **유일한** 방법이 남보다 나은 성과를 내는 것이라면, 자기가 다 했다고 우기는 성과 도둑과 어떤 수단으로든 자기 아이디어를 밀어붙이는 불도저(3장에서 다룬다)만으로 구성된 최악의 팀원 조합을 각오해야 할 것이다.

공로는 팀이 낸 성과가 아니라 개인이 들인 노력에 비례해서 인정해야 마땅하다. 나는 열정 넘치는 전문가들로 구성된 팀을 이끌 때 이 전략을 시도해보았다. 팀원들은 하나같이 자신이 조금이라도 인상적인 발언을 하면 남들이 샴페인을 펑펑 터뜨려줄 거라 기대했다. 그런데 '선택받은 아이디어'의 주인이 되고 싶다는 열망이 팀의 성과에는 오히려 방해가 되었다. 실제로 일을 해내는 데 드는 시간보다 지위를 얻으려 다투는 데 허비하는 시간이 더 많았다. 나는 결국 분위기를 전환시켜야 했다. 최종 선택된 아이디어가 누구 것인지 신경쓰지 않겠다고 선언했다. 각자 맡은 일을 얼마나 열심히 하는지만 보겠다고 말했다. 팀원들이 겸손함에 대해 깨달은 바가 있길 바란다. 분기 말 보너스를 받고 싶다면, 개인의 공로에 연연하기 이전에 우선 악착같이 일을 해야 한다.

## 불평은 분노로 번지기 쉽다

성과 도둑질을 눈감아주는 상사는 팀의 기강을 누구보다 빠르게 해친다. 팀원들이 일할 동기를 부여받고 일에 전념하길 원한다면, 조직이 공정하게 돌아간다는 느낌을 주어야 한다. 때론 팀원들이 누가 도둑질을 한 걸 알아도 굳이 고자질하고 싶지 않아 하는 경우도 있다. 사이좋은 팀에서 종종 발견되는 현상이다.

내가 '미적지근한 불평꾼'이라고 부르는 사람들이 있다. 이들은 자기 팀의 생산적 에너지를 아주 좋아하고, 팀원들이 목소리를 내고 아이디어를 공유하는 게 얼마나 중요한지도 잘 안다. 하지만 이들은 팀 차원에서 대승을 거둔 뒤에는 오히려 기분이 상하곤 한다. 이런 유형에 해당하는 제이크의 말을 들어보자. "팀원들이 제 아이디어를 거부하거나 훔치는 게 가장 싫습니다. 제가 얼마나 좋은 아이디어를 냈는지, 저 자신만큼은 알고 있어요. 그리고 일의 대부분을 제가 해냈다는 것도 알죠." 나는 제이크에게 팀원들 역시 '일의 대부분을 자신이 해냈다'고 주장했다는 사실을 일러주었다.

상사에게 이런 안건을 꺼내면 좀스러워 보일 거라는 걱정이 드는가? 처음부터 끝까지 불평만 늘어놓으면 그럴 수도 있다. 그러니 문제를 제기하면서 대안도 함께 제시하라. 공로 배분에 문제가 있으면 일찍 발견할 수 있도록, 주기적인 피드백 세션을 갖자고 제안하라. 불평은 바로 해결하지 않으면 분노로 번지고, 모르는 사이 팀의 긍정적인 에너지는 온데간데없이 사라진다. 짧은 회의를 열어 팀원들이 각자 우려하는 바를 자유롭게 털어놓기만 해도 모든 게 달라질 수 있다.

# 노련한 평가자들도 때론 실수한다

●○

공로를 인정받을 자격이 있는 사람에게 공로를 인정해주는 기술은
완벽하지 못하다. 인슐린을 발견한 공으로 1923년 노벨의학상을 받은
두 과학자 프레더릭 밴팅Frederick Banting과 존 매클라우드John Macleod
의 예를 보자.[14]

젊은 정형외과의사 프레더릭 밴팅은 토론토대학교 생리학과장을 맡
고 있던 거물 존 매클라우드를 찾아가, 인슐린 추출법에 대해 자기가
세운 가설을 시험해볼 연구실 공간을 내어달라고 부탁했다. 매클라우
드는 처음에는 밴팅의 아이디어에 심드렁한 반응을 보였다. 그가 보기
에 밴팅은 준비가 부족했으며 아이디어도 아직 다듬어지지 않아 거칠
었다. 그러나 밴팅은 시간을 들여 결국 매클라우드를 설득하는 데 성
공했다. 매클라우드는 밴팅에게 연구실 공간과 실험견 사용 허가를 내
주었고(당시 개의 췌장이 인슐린 추출에 사용되었다) 토론토대학교의 우
등생 찰스 허버트 베스트Charles Herbert Best를 소개해주었다.

여름방학이 시작되고 매클라우드가 자리를 비운 사이, 밴팅은 베스
트의 조력을 받아 여러 연구를 진행했다. 매클라우드는 주기적으로 연
구의 진행 상황을 확인했다. 이때의 연구로 당뇨병 환자를 위한 인슐
린 치료법이 발견되었다. 9월이 되어 대학으로 복귀한 매클라우드는
밴팅과 베스트의 연구 성과를 보고 충격을 받은 나머지 데이터의 정
확성에 의문을 제기했다. 그렇게 세 사람 사이에서는 몇 년 동안 이어
질 씁쓸한 싸움이 시작되었다. 밴팅과 베스트는 매클라우드가 던져준

중요한 통찰들을 더해, 그해 여름의 성과를 다듬는 작업을 해나갔다.

마침내 토론토대학교에서 인슐린 연구가 진행되고 있다는 말이 바깥으로 퍼져나갔다. 1922년 11월, 1920년도 노벨의학상 수상자인 코펜하겐대학교 교수 아우구스트 크로그August Krogh가 떠들썩한 소문을 확인하려고 토론토대학교를 방문했다. 크로그는 아내가 당뇨병 환자라서 인슐린 연구에 관심이 많았다. 매클라우드는 크로그를 이틀 동안 초대해서 연구실을 보여주고, 초청 강연을 부탁하고, 심지어 자기 집에 묵게 했다. 또한 그는 크로그가 자신이 밴팅의 연구에 큰 영향을 미쳤다고 믿게 하는 데 꽤 많은 시간을 들였다(고 전해진다). 크로그는 인슐린을 스칸디나비아에 소개해도 좋다는 허락을 받고 돌아갔다. 오래지 않아 크로그는 밴팅과 매클라우드를 노벨상 후보로 추천했다. 그렇게 두 사람은 노벨의학상을 공동 수상했다.

밴팅은 노벨상 수상이 발표되자마자 분노를 터뜨렸다. 밴팅의 입장에서 보았을 때, 매클라우드의 역할은 미미한 수준이었다.[15] 자신과 공동 수상을 할 인물이 있다면 매클라우드가 아닌 베스트였다. 밴팅은 노벨상 수상을 거부하려 했으나, 여럿의 설득에 넘어가 상은 받기로 했다(설득에 가장 열심이었던 건 최초의 노벨상 수상자를 배출한 것이 대단히 자랑스러웠던 캐나다였다). 감정을 억누르는 성격이 아니었던 밴팅은 매클라우드의 공로를 무시하는 날 선 수상소감을 발표했다. 반면 세련된 전술과 언론 앞에서의 유창한 언변으로 이름을 날린 매클라우드는 청중 앞에서 '팀워크가 거둔 승리'를 이야기했다.

밴팅이 그렇게 반응한 게 합당했는지도 모르겠다. 수십 년 뒤, 카롤

린스카연구소 소속 내분비학자이자 노벨상 선정위원회의 회장이었던 롤프 루프트Rolf Luft는 노벨상 위원회가 한 최악의 실수가 1923년 의학상을 인슐린을 발견한 밴팅과 매클라우드에게 준 것이라고 고백했다.[16] 공동 수상자는 밴팅과 베스트여야 마땅했다.

베스트는 자신의 노력에 대한 공로를 40여 년이 지나서야 인정받았다(다만 캐나다의 여러 장소에 '밴팅과 베스트'라는 이름이 붙기는 했다). 여러분이 그와 같은 신세가 되고 싶지 않다면, 앞서 제안한 지침들을 따라 좀더 명료한 집단 업무 절차를 만들기 바란다. 목소리를 내야 마땅한 사람들이 목소리를 낼 수 있도록 전략을 세우자. 왜 사람들이 누구에겐 귀를 기울이고 누구는 무시하는지 이해하면, 무시당하지 않는 데 필요한 기술을 쌓아갈 수 있을 것이다. 매클라우드가 아우구스트 크로그를 등에 업은 것처럼, 권력과 영향력이 있는 사람들과 인맥을 쌓을 전략도 몇 가지 알아둬서 나쁠 건 없다.

**팁** 께진 돌아이도 다시 보자

▶ 성과를 가로채는 사람은 대개 가까운 동료다. 멘토, 동기, 강약약강형 팀원을 주시하라.

▶ 사무실의 다른 돌아이들처럼, 성과 도둑도 바늘도둑으로 시작해서 소도둑이 된다. 대개 자기가 한 일을 잡아뗄 수 있는 상황에서만 도둑질을 한다.

▶ 성과 도둑이 항상 자기 공로를 과장하기만 하는 건 아니다. 자기 공로를 일부러 줄여 말하는 경우도 있다. 상사와 신입 사원에게 매력적인 아군으로 보이고 싶어서 겸손하고 관대한 척을 하는 것이다.

▶ 목소리를 얻어라. 그래야 여러분에게 필요한 사람들이 여러분이 하는 말을 듣고 기억해줄 것이다.

▶ 목소리를 얻는 제일 좋은 방법은 핵심 조언자가 되는 것이다. 상사가 직장에서 문제가 있을 때 찾아가는 사람이 되어라. 업무에 기여할 때는 문제가 아닌 해법에 집중하라. 마지막으로, 무시당하고 있는 다른 사람들의 목소리를 키워줘라.

▶ 팀 업무에서는 공로를 정확히 나누기 어려울 수 있다. 사고방식이 비슷한 사람들로 이루어진 팀에서는 두 사람이 동시에 같은 아이디어를 내는 일도 드물지 않다.

▶ 몇 가지 인지 편향으로 인해, 팀에 자신이 얼마나 기여하고 있는지 스스로 정확히 측정하기는 어렵다. 자신이 한 일은 남들에게 실제보다 더 잘 보일 거라고 생각하고, 자신이 결과에 미치는 영향도 실제보다 더 크다고 생각하기 때문이다. 이런 편향으로 인해 자신이 남들보다 더 많은 공로를 인정

받아 마땅하다고 착각하게 된다.

▸ 자신이 얼마나 공로를 인정받아야 할지 생각한 다음 나중에 인지 편향을 교정하도록 하는 전략은 효과가 없다. 처음부터 자기 공로를 과대평가하지 않도록, 업무를 시작하기 전에 몇 가지 절차를 밟는 편이 낫다. 업무 분장을 정확히 하라. 그리고 맡은 일을 잘해냈는지를 기준으로 공로를 평가하라.

▸ 성공적인 결과가 아니라 노력에 비례해 보상하라.

▸ 팀의 관리자와 주기적으로 면담하라. 성과 도둑질을 막는 과정에 문제가 생기면 상사나 관리자에게 빠르게 개입을 요청하라.

## 3장

File Edit View Help

# 불도저

---

**막무가내인 사람들을 여유롭게 상대하는 법**

---

존은 한마디로 잘나가는 직원이었다(이 문장의 시제가 과거라는 데 주목하자). 존은 회사에서 처음으로 고급 차를 타고 다녀도 된다는 허락을 받아서 동료들의 짜증을 유발한 인물이기도 했다. 잘난 게 무슨 잘못이랴. 존은 탁월한 협상력뿐 아니라 세련된 자동차 취향마저 겸비했기에, 허락받은 고급 차를 십분 활용했다.

존의 첫 상사는 고참 직원 톰이었다. 톰은 저음의 목소리에 덩치가 크고 성격이 젠틀한 호감형 인물이었다. 그는 자주 간과되는 리더의 자질을 여럿 지니고 있었다. 사람들 사이의 갈등을 누그러뜨리는 데 일가견이 있었고, 세부사항을 꼼꼼하게 챙겼으며, 규칙을 잘 지키는 편이었다.

그런데 톰에게는 약점이 하나 있었다. 그는 누군가와 정면으로 맞붙는 걸 병적으로 기피했다. 상대가 조금이라도 언성을 높이며 세게 나오면 금세 꼬리를 내렸다. 남들 사이의 갈등을 중재하는 능력은 뛰어났지만, 분노가 자신에게 향하는 건 견디지 못했다.

존은 입사한 직후부터 톰의 약점을 알아차리고 이용하기 시작했다. 톰에게 부적절한 요청을 수십 건씩 해대며 자신과 공모하게 만들었다. 비서를 고용해 개인적인 세금 신고를 맡겼고, 신입 인턴에게는 심지어 자기 가족앨범을 만드는 일까지 시켰다. 다른 직원들은 힘들게 몸을 갈아넣어 일해서 받아내는 보너스를 존은 손쉽게 얻을 수 있었다. 톰을 찾아가 몇 마디로 압박하면 끝이었다.

존의 전술은 부적절했지만, 인사과의 눈에 띌 만큼 선을 넘지는 않았다. 존은 기분이 나쁘면 목소리를 키웠는데, 일반적으로 용인되는 수준보다 딱 몇 데시벨 높은 수준이라서 상대를 동요하게 하는 효과는 누리면서 '고함'을 지른다는 비난은 피할 수 있었다. 게다가 존은 대화할 때면 상대에게 바짝 다가갔다. 일반적으로 적절하게 여겨지는 수준보다 딱 몇 센티미터 가까운 거리였다. 상대가 그의 코와 뺨에 드문드문 드러난 모세혈관을 볼 수 있을 거리에서 존은 상대가 제멋대로 구는 꼬마라도 되는 양 삿대질을 해댔다. 그는 아주 사소한 일에도 발끈하는 사람이었다. '존, 미안하지만 당신 요구사항이 우선순위가 아니에요'라는 단순한 말 한마디에도 폭발하곤 했다.

톰은 어떻게든 이런 순간들을 피하고 싶었다. 그래서 존이 무얼 요구하든 자포자기한 심정으로 들어주었다. 그렇게 존은 남들에게는 없는 무기를 휘두르며, 톰의 휘하에서 만족스럽고 생산적인 팀원 역할을 해냈다. 팀원 평균치보다 다섯 배나 높은 성과를 내서, 고급 차를 타도 된다는 허가를 받아낼 정도였다. 나아가 존은 톰이 자리를 비우면 그의 자리를 대신하기까지 했다. 나머지 팀원들은 연륜이 부족하거나 은퇴 직전이라서 존 말고는 톰을 대리할 마땅한 인물이 없었다. 존은 생각했다. '앞으로도 톰만 만족시키면 돼. 그럼 이 팀에서 계속 승승장구할 수 있어.'

그러다가 생각지 못한 사건이 일어났다. 톰이 예상보다 5년이나 일찍 퇴직한 것이다. 사람들은 톰이 퇴직 파티에서 존을 후임으로 발표할 것이라고 예상했다. 그런데 톰이 지목한 후임자는 뜻밖에도 다른 팀에서 일하는 수전이었다. 수전은 등뒤에서 호박씨 까는 사람들을 '극혐'했고, 존 같은 부류에게 싸늘하게 퇴짜를 놓아가며 지금 자리까지 올라갔다. 풍문에 의하면 고위 관리자들은 존이 불도저처럼 군다는 이야기를 전해듣고, 톰의 후임으로 팀 외부의 인물을 물색했다고 했다.

수전이 팀장으로 온 첫 주에 존은 수전과 어떻게든 점심 자리를 만들어 '상호 이익'에 관해 의논해보려고 애썼지만, 수전은 그를 칼같이 쳐냈다. 그다음주에 존은 2년 전 톰이 손글씨로 쓴 메모를 들고 수전의 사무실에 나타났다. 메모에는 이렇게 적혀 있었다. "퇴직과 동시에 내 사무실을 존에게 물려주겠음." 수전은 웃음을 참는 데 실패했다. '진짜 돌아이잖아.' 수전은 생각했다. 두 사람의 관계는 상당히 기묘한 방향으로 흐르고 있었다.

수전은 존을 다른 모든 팀원과 동등하게 대했다. 존 입장에서는 상상할 수 있는 가장 끔찍한 일이었다. 수전은 어떤 사람도 남을 위협해서 더 높은 연봉과 더 좋은 사무실을 얻어낼 수 없도록 절차를 바로 세웠다. 권력자가 비서와 인턴을 착취할 수 없게 만들었다. 물론 존에게도 해당하는 이야기였다.

존은 거절당하는 걸 견디지 못하는 성격이었지만, 수전을 상대로는 손발이 묶여 아무런 방법이 없었다. 목표로 가는 길을 가로막힌 불도저형 인간들은 으레 만만한 팀원들에게 분풀이를 한다. 존도 결국은 이 길로 들어섰다.

존은 채용위원회가 열릴 때마다 자기도 들어가겠다고 우겼고, 자신의 '업무 철학'과 갈등을 일으킬 소지가 있는 지원자를 전부 내쳤다. 어떤 지원자는 3년 전 비즈니스 관련 소셜미디어의 댓글란에서 존과 언쟁이 붙은 적이 있다는 이유로 탈락시켰다. 어떤 지원자는 존이 오래전부터 원수처럼 여기는 인물이 쓴 글을 리포스팅했다는 이유로 탈락시켰다.

"저런 '죄'를 저지르고 이 자리에 지원하다니, 무슨 배짱인지 모르겠군요." 존이 말했다.

다른 팀원들이야말로 존이 무슨 헛소리를 하는 건지 몰라서 말없이 시선만 교환할 따름이었다. "나는 내가 온라인에서 무슨 글을 리포스팅했는지 기억도 못해요." 채용위원회의 다른 사람이 말했다. "저 사람, 대체 뭐죠? 설마 저녁마다 지원자들의 소셜미디어를 염탐하는 건 아니겠죠?"

맞다. 그게 정확히 존이 한 일이다. 소셜미디어를 들여다보며 아무도 신경조차 쓰지 않는 행동에 근엄하게 '유죄' 판결을 내리는 게 존의 저녁 일과였다.

이렇게 석 달이 지나자 존의 팀원들은 다들 지칠 대로 지쳐버렸다. 존이 협조를 거부하는 바람에 투표는 교착 상태에 빠졌고, 회의는 존이 '실현되지 않은 약속'과 '존중'을 운운하며 길고 긴 비난을 늘어놓는 성토의 장으로 전락했다. 존에게 고삐를 채우는 데 실패한 팀은 결국 와해되었다. 몇몇 직원들은 사직서를 냈다. 존은 고급 차를 타도 된다는 허락만으로는 행복해질 수 없는 사람이었다. 제멋대로 굴지 못하면 견딜 수 없었다.

## 절이 싫으면 중이 떠나라?

●○

불도저형 인간인 존과 같은 사례는 드물지 않다. 유능한 동료 한 사람에게 자꾸만 특전이 주어지는 상황을 목격한 적이 있을 것이다. 그러다 어떤 이유에서든 특권이 주어지는 지위에서 밀려나면, 그 동료는 바로 불도저로 변신한다.

불도저 유형은 언뜻 보기에는 단순히 말이 너무 많은 사람과 구별되지 않는다. 물론 말을 많이 하는 불도저 유형도 있지만 그것만이 불도저의 특징은 아니다. 불도저형 인간은 노련하고, 인맥이 좋으며, 원하는 것을 손에 넣기 위해서라면 위력 행사를 불사한다. 어떤 경우는 의사결정을 내리는 직위에 있었던 과거에 집착하기도 한다. 학계에서 자주 목격되는 유형인데, 주로 이런 발언을 입에 달고 산다. "내가 학과장이었을 때는……" 새 학과장이 자기 말을 들어야 한다고 바득바

득 우기는 걸 보면, 그게 20년 전의 과거라는 건 잊은 게 분명하다.

전 직장에서 권력이 있었는데 새 직장으로 이직한 다음에도 똑같은 권력을 누리려 하는 유형도 있다. 아무튼 자기는 잘나가는 사람이고 남들은 그걸 인정해야 한다고 우기는 걸 보면, 새 직장 사람들이 자기가 누군지도 모른다는 사실은 잊은 게 분명하다.

마지막으로, 자신이 아주 귀한 능력을 지녔으며 그러므로 모든 의사결정에 영향력을 행사할 권리가 있다고 믿는 유형이 있다. 최고 매출을 올리는 영업 사원은 자기 지위를 이용해 온갖 의사결정에 개입하려 한다. 회사 야유회 장소, 저녁식사에 초대할 명단, 심지어 차기 CEO 후보에까지 입김을 넣으려 드는 것이다.

불도저가 보이는 특징적 행동은 두 가지가 있다. 첫째, 집단 의사결정을 자기 뜻대로 끌고 가려 한다. 둘째, 상사에게서 자신을 저지할 힘을 빼앗는다. 어떤 불도저는 상사를 사적으로 위협한다. ("내가 원하는 걸 주지 않는다면, 앞으로 30년 동안 지옥에 사는 기분을 느끼게 해줄 겁니다.") 어떤 불도저는 상사를 공적으로 위협한다. 야생 고릴라처럼 보란 듯 가슴을 두드리고 이빨을 드러내며 남들 앞에서 누가 진짜 대장인지 과시하는 것이다. 마지막으로, 어떤 불도저는 상사의 진을 빼놓는다. 톰 같은 상사는 존 같은 불도저를 다스릴 깜냥이 없어서 바로 백기를 들어버린다.

직장에서 만날 수 있는 여러 돌아이 유형 중, 불도저는 유일하게 겉과 속이 똑같은 유형이다. 강약약강형이나 성과 도둑과 달리 불도저는 자기 행동을 굳이 위장하려는 시도조차 하지 않는다. 그들에게 이미

## 적신호! 불도저의 특징

- **강약약강형처럼 불도저도 재빠르게, 자주 권력을 행사한다.** 다들 수줍게 자기소개를 하고 있거나 팀 차원에서 계획을 세우기 시작하는 처음 5분 안에 존재감을 과시하기 시작한다.

- **자신의 전문적 능력 없이 돌아가지 못하는 팀을 찾는다.** 누구나 다루기 꺼리는 새 소프트웨어를 사용할 수 있는 유일한 사람이 되고자 한다. 각종 비밀번호도 전부 알고 있다.

- **직위 높은 친구들을 알고 그들을 거리낌없이 이용한다.** 이를테면 자녀가 CEO의 자녀와 같은 야구팀에서 뛴다. 인사과장과 대학 동문이다. 과거에 권력을 누렸으며, 오래된 인맥을 이용해 원하는 것을 얻어내는 데 아무런 문제를 느끼지 못한다.

- **약한 상사를 노려서 복종시킨다.** 일이 너무 많거나, 자리를 자주 비우거나, 갈등을 회피하는 상사가 이상적인 먹잇감이다.

지 관리는 우선순위가 아니다. 중요한 건 수단과 방법을 가리지 않고 자기가 원하는 무언가를 얻어내는 것이다.

따라서 불도저형 인물의 정체성에 대해선 사내 여론이 일치하는 경향이 있다. 래리가 남의 말을 너무 많이 끊고, 캔디스가 상사를 지치게 하고, 데번이 혼자 회의 시간을 전세 낸 듯 군다는 건 누구나 안다. 불도저형 인간의 사적 자아와 공적 자아는 일관적이다. 일대일 면담에서 불도저처럼 행동하는 사람은 단체 회의와 점심 회식에서도 똑같이 불도저처럼 행동한다.

## 한마디로 그들은 '트러블 메이커'다

내가 직장 내에서 불도저 유형의 인간을 포착하는 방법에 대해 글을 쓰고 있다고 말하자, 친구가 재밌는 소리라는 듯이 웃었다. "그 사람들 말소리는 몇 킬로미터 밖에서도 들리는걸! 굳이 방법을 알려줘야 돼?"

굳이 알려줘야 한다고 생각한다. 과거에 나는 불도저형 인간이 불곰 같은 존재라고 생각하곤 했다. 둘은 팀의 업무 진행을 방해하고 불필요한 갈등을 초래한다는 공통점이 있다. 하지만 지금은 더 적합한 비유를 찾아냈다. 불도저는 트로이 목마와 같다. 팀이 돌아가는 데 꼭 필요한 사람이 되어 입지를 굳히고, 그다음 본색을 드러내니까.

경보는 일찍부터 울리기 시작한다. 그러나 많은 사람들이 경보를 무시했다가 뒤늦게 그 이유를 합리화한다. 그래, 래리가 말이 많긴 하지만 상사니까 당연한 거 아니야? (아니다.) 미나는 채용 업무를 맡은 경험이 많지. 미나가 전부 할 수 있는데(그리고 도움을 받지 않고 혼자 하겠다고 고집하는데) 굳이 다른 사람에게 새 채용 소프트웨어 사용법을 가르쳐야 돼?

우리가 의지하고 있는 사람이 사실은 우리를 등에 업고 모든 걸 자기 뜻대로 밀어붙이려 한다는 걸, 몇 달이 걸려서야 깨달을 수도 있다. 불도저는 사람을 가리지 않는다. 아주 유능한 리더도 불도저의 먹잇감이 될 수 있다. 회의 시간이 5분밖에 남지 않았는데 불도저가 들고 온 안건 열 개가 남아 있다면 어쩔 것인가? 최대한 꾸물거리며 어떻게든 시간을 흘려보내는 게 최선의 시나리오다. 그렇다면 최악의 시나리오는 뭘까? 긁어 부스럼이라고, 굳이 다룰 필요도 없었던 안건을 두고 분란이 일어난다.

불도저에겐 사람들을 이간질하는 비책이 있다. 때론 의심의 씨앗을 뿌린다. "켈시가 진심으로 팀을 위한다고 생각해요? 정말로요?" 회의 전에 연합을 짜기도 한다. 열한 명으로 구성된 팀에서 다섯 명이 이미 불도저의 편을 들기로 합의했다면 나머지 다섯 명에겐 승산이 없다. 나머지끼리도 연합을 짜지 않는 한, 찍소리도 못 내고 깔끔하게 패배할 것이다.

한마디로, 불도저는 조직의 트러블 메이커다. 이제 그들이 초래하는 문제를 한번 파헤쳐보자.

### 첫날부터 조직에 꼭 필요한 사람이 된다

직장에서 새로운 팀이 만들어지면, 사람들은 제일 먼저 위계 파악에 나선다. 누구에게 귀를 기울여야 하나? 누구에게 중요한 결정권을 맡겨야 하나? 누구를 무시해도 되나? 권력은 흔히 능력이나 경험을 근거로 분배되지만, 다른 기준을 따를 때도 있다.[1] 아무도 하지 않으려 하는 일을 누군가 자청하고 나서는 경우가 이에 해당한다.

집단에서 빠르게 자기 입지를 굳히는 게 얼마나 중요한지는 1장에서 이미 이야기했다. 처음 몇 분 만에 승부가 나는 경우도 있다. 일단 집단의 구성원들에게 귀기울일 가치가 있는 사람으로 인정받으면, 그들을 설득해 자기편으로 만들 수 있고 결과적으로 집단 의사결정을 장악하게 된다. 강약약강형은 이 전술을 써서 상사를 구워삶는다. 불도저형은 이 전술을 써서 집단의 필수 인물로 등극하고 권력이 있는 지위에 안착한다.

불도저가 처음에 노리는 지위는 보통 경쟁자가 없다. 아무도 관심을 주지 않는 새 소프트웨어를 익히거나, 회사 웹사이트 업데이트를 담당하거나, 인기 없는 인사과장과 일주일에 한 번 미팅하는 등의 업무를 일부러 맡겠다고 나서는 사람이 많을 리 없다. 이런 역할은 언뜻 보기에는 권력과 거리가 멀다. 하지만 알고 보면 그렇지 않다. 집단이 돌아가는 데 꼭 필요한 역할이기 때문이다. 채용 업무에서 난관에 빠진 로라의 이야기를 살펴보자.

"3년째 구인중인데 아무도 채용하지 못했어요. 아니, 채용 제안조차 못했어요. 이렇게 아무 소득이 없는 채로 1년을 더 흘려보내면 이사회에서는 예산을 다른 데로 돌릴 거예요." 로라가 내게 말했다.

로라와 나는 어느 단계에 문제가 있는지 확인하려고 구인 절차를 샅샅이 뜯어보았다. 지원자의 수는 해가 갈수록 늘고 있었으며 그중에는 로라가 보기에 직무에 적합한 지원자들도 있었다. 지원자 검토를 담당하는 사람은 누구냐고 묻자 로라가 웃으며 답했다. "물론 마이크 죠! 그 프로그램을 이해하는 유일한 사람이잖아요. 자기가 만들었으니까요."

잠깐, 여기서 프로그램이 왜 나오는 거지? 자초지종을 들어보니, 구인을 시작한 첫해에 마이크는 지원자들을 (경력 연수나 최종 학위 같은) 여러 기준으로 분류해주는 프로그램을 만들었다고 한다. 채용과장이 그런 프로그램을 만들고 싶어서 몇 년째 골머리를 앓고 있었는데, 마이크가 코딩을 할 줄 알아서 자원했다는 것이다.

마이크가 프로그램을 만들었으므로 자연스럽게 채용 회의도 그가 주관했다. 회의 주관자로서 마이크는 각 지원자에 대해 얼마나 오래 의논할지 정할 수 있었다. "마이크는 채용 회의를 완전히 제멋대로 끌고 가요. 자기 마음에 드는 지원자가 있으면, 남들이 관심을 보이거나 말거나 회의 시간의 절반은 그 사람 얘기만 늘어놓죠." 로라가 말했다. 마이크는 자기가 점찍은 지원자로 여론을 모으는 데에는 매번 실패했지만, 팀 토론을 삼천포로 빠뜨리고 시간을 허비하는 데에는 성공했다.

마이크는 평판이나 인맥 같은 사회자본이 풍부한 사람은 아니었다. 장래의 리더감으로 여겨지지도 않았다. 그럼에도 특별한 기술을 가진 덕분에 채용팀의 필수 인물로 등극했다. 기술을 이용해 그는 약간의 권력을 획득했고, 누렸으며, 팀이 자신에게 의존해 돌아가게 만들었다. 그리고 바로 거기서부터 팀의 의사결정을 좌지우지할 수 있었다.

채용팀은 진퇴양난에 빠져 있었다. 마이크를 팀에서 쫓아내면 가뜩이나 힘겹게 느껴지는 지원서 검토에 지금보다 20시간은 더 써야 한다. 하지만 마이크를 팀에 그대로 머무르게 하면 불도저 행세를 계속 지켜봐야 한다.

## 이간질을 통해 관리자들을 무력화한다

미친 사람이 아니고서야, 불만이 있다고 해서 CEO에게 직통으로 이메일을 보내지는 않는다. 문제를 자기 선에서 해결해보려는 노력 없이 곧바로 자기보다 몇 직급 위의 상사를 찾아가는 사람은 순식간에 동료들의 신뢰를 잃을 것이다. 그런데 물불 가리지 않는 불도저들은 툭하면 그렇게 행동한다. 그러고도 별문제없이 넘어간다. 왜일까?

유능한 불도저형은 그 바닥에서 잔뼈가 굵은 사람이다. 조직에 오래 몸담았고(또는 과거 조직에서 비슷한 직위에 있었고) 따라서 조직 생리에 빠삭하다. 관리자 중 누가 약한지, 관리자들 사이에 있었던 갈등을 이용해서 어떻게 자기가 이득을 취할 수 있는지 아는 것이다.

불도저형 인간인 카일도 그랬다. 전 직장에서 관리자 직급으로 일했던 그에겐 이런저런 노하우가 많았다. 그는 그 노하우를 발휘해 온 팀원이 고대하고 있던 신입 인력 채용을 취소시켰다. 배경은 이러했다. 카일의 팀을 관리하는 중간 관리자 데일과 신입 인력 채용 승인권을 지닌 고위 관리자 미겔은 별것 아닌 문제로 수십 년째 서로 갈등중이었다.

애초에 데일과 미겔의 사이가 왜 나빠졌냐 하면, 고릿적에 둘이 같은 사무실 공간을 탐냈기 때문이다. (화분을 엎고 머그잔을 던지는 드라마틱한 장면이 연출되었다.) 시작은 사소한 문제였지만 몇 년이 흐르며 두 사람 사이 감정의 골은 깊어갔고, 직위를 둘러싼 전투마저 벌어졌다. 데일은 미겔의 직급이 자기보다 높아서 배가 아팠으며 미겔은 그게 고소해 죽을 지경이었다. 어느 시점엔 둘이 같은 여자와 사귄 적도 있었다. 둘 다 자기가 먼저 사귀었다고 주장했다. 어느 쪽도 적당한 선에서 싸움을 그만둘 마음이 없었다. 미겔은 성격이 소심해서 남에게 휘둘리기 좋았다. 불도저 카일이 그런 약점을 놓칠 리 없었다. 그는 미겔을 찾아가 말했다.

"미겔, 데일이 자기 능력에 비해 너무 대단한 일을 맡고 있는 거 알죠? 그 사람, 조금이라도 압박을 받으면 형편없는 결정을 내리잖아요. 마음대로 하게 놔뒀다간 회사 전체를 수렁에 빠뜨릴 겁니다. 어떻게 좀 해볼 수 없어요? 지금은 당신처럼 강한 리더가 필요해요."

미겔은 아부에 넘어가서 카일이 속한 팀의 채용 건을 무산시켰고, 그 결과 미겔과 데일의 갈등은 한층 악화되었다. 그렇게 카일은 자기의 사회자본에는 손도 대지 않고 상황을 멋대로 주무를 수 있었다. 고위 관리자의 자존심을 건드려서 아무도 모르게 자기가 원하는 바를 얻어낸 것이다.

강약약강형 인간이 할 법한 짓이라는 생각이 들었는가? 맞다. 불도저형 인간들은 대개 강자에게 아부하고 약자를 깔아뭉개면서 지금의 직위까지 올라갔다.

## '싸울 가치가 있을까?'라는 질문에 대한 답

불도저는 격하게 반응한다. 정면에서 들이받았다간 거센 후폭풍이 밀어닥칠 게 뻔하다. 이건 비단 불도저뿐 아니라, 자기 뜻을 거스르는 걸 싫어하는 다른 여러 유형의 돌아이들에게도 똑같이 해당하는 특징이다. 하지만 불도저는 인맥도 있고 권력도 있으니만큼, 무기를 총동원해서 어떻게든 뜻을 관철할 공산이 크다.

그렇다면 무조건 싸움을 피하는 게 답일까? 절대 그렇지 않다. 다만 상대와 싸울 가치가 있는지에 대해선 신중하게 생각해보자. 싸움을 시작하기 전에 자문하자. '싸울 가치가 있을까?'

이 질문에 답하는 기준은 하나다. 여러분이 상대하고 있는 불도저가 일상적 단기 결정(회의 일정, 면담 시간, 회식 장소 등)에 관여하고 있는가, 아니면 장래 커리어에 영향을 미치는 장기적 결정(채용, 연봉 인상과 승진, 신규 지도자 훈련 프로그램 신청법과 같은)에 관여하고 있는가?

나는 거사에 영향을 미치는 불도저와는 맞붙기를 마다하지 않는다. 반면 일상에 영향을 미치는 불도저에게 딴죽을 걸려면, 그가 맡은 업무 중 적어도 일부는 내게로 떨어질 걸 감수해야 한다. 불도저가 지금의 직위까지 올라간 건 권력이 있는 자리를 일찍 차지했기 때문이다. 그런 자리에는 할일도 꽤 많다.

잘 싸우고 싶다면, 지금부터 하는 말을 새겨들어라. 불도저와 싸워서 승산을 높이는 첫번째 비법은 당장 목소리를 내는 것이다. 이 카드로는 위급한 순간을 벗어날 수 있다. 두번째 비법은 불도저가 매사를 자기 뜻대로 밀어붙이지 못하도록 미리 계획하고 준비하는 것이다. 이 카드로는 장기적 관점에서 문제를 해결할 수 있다. 두 비법이 서로 동 떨어진 건 아니다. 영리한 불도저도 먼저 힘있는 사람들을 제 편으로 끌어들여 판을 짠 다음에 회의를 제멋대로 끌고 가지 않는가.

언젠가 불도저형 동료가 상사에게 말하는 것을 들은 적이 있다. "지 금 저에게 발언권을 넘기고 잠자코 계시면, 나중에 절 상대하기가 훨 씬 쉬워질 거예요." 협박은 통했다. 상사는 거래에 응했다. 여러분 앞에 놓인 가장 큰 난관은, 힘있는 사람들을 다시 여러분의 편으로 끌어들 이는 것이리라.

## 말에는 말로, 현명하게 대응하기
●○

### 재빨리 입을 열고, 발언권을 사수하라

코로나 시대에 나는 불도저형 인간들을 대하는 나쁜 습관이 생겼 다. 모든 회의가 원격으로 진행되니, 누가 말하는 걸 듣기 싫으면 그냥 스피커 음량을 낮춰버린 것이다. 그러던 어느 날, 사람별로 지금까지 몇 분 동안 음소거 상태로 두었는지 확인해보았다. 스테이시의 음소거 기록은 무려 네 시간이었다.

현실에서도 사람을 음소거 할 수 있으면 좋으련만, 안타깝게도 그 건 불가능하다. 누군가 내게 "어떻게 하면 불도저가 입을 다물게 할 수 있나요?"라고 물으면, 나는 보통 이렇게 답한다. "더 나은 질문을 알려드릴게요. 이렇게 물으세요. '어떻게 하면 제가 목소리를 더 많이 내고 사람들이 제게 귀기울이게 할 수 있나요?'" 지금부터 불도저 앞에서 당당하게 목소리를 낼 수 있는 방법을 알려주겠다.

첫째, 일단 입을 연다. 다른 사람들이 여러분보다 먼저 의견을 낼 때까지 얌전히 앉아서 기다리지 않는다. 불도저는 회의가 시작하고 몇 분 안에 모두에게 자기 입장을 확실히 알린다. 여러분도 그래야 한다 (물론 불도저만큼 세게 나갈 필요는 없지만). 직급이 낮은 신참이어도, 상사나 '높은 분'이 말을 시킬 때까지 기다리지 마라. 대단히 요령 있는 상사가 아니고서는 직급 낮은 직원에게 발언권을 주는 방법을 알지 못한다.

둘째, 누가 방해하더라도 발언권을 빼앗기지 않는다. 나는 연구를 통해 방해에도 패턴이 있다는 사실을 발견했다. A가 이야기하는 중에 B가 끼어들었을 때, B가 10초 동안 다른 사람의 방해 없이 이야기를 하면 B에게 발언권이 완전히 넘어간다. 스스로 발언권을 지켜내기가 힘들다면 동료들과 미리 협약을 맺어라. 말하는데 누가 끼어들면 서로 그 사람이 오래 말하지 못하게 끊어주기로 약속하라. '테사가 하던 말을 계속하게 해주세요'라고 누군가 처음으로 말해주었을 때 나는 거의 울 뻔했다. 그때 나는 어렸고, 커리어도 불안정했으며, 아직 '제 얘기 좀 끝까지 할게요'라고 말할 준비가 되어 있지 않았다.

화상회의의 시대에는 서로 발언권을 지켜주는 게 특히 어려울 수 있다. 작은 상자에 갇힌 얼굴 여럿을 화면으로 보고 있는 상황에서는 비언어적 의사소통 수단 중 제일 중요한 눈맞춤을 활용하기가 불가능하다. 눈짓과 보디랭귀지를 은근히 활용해 '매들린, 제발 저 사람 좀 닥치게 해봐요'라는 메시지를 전할 수 없다. 설상가상으로 다른 사람들은 여러분을 방해하고 있는 사람의 얼굴만 보게 된다. 그러니 화상으로 회의가 진행되는 경우에는 동료들과 미리 말을 맞춰두는 게 더 중요해진다. 다른 사람이 말하는 동안 여러분의 비언어적 신호를 살뜰히 읽어줄 사람은 없다고 가정해도 좋다.

셋째, 말을 할 때는 간략하게 요점만 말한다. 언뜻 듣기에는 앞뒤가 안 맞는 조언일지도 모른다. 발언권을 지켜내려면 말을 가급적 오래 해야 하는 것 아닌가? 그렇지 않다. 사람들의 주의를 붙잡아둘 수 있는 시간은 짧기 때문이다. 커리어 코치 마티 넴코Marty Nemko가 제안한 '신호등 규칙'이라는 것이 있다.[2] 초록불에서는 흥미로운 이야기를 할 시간이 30초 주어진다. 30초가 지나 신호등이 노란불로 바뀌면, 사람들은 관심을 잃기 시작한다. 이야기를 시작하고 1분이 지나 빨간불이 들어왔는데도 계속 이야기를 하고 있으면 글렀다고 보면 된다. 다들 다음 휴가 생각에 빠져 있을 테니까. 또는 화상회의의 시대에는 온라인 쇼핑을 시작했을 테니까.

2장에서 나는 성과 도둑의 먹잇감이 되지 않도록 직장 내에서 목소리를 얻는 법에 대해 이야기했다. 여기서도 똑같은 조언이 적용된다. 그러나 실전에서 목소리를 내는 것과 평소에 목소리를 얻어두는 것은 다르다. 발언권을 잡는 데에는 즉시 사용할 수 있는 전략들이 필요하다. 반면 남들이 귀를 기울이고자 하는 인물이 되는 데에는 오랜 시간이 걸린다.

## '느낌'이 아니라 '팩트'가 중요하다

친구 에릭에게 음소거 전술에 대해 이야기하자 충격을 받은 눈치였다. 어떻게 그런 짓을 하느냐는 힐난이 아니었다. 자기가 지금까지 시간을 낭비하고 있었다는 게 허탈한 모양이었다. 나는 말했다. "스테이시가 말은 길게 하지만 알맹이는 별로 없잖아. 대충 말의 형태를 취한 공기를 내뱉는 거랑 똑같지."

말 많은 사람이야 세상에 널려 있으니, 시간을 낭비하고 있는 이가 에릭 혼자는 아닐 테다. 그런데 우리는 사람들이 하려던 말이 뭔지는 잘 기억하지만, 그 말을 하는 데 시간이 얼마나 걸렸는지는 잘 기억하지 못한다. 불도저는 외적 독백을 좋아한다. 그것도 힘이 잔뜩 들어간 독백을. 나는 연구를 하면서 권력이 많은 사람이 권력이 적은 사람에 비해 요점을 말하는 데 30초를 더 쓴다는 것을 알게 되었다.[3] 여러 다른 연구가 같은 사실을 뒷받침하고 있다.[4] 불필요하게 사용된 30초에 대해서는 아무도 기억하지 않는다.

이 문제를 어떻게 해결하면 좋을까? 우선 여러분이 받은 인상이 단지 느낌이 아니라 팩트인지 면밀히 확인하는 것에서 시작하라. 사람들이 회의중 발언하는 시간을 타이머로 재라. 불도저형 인간 때문에 수심에 젖은 동료에게도 같은 방법을 제안하라. 누가 봐도 문제가 있다고 생각할 만큼 증거를 모으면, 이제 상사를 찾아가도 좋다.

상사에게 뭐라고 말하면 좋을까? 불도저에게 집중하고 있는 여러분 입장에선 직관적으로 와닿지 않을지 모르겠지만, 나는 '손실 프레임'으로 접근하는 편을 권한다. 상사를 찾아가면, 회의에서 발언권을 얻지

**못하는** 사람이 많아서 걱정이라고 말하라. 한 사람이 혼자서 말을 다하는 바람에 팀 차원에서 여러 관점을 놓치고 있는 게 아니냐고 우려를 표하라. 성과 도둑을 다룬 2장에서 나는 집단 의사결정을 영리하게 내리기 위해 다양한 관점이 중요하다고 말했다. 여기서 그 점을 강조하라.

## 불도저의 문제는 불도저가 풀게 하자

무작정 참다보면 인내심이 동난다. 이때쯤이면 불도저에게 대놓고 '당신, 말이 너무 많아요'라고 쏘아붙이고 싶은 충동이 든다. 물론 불도저가 잘못한 건 맞다. 마음속으로 해야 할 생각을 전부 입 밖으로 내뱉어서 방안의 산소를 고갈시키는 건, 확실히 잘못이다.

하지만 상대에게 직접 단점을 지적하는 건 추천하지 않는다. 오히려 상대에게 도움을 청하자. 더 많은 사람이 발언할 수 있도록 (불도저 본인을 포함한) 모두가 어떻게 노력하면 좋을지 규칙을 만드는 걸 도와달라고 하자. (그 규칙에 대해선 이어서 자세히 다루겠다.) 어떤 불도저는 자기가 시간을 얼마나 많이 독차지하는지 꿈에도 모른다. 그러니 불도저를 설득해서, 그의 능력을 다른 사람들의 참여도를 높이는 데 사용하게 하자.

내가 과거에 상대했던 불도저도 마찬가지였다. 말이 너무 많다는 지적을 받으면 기분이 상할 게 분명했다. 나는 그에게 다르게 접근했다. 직급이 낮은 직원들이 회의에서 발언하는 걸 불편해한다는 우려를 전했다. 그리고 직급 낮은 직원들에게 힘을 실어주기 위해 능력을 좀 발휘해달라고 부탁했다. ("누가 스테프의 말을 끊으면, 당신이 스테프를 좀 지켜줄래요? 스테프에게 말을 끝낼 기회를 주면 정말 좋을 것 같아요.") 그는 흔쾌히 승낙했다. 이런 일에 참여하는 건 누구나 좋아한다.

## 장기적으로 스스로를 보호하는 법
●○

### 한 사람에게 의존하지 않는다

마이크처럼 팀이 잘 굴러가게 해주는 특별한 기술을 지닌 사람이 있으면, 그에게 모든 것을 일임하고 싶은 생각이 든다. 힘든 일을 남에게 떠넘기고 싶다는 유혹은 힘이 세다. 솔직히 나라도 십중팔구는 그렇게 할 것이다.

하지만 실행에 옮기기 전에, 스스로에게 질문 몇 개를 던져보자. 이 사람이 상사를 들볶아서 어떻게든 자기가 원하는 걸 얻어낸다는 평이 있는가? 결과가 원하는 대로 나오지 않으면 회의를 다시 해야 한다고 고집하는 외골수인가? 남의 말을 끊고 어떻게든 발언권을 가져가는가? 이 가운데 하나라도 '그렇다'라는 답이 나오면, 요주의 인물이다.

로라와 팀원들에게는 마이크의 프로그램이 필요했다. 구더기가 무서워 장을 못 담글 수는 없는 법. 그래서 그들은 마이크를 쫓아내지 않기로 하고, 그 대신 마이크가 채용위원회에서 빠져도 프로그램을 계속 사용할 수 있도록 교육 계획을 세웠다. 마이크는 매주 몇 시간씩 신입 직원 두 사람에게 프로그램 사용법을 가르쳤다. 처음에 마이크는

## 불도저에게 주지 말아야 할 것 열 가지

1. 회사 소셜미디어 계정 비밀번호
2. 회사 웹사이트 업데이트 권한
3. 새 소프트웨어 사용법
4. 이력서와 같은 '기밀' 파일 접근 권한
5. 직원들의 일정 달력이나 다이어리
6. 컴퓨터 프로그램과 데이터 분석 비밀번호
7. 회사 데이터 접근 권한
8. 상사의 일정—언제 바쁜 척하고 언제 실제로 바쁜지를 포함해서
9. 예산
10. 피드백 보고서

프로그램을 남에게 맡기길 힘들어했지만, 몇 달이 지나자 현실에 적응했다. 그 덕분에 마이크 본인도 시간을 크게 아낄 수 있었다.

불도저가 자기 노하우를 공유하지 않겠다고 고집하면, 권력이 있는 직위를 빼앗아버려라. 어느 한 사람이 팀의 운명을 좌지우지하거나 힘든 일을 혼자 떠맡지 않도록 팀원들 모두 돌아가며 역할을 맡아라. 당장은 모두가 업무에 시간을 조금 더 투자해야 하겠지만, 길게 보면 이로써 시간이 절약된다. 좋은 절차에는 스스로 유지해나가는 자생력이 있다.

## 불도저의 천적은 소문이다

존은 톰이 은퇴하고 자리를 물려받지 못해서 불만이었다. 주위 사람들의 반응도 그로서는 뜻밖이었다. 수전과의 대화에서 벽에 부딪힌 그는 수전의 상사 프랭크를 찾아갔다. 프랭크는 처음에 존을 채용한 인물로서, 지금까지는 존의 이야기에 주로 공감해주었다. 그런데 이번에는 뭔가 달라져 있었다. 도움을 요청하러 프랭크를 찾았을 무렵, 존은 이미 사회자본을 많이 잃은 뒤였다. 존이 심술을 부린다는 소문이 권력의 사다리를 타고 퍼져나간 것이다. 그게 톰의 후임으로 존이 뽑히지 않은 이유이기도 했다.

프랭크는 말했다. "톰의 사무실을 노리는 건 그만두고, 다른 건물의 사무실로 전배하는 게 어때요? 다들 당신이 여기와 약간 거리를 두는 게 좋겠다고 생각하고 있어요." 존은 실의에 빠졌다. 한번 기가 꺾이자 그때부터는 다들 존과 함께 일하기가 훨씬 쉬워졌다.

소문은 강력한 도구다. 소문은 우리가 일터에서 쓸 수 있는 최고의 치안 유지 메커니즘이다. 평판이 안 좋아질 거라는 협박만 해도 바로 협조적으로 나오는 이들도 있다.[5] 여러분이 상대하는 불도저는 팀 내에서의 평판 따위는 안중 밖일지도 모른다. 하지만 권력자들이 자기를 어떻게 생각하는지에 대해서는 아마 신경을 끄지 못할 것이다(적어도 아직 자기편으로 만들지 못한 권력자들에 대해서는).

## 연맹을 맺는다

불도저가 선을 넘으면, 재미있는 일이 일어난다. 사람들이 단체로 반발하는 것이다. 오랜 기간 반목해온 관리자 미겔과 데일을 이간질한 불도저 카일을 기억하는가? 카일의 팀은 이 작은 정치질에 큰 해를 입었다. 이유도 모르고 몇 달 동안 신입 인력을 받지 못한 것이다. 데일이 뭔가 하려고 할 때마다 미겔이 발목을 잡았다. 팀원들은 마침내 자초지종을 알게 되자(누군가 화장실에서 사적인 대화를 엿들었다) 미겔을 설득해보기로 결정했다. 두 관리자의 갈등이 당사자들에게 도움이 되지 않는다고 직언하기로 한 것이다.

"데일이 당신의 적이라고 생각하지 않아요." 팀원들은 미겔에게 말했다. "데일은 우리 팀을 키우고 싶어해요. 그게 당신에게도 좋은 것 아니겠어요?" 진급을 앞둔 미겔 입장에서는 프로젝트 몇 개를 진행시킬 수 있는 역량을 보여주는 게 아주 중요했다. 목표를 달성하려면, 부하 직원의 수가 많은 게 유리했다. "우리 **모두**의 목표를 이루기 위해 같이 노력해보는 게 어때요?" 한 팀원이 최선을 다해 긍정적인 목소리를 내서 말했다. 팀원들의 노력은 결실을 얻었다. 미겔은 하루종일 사소한 복수에 매달린다고 해서 자신이 행복해지는 건 아니라는 사실을 깨달았다.

직장 내 적에 대처하는 최고의 해법은, 새 친구를 사귀는 것이다. 팀원들과 연맹을 맺고, 불도저가 어떻게 팀을 망치고 있는지에 관해 공감대를 쌓아라. 이때 팩트에만 집중하라. 연맹을 맺고 나면, 불도저의 성과를 통제할 수 있는 사람을 찾아가서 불도저가 멋대로 행동하게 놔두지 말라고 설득하라.

## 규칙을 정할 때는 모든 수단을 활용한다

라르손은 영리했다. 라르손의 팀에는 언제 생겼는지 기억나지도 않을 만큼 오래된 전통이 있었는데, 새 규칙을 만들거나 결정을 내릴 때 다수결 원칙을 따른다는 것이었다. 그런데 다수결 원칙은 관습일 뿐, 공식적인 규칙은 아니었다. 라르손의 상사는 꼭 필요한 경우가 아니고서는 절차를 공식화하는 걸 좋아하지 않았고, 따라서 다수결 원칙도 성문화하지 않았다. 그런데 어느 날, 다수결에 부친 투표 결과가 라르손이 원하는 것과 다르게 나왔다. 그러자 라르손은 만장일치가 아니면 따르지 않겠다며 결과에 불복했다. 공식화되지 않은 관습의 허점을 이용한 것이다. 라르손과 친한 동료들이 그의 편에 붙어 과격 세력을 이루었고, 결과적으로 팀 내에서 '라르손 편'과 '나머지 편' 간에 불꽃튀는 내전이 벌어졌다.

불도저는 절차에 허술한 부분이 있으면 자기에게 유리하게 써먹으려 든다. 이런 일을 방지하기 위해, 의사결정 절차가 시작되기 전에 방법을 명확하게 정하라. 남들을 무시하고 자기 말만 하려 드는 팀원이 고민이라면, 모두 한 차례씩 발언한 다음에 두번째 발언을 할 수 있다는 등의 에티켓 규칙도 세워라. 라르손은 팀에 명확한 절차가 결여된 것을 이용해 전쟁을 시작했다. 다른 불도저형이라면 팀에 절차가 미비하니 자기가 규칙을 세워서 '구하겠다'며 덤벼들었을지도 모른다. 명료한 절차가 없어서 자주 우왕좌왕하는 팀이라면, 어떤 한 사람이 제안한 규칙이 모두에게 최선이 아닌 걸 알면서도 끌려가기 쉽다.

규칙을 정할 때는 모든 수단을 활용한다. 어떤 행동을 **권장한다**는 기준은 공식 규칙과는 다르다는 것을 명심하라. 지난 10년 동안 다수결로 결정을 내린 팀은 당연히 다수결을 기준으로 삼고 있지만, 이는 문서로 다수결 원칙을 못박은 것과는 다르다. 의사결정 과정 중에 절차가 충분히 명료하지 않다는 생각이 들었는가? 조금 늦었지만 괜찮다. 잠시 휴식을 선언하고, 명료성에 관한 문제를 먼저 꺼내라. 이미 시작했다고 해서 절차를 더 명료하게 만들 수 없는 건 아니다. 지침이 꼭 처음부터 완성형이어야 하는 건 아니다.

### 시간 지킴이를 정한다

자기 차례가 아닌데 입을 열고, 아무 상관 없는 정보를 늘어놓느라 남의 말을 방해하고, 회의 종료를 5분 남긴 시점에 새로운 안건을 막무가내로 들이미는 사람과 일해본 적이 있을 것이다. 어쩌면 그들은 다른 사람이 말할 차례라는 미묘한 신호—눈빛이나 한숨 같은—에 그저 둔한 걸지도 모른다. 마티 넴코의 신호등 규칙은 알 리가 없을 테고.

잠깐, 여러분의 상사 이야기 같은가? 그들은 악의가 있는 게 아니라 단지 회의실 분위기를 잘못 읽고 있는지도 모른다. 사람들이 고개를 끄덕이고 미소를 짓는 게 진심으로 관심이 있어서라고 착각하는지도 모른다. 누가 총대를 메고 말을 끊지 않는 이상, 불도저는 절대 입을 다물지 않는다.

이런 경우 제일 간단한 해법은 어느 한 사람에게 시간 지킴이 역할을 맡기는 것이다. 시간 지킴이는 안건을 논하는 동안 얘기가 다른 데로 새지 않게 한다. 회의가 시작된 지 10분 만에 상사가 베트남전쟁에서의 활약상에 대해 한 시간짜리 레퍼토리를 시작하려 하면, 시간 지킴이가 나설 때다. 나는 시간만 주어졌다 하면 한없이 자유연상을 풀어놓으려 하는 상사들을 위해 꾸준히 이 역할을 맡아왔다. 주위 사람들에게 감사 인사를 듬뿍 받았음은 물론이다.

### 스포트라이트를 활용하라

여러분이 상대하고 있는 불도저가 딱히 권력은 없는데 말하고 싶은 욕망만 넘실대는 유형이라면, 다른 접근법이 필요하다. 불도저형 인간의 추동력에 대해 곰곰이 생각해보라. 혹시 자기도 중요한 인물로 여겨지고 싶다는 욕심이 있어서, 빠져야 할 때 빠지지 못하고 자꾸 나서는 건 아닐까? 그렇다면 팀원들과 의논해서 그에게 중요한 일에 끼고 싶어하는 근질거림을 해소해줄 업무를 맡겨라. 엄청 대단한 핵심 업무가 아니어도 된다. 맡은 사람이 적당히 쓸모 있다고 여길 정도의 일이면 충분하다. (회식을 계획하는 업무와 비건을 위한 점심 위원회 업무로 효과를 본 적이 있다.) 회의가 시작하면 일단 10분 동안 불도저형 인간에게 발언권을 주고 업무 진행 상황을 보고하도록 한다. 처음에 스포트라이트를 받게 해주면, 남은 50분 동안 통제하기가 훨씬 편해질 것이다.

내 인생의 며칠은―솔직히 말하면 몇 주는―불도저형 인간들 때문에 허비했다. 그들이 사무실 벽을 칠할 페인트 색깔부터 채용의 10년 대계까지 갖가지 층위의 결정을 좌지우지하는 것을 지켜보았다. 거의 모든 경우, 불도저가 멋대로 나서리라는 문제는 사전에 예측할 수 있었다.

그런데도 사람들이 불도저에 대해 당장 조치를 취하지 않는 건, 다원적 무지(다수 의견을 소수 의견이라고 오해하거나 소수 의견을 다수 의견이라고 오해하는 일―옮긴이) 때문일 경우가 많다. 다른 사람들이 불도저를 저지하지 않는 걸 보고, 자기만 짜증이 난다고 오해하는 것이다. 그러나 시간을 잡아먹고 남의 발언권을 빼앗는 사람은 누구나 싫어한다. 막을 힘이 없다고 느껴서 가만히 있는 것뿐이다.

불도저를 막으려면 스스로 발언권을 지키고 남의 발언권을 지켜주는 것과 같은 단기적 행동도 필요하고, 상사가 이용당하고 있음을 당사자에게 알려주고 팀원들을 설득해 규칙을 세우는 것과 같은 장기적 행동도 필요하다. 다행히도, 이런 행동들은 조금만 연습하면 금방 습관으로 굳어진다. 그렇게 여러분 인생의 시간을, 며칠을, 몇 주를 지켜낼 수 있다.

▶ 불도저는 노련한 직원이다. 경험과 인맥, 인사이더 노하우가 있어서 의사결정을 좌지우지하고 상사에게서 자기를 막을 힘을 빼앗는다.

▶ 권력이 없는 불도저는 제일 먼저 권력을 손에 넣는 작업에 착수한다. 여기에는 일찍부터 자신을 내세우는 방법도 있고, 자기 없이는 팀이 돌아가지 못하도록 특수한 능력을 키우는 방법도 있다.

▶ 권력을 손에 넣은 불도저는 자기 뜻을 관철하기 위해 결재선을 무시하고 높은 사람들과 직접 소통한다. 공고히 닦아놓은 인맥을 이용해 팀원들의 기를 죽이는 경우가 많다.

▶ 불도저에게 당할 때 첫번째 해법은 자기 발언권을 지켜내는 것이다. 일찍 의견을 밝히고, 다른 사람이 끼어들어도 발언권을 빼앗기지 말고, 요점은 간략하게(1분 이내로) 말하라.

▶ 회의에서 누가 불도저 짓을 하는지 남들도 알아보도록 정보를 공유하라. 대부분의 사람이 발언 시간이 얼마나 흘렀는지 정확히 파악하지 못한다. 타이머를 사용해 공감대를 형성하라.

▶ 불도저 한 사람에게 특정 업무를 온전히 의존하지 않도록 몇 가지 절차를 수립하라. 본 업무가 아닌 지원 업무는 돌아가며 맡고, 교육 프로그램을 만들어서 한 사람에게 집중되는 의존도를 줄여라.

▶ 팀 단위로 의사결정 과정을 시작하기 전에 미리 명확한 지침을 세워라. 불도저는 문서로 기록되지 않은 허술한 절차와 규칙을 자기에게 유리한 쪽으로 이용한다.

▶ 불도저의 평판을 제어하라. 불도저가 여러분의 머리 꼭대기에 올라가 있다면, 다른 이들과 연맹을 맺어라. 무리 지어 내는 목소리가 한 사람의 목소리보다 힘이 세다.

▶ 특별히 내세우는 안건 없이 단지 남들이 자기에게 귀기울여주기를 바라는 불도저도 있다. 이들을 위해서는 적당한 업무를 찾아내라. 스스로 중요한 사람이라고 느낄 만한 업무를 찾아 던져주고, 회의를 시작할 때 진행 상황을 보고하게 하라.

▶ 불도저를 저지하기에 너무 늦었다는 느낌이 들더라도 희망을 버리지 마라. 불도저를 다스리는 건 끝이 없는 미션이다. 의사결정 과정을 밟는 도중이라도, 계획을 다시 세우고 다른 전략을 시도해볼 수 있다.

## 4장

File Edit View Help

# 무임승차자

---

### 하는 일 없이 꿀 빠는 사람 퇴치하기

---

프랑스의 농업공학 교수 막스 링겔만Max Ringelmann은 소들을 연구하다가 특정한 패턴에 주목했다. 소들은 짐을 혼자서 끌 때 일할 의욕이 오래가지 않는지, 밭 하나를 가로지르는 동안 서너 차례 멈춰서 일광욕을 했다. 그래서 링겔만은 소들을 팀으로 묶어 일을 시켜보았다. 사람처럼 소도 좋은 팀 분위기에 힘을 얻으리라 생각한 것이다. 그런데 실망스럽게도, 결과는 정반대였다. 소들은 서로 북돋워가며 일을 하기는커녕 같이 게을러졌다. 소 서너 마리가 함께 일하는데 속도는 한 마리가 일하는 것과 동일했다.[1]

사람들은 어떨까? 가축보다야 열심히 일할 동기가 있을 것이다. 아무렴 인간인데, 그렇지 않겠는가? 링겔만도 스스로에게 같은 질문을 던졌다. 그는 청년 20명을 모집해서 신체를 이용한 도전 과제 총 26개를 연달아 수행하도록 했다. 일부는 혼자서 했고, 일부는 팀으로 했다. 역사에 기록된 최초의 심리학 실험에 속하는 이 실험은 사람도 소와 같다는 사실을 밝혔다. 팀으로 묶으면 개인은 노력을 줄였다. 8인으로 구성된 조에 속한 개인은 혼자 과제를 수행한 개인에 비해 노력을 절반만 들였다.

'사회적 태만social loafing'이라는 용어로 널리 알려진 링겔만 효과는 심리학에서 가장 잘 검증된 현상의 하나다. (링겔만이 정식 심리학자가 아니었다는 게 아이러니하다.) 사람들은 팀의 인원수가 많을수록 업무에 쏟는 노력을 줄인다. 이 현상은 모든 산업, 모든 문화권, 조직의 모든 층위에서 일어난다. 팀에 소속되어 일하는 사람은 커리어의 어느 시점엔가 반드시 링겔만 효과를 맞닥뜨릴 것이다. 이것이 직장 내 무임승차 문제의 핵심이다.

## 그들은 생각한다, 네 것이 내 것!
●○

내가 속한 집단이 무임승차 문제로 고통받은 경험이 여러 번 있다. 그때마다 무임승차자가 어떻게 들키지 않고 넘어갔는지, 지금 돌이켜보아도 잘 모르겠다. 한때 나는 무임승차자가 활개를 치는 이유가 그들에게 주의를 기울이고 신경쓰는 사람이 없어서라고 생각했다. 건실한 팀은 무임승차자에게 당할 리 없다고 생각한 적도 있다. 둘 다 착각이었다. 알고 보면 좋은 팀워크를 만드는 요소 중 많은 수가 무임승차에 취약한 팀워크를 만들어내는 요인이기도 하다. 나는 이 요소들을 성실성conscientiousness, 결속력cohesion, 집단 보상collective rewarding의

## 적신호! 무임승차자의 특징

- **허울은 그럴듯하지만 실제 노력은 거의 들지 않는 일을 귀신같이 찾아낸다.** 무임승차자는 (다른 사람이 만든) 발표를 맡고, 연간 콘퍼런스의 사회를 보는 데 소질이 있다. 그런데 발표와 콘퍼런스에 필요한 준비를 하는 데에는 무능하다.

- **개인의 기여도를 따져 공로를 인정하기가 어려운 팀에 들어가려 한다.** 보너스를 팀 단위로 주고, 개인이 아닌 집단 간 경쟁을 권장하고, 개인의 책임을 묻지 않는 환경은 무임승차자의 입맛에 딱 맞다.

- **커리어 초반에 슈퍼스타로 등극하고, 과한 보상을 받은 뒤, 빈둥거린다.** 귀한 기술 하나를 지녔다는 이유로 대학을 졸업하자마자 거액 연봉을 받고 모셔진 사람이 그뒤로는 경쟁력을 키우려 하지 않는 경우다.

- **강약약강형처럼, 상사가 보는 자리에선 훌륭한 팀원 행세를 하지만 상사가 떠나면 바로 게으름을 피운다.** 상사가 참석하는 팀 회의가 있는가? 무임승차자는 그 자리에서 제일 통찰력 있는 아이디어를 낼 것이다. 그리고 회의가 끝나면 핑계를 열 가지쯤 대며 그 아이디어의 실행을 자신이 아닌 다른 사람에게 떠넘길 것이다.

머리글자를 따서 '3C'라고 부른다. 이 세 가지 요소 중 한 개 이상이 팀에 존재한다면, 반드시 무임승차 문제가 발생하는 건 아니지만 그럴 위험성이 있다.

혼자 일하면 무임승차를 당할 우려가 없을까? 그렇지 않다. 많은 무임승차자가 개인을 타깃으로 삼는다. 남보다 빠르게 앞서나갈 방법을 찾는 아웃사이더나 열정만 앞서는 신참은 마음이 약하고 관대해서 거절을 잘 못하는 사람들을 노린다. 나는 이런 유형의 무임승차자를 '시간 도둑'이라고 부른다.

무임승차를 막기 위해선 빨리 낌새를 알아채고 적절한 절차를 수립해서, 기회주의적인 사람들에게 '여기선 그런 수작이 통하지 않는다'라는 신호를 보내야 한다. 이건 무임승차를 막는 방법이자, 여러분 자신을 위해 경계를 설정하는 데에도 유용하다.

이 장에서는 팀으로 일하는 환경에서 무임승차를 뿌리뽑고, 혼자 일하는 환경에서 기회주의자들에게 이용당하지 않도록 돕는 도구들을 알려주려 한다. 우선 애초에 무임승차를 가능하게 하는 환경 요인부터 살펴보자.

# 3C, 강한 팀워크가 무임승차를 부른다

●○

## 성실한 팀원이 그들의 몫까지 일하기 때문에

성실성은 직장에서 성공을 예측할 수 있는 중요한 요소다.[2] 어쩌면 인생의 성공마저 여기에 달렸는지 모른다. 누구나 성실한 사람과 일하기를 원한다. 성실한 사람은 믿을 수 있고, 원칙이 있으며, 산만해진 사람들의 멱살을 붙잡아 원래 가던 방향으로 데려가는 데 능하다.[3] 성실한 몇 사람이 팀을 이루어서 진심으로 일하기 시작하면, 곧 탁월한 성과를 낸다.

그런데 성실한 사람들로 이루어진 팀은 기회주의적인 무임승차자의 온상이 되기도 한다. 왜일까? 성실한 팀원들은 무임승차자에게 공정하게 제 몫을 해내라고 시키지 않고, 그들이 할 일을 대신 벌충하기 때문이다.[4] 배고픈 곰이 벌집을 망가뜨렸다고 생각해보자. 눈앞의 과제에 집중하는 진취적인 벌들은 즉시 벌집 보수에 나설 것이다. 그렇게 그들은 게으른 벌들의 일을 떠맡게 된다. 결과적으로 그들이 보수한 벌집은 곰이 망가뜨리기 전보다 더 튼튼해지기도 한다. 벌충하는 정도가 과해서 다 같이 일했을 때보다 오히려 더 좋은 결과를 내는 셈이다.

직장도 이와 똑같다. 다섯 명으로 이루어진 팀에서 무임승차자 한 사람이 업무의 0퍼센트를 맡는다고 가정하자. 산술적으로는, 업무 공백을 메우기 위해 (성실한) 나머지 네 사람이 원래 무임승차형이 했어야 할 업무 20퍼센트를 공평하게 5퍼센트씩 분담하게 된다. 그런데 기묘하게도 현실은 이와 다르다. 성실한 네 사람은 각자 5퍼센트 **이상을** 해낸다. 그렇게 이 팀은 무임승차자가 없었을 경우에 비해 더 나은 성과를 낸다. 실패를 두려워하는 성실한 사람들에게 게으름뱅이들은 존재만으로 강력한 동기를 불어넣곤 한다.

그 결과, 무임승차자가 있는 팀은 무임승차자가 없는 팀에 비해 관리자에게 후한 평가를 받는다. 성실한 팀원들이 무임승차자의 업무 공백을 과잉 벌충하기 때문에, 무임승차자가 있는 팀이 오히려 더 많은 일을 한다.

내가 일하면서 만난 무임승차자 가운데 정말로 잔꾀가 밝은 사람은 2년 동안 업무를 거의 하나도 하지 않았다. 그는 스타 직원들로 가득한 팀에 속한 데릭이었다.

데릭은 팔방미인이었다. 글재주도 있고, 재미있고, 여러 사람을 관리하는 일도 잘해냈다. 그런데 그중에서도 가장 뛰어난 능력은 남에게 업무를 위임하는 능력이었다. 해야 할 업무가 생기면 데릭은 어떻게든 적임자를 찾아냈다. 마치 소매 안에 요술 주머니 세 개를 품고 다니는 것 같았다.

첫번째 주머니를 열면 이 일에 기여하는 게 어떤 의미인지 그럴듯하게 포장하는, 듣는 이의 입맛에 딱 맞으면서도 통찰력이 넘치는 연설이 나왔다. 두번째 주머니를 열면 정확히 어떤 업무를 해야 하는지 세세하게 알려주는, 신중하게 작성된 이메일이 나왔다(그 업무를 하는 주체가 데릭 본인인 경우는 없었다). 세번째 주머니를 열면, 카리스마가 필요하지만 실제 시간은 투입되지 않는다는 점에서 그가 기꺼이 맡고자 하는 '일'이 나왔다(예를 들어 다른 사람이 작성한 소개문을 읽는 것이나, 팀 차원에서의 발표 같은 일). 데릭은 항상 남들과 가까이 어울렸고 여러 사람의 호감을 샀다. 꼴 보기 싫은 무임승차자의 전형에 들어맞지 않는 인물이었다.

하지만 데릭은 남들에게 보이지 않는 곳에서 자기 업무를 나머지 열 사람의 성실한 팀원에게 아웃소싱하고 있었다. 그는 한 사람이 지나친 부담을 지지 않도록 아주 공평하게 자기 일을 분배했다. 팀원들의 성실성을 이용한 것이다. 데릭의 행동이 마침내 문제가 된 건, 한바탕 해고의 바람이 지나가고 팀원 수가 열 명에서 네 명으로 줄어든 뒤였다. 그때쯤 되자 데릭이 입만 살았지 실제로 하는 일은 없다는 걸 다들 알아차렸다. 데릭이 자기 행동에 책임을 지게 된 건 그로부터 자그마치 2년이 지나서였다. 그 긴 시간 동안 제대로 무임승차를 한 것이다.

## 친한 사람을 지적하기는 쉽지 않다

팀이 살아남기 위해선 결속력이 필요하다. 결속력이 없으면 팀원 사이의 상호작용은 감정적으로 괴로워지고 양적으로 부족해지며, 생산성도 떨어진다. 팀의 결속력은 보통 무임승차를 방지하는 효과가 있다.[5] 사람들이 서로 가깝게 느낄수록 팀을 위해 열심히 일할 동기도 커지기 때문이다.

그러나 팀워크가 좋은 팀이 빠지기 쉬운 함정이 있다. 업무상 목표가 사회생활의 목표에 밀려나는 것이다. 일하는 시간에 비해 사교에

쓰는 시간이 점점 늘어난다. 일을 할 때 마음이 맞는 사람들은 자연스럽게 노는 것도 함께하고 싶어진다. 어느 조사에 따르면, 직장에서 연인이 생기는 비율이 전체의 10~20퍼센트나 된다.[6] 사이좋은 팀원들은 서로 간의 경계를 허물기도 쉽다. 비로소 사회생활에 능란한 무임승차형들이 마음 편히 장기를 발휘할 장이 열리는 것이다. 사이좋은 팀에서는 누가 열심히 일하고 누가 거의 일하지 않는지에 그다지 신경 쓰지 않는다.[7] 게다가 끈끈한 팀의 한 팀원이 무임승차하고 있다는 걸 알게 되더라도, 그와 정면 대결하기는 어렵다. 친한 사람을 지적하기는 쉽지 않다.

나중에 돌이켜보면 '그 사람이 우리 사교 모임을 계획하고 상사의 연애에 대해 수다를 떤 것 말고 뭘 했지?' 하는 의문이 들 때가 있다. 팀은 잘 돌아갔고, 당시에는 모두 열심히 일하는 것처럼 느껴졌다. 하지만 가만히 생각해보면 정말로 일을 하는 사람은 성실한 몇 명뿐이었다.

내가 알던 무임승차형 인간 캐럴라인은 사이좋은 팀원들을 어떻게 자기에게 유리하게 이용할지 정확히 알았다. 캐럴라인은 두루 호감을 사는 인물로서 대단히 철두철미했는데, 그 철저함이 오로지 사교 일정에만 국한되는 게 문제였다. 업무중에는 일상적인 일을 하다가도 툭하면 부담감을 못 이기고 울음을 터뜨리곤 했다. 조금이라도 긴장해야 할 때면 심한 정서 불안에 시달려서, 정신 차리고 업무를 도우라고 그를 종용하기보다는 차라리 몇 시간 쉬면서 저녁 회식 예약이나 하라고 하는 편이 나았다(맛집에 빠삭한 그였으니 재능을 적합한 데 쓰긴 했다). 전체적으로 캐럴라인은 팀워크에 기여하는 것과 업무상의 다른 책임 사이에서 균형을 잘 잡지 못하고 있었다.

우리는 그에게 업무를 도우라고 압박했지만, 캐럴라인은 항상 그럴 듯한 핑계를 댔다.("어제 화상회의에 참여하지 못해서 미안해요. 인터넷 연결이 자꾸 끊겨서요." 이런 핑계도 있었다. "지난주에 다른 업무 마감이 있어서 바빴어요. 미안해요. 이제 끝났으니 우리 업무에 집중할게요.") 캐럴라인은 자기에게 문제가 있음을 인정하지 않았다.

캐럴라인을 보면, 한 연구에서 인터뷰한 무임승차형 인물들이 떠오른다.[8] 노스캐롤라이나대학교 그린스버러 캠퍼스의 브라이언 경영경제 스쿨 교수인 바실 타라스Vasyl Taras와 그의 동료들은 프로젝트에서 일을 하나도 하지 않았다고 팀원 전원에게 지목당한 무임승차자 77명을 인터뷰했다. 무임승차했다는 확실한 증거가 있는데도(모든 팀원이 일주일에 수차례 불만을 제기할 정도였다) 자기 노력이 부족했음을 온전히 인정한 사람은 그중 35.1퍼센트에 불과했다. 42.8퍼센트는 자신에 대한 남들의 평에 사실이 아닌 부분도 있다고 주장했으며, 22.1퍼센트는 무임승차 관련 내용을 전적으로 부인했다. 무임승차자에게 자기 행동을 인정하도록 만드는 건 어려운 일이다.

캐럴라인이 그랬듯, 바실과 동료들이 연구한 무임승차자들에게도 그럴듯한 핑계가 있었다. 다른 일 때문에 바빴다, 팀이 사용하는 어떤 소통 수단에 접근하기가 어려웠다, 등등.

이런 무임승차자가 다른 팀원들과 갈등을 일으키고 결국 팀에서 퇴출당할 거라고 생각한다면, 오산이다. 앞의 연구에서 조사한 무임승차자 가운데 어떤 형태로든 대인 갈등을 겪은 비율은 7.8퍼센트에 지나지 않았다. 대체로 그들은 팀원들과 그저 잘 지냈다. 심지어, 친하게 지냈다.

## 누가 무엇을 했는지 속속들이 알긴 어렵기에

지난 1년 동안 기업들 사이에서 집단 보상을 채택하는 경향성이 강하게 나타났다. 수치를 들여다보면, 상장회사의 절반 이상이 팀의 성과를 기준으로 급여를 받는 집단 성과급 제도를 활용하고 있다.[9] 그 바탕이 되는 논리는 개인의 성과끼리 비교할 경우 성과지상주의가 판치고, 실수를 인정하지 않는 풍조가 나타나며, 사람들 사이에 질투와 분노가 인다는 것이다. 반면 집단 보상은 사람들에게 열심히 일할 동기를 부여한다.

영 틀린 말은 아니다. 팀 전체가 함께 일했는데 팀원 중 한 사람만 보너스를 받는다는 사실이 알려지면, 『파리대왕』같은 지옥도가 펼쳐질 것이다. 회사가 다른 팀원보다 높은 보너스나 연봉 인상을 받을 단 한 사람을 추려내기 위해 동료 피드백(팀원들이 서로를 평가하여 준 점수)을 활용한다면, 그보다 더 나쁠 수 없다.[10] 이 전략은 팀의 '케미'를 깨뜨린다. 집단 보상은 공정해 보인다. 모두가 팀의 성공에 동등하게 기여했을 경우에는 더 그렇다.

그렇다면 누가 어떤 일을 했는지 일일이 구별할 수 없는 상황에서 실제로 사람들은 어떻게 일할까? 팀의 최종 생산물에 개인이 무엇을 기여했는지 알아낼 가능성이(사회과학에서는 이를 '평가 가능성evaluation potential'이라고 부른다) 낮은 상황 말이다.[11] 낮은 평가 가능성은 팀에서 사회적 태만, 즉 무임승차가 일어날지 여부를 예측하는 강력하고 일관적인 요소다. 개인의 기여도가 확인되지 않는다는 것을 알아차리면, 사람들은 게으름을 피우기 시작한다.

누구나 알 법한 뻔한 얘기다. 하지만 나는 실전에서 많은 상사들이 팀 전체가 일을 해내는 게 중요하지, 개인의 기여도로 사람을 평가해선 안 된다고 주장하는 걸 들었다. 이런 생각은 위험하다.[12] 특히 내적 동기가 부족하거나 스스로 소모성 인력이라고 느끼는 팀원이 있다면 주의해야 한다. 개인의 기여도를 무시했다간, 누가 무엇을 했는지 모호한 상황에서 이득을 취하는 성과 도둑이 기를 펴게 된다.

1990년대에 나는 고등학생 신분으로 비디오 대여점에서 일했다. 내 업무 중 하나는 비디오테이프를 손으로 되감는 것이었다('되감아주시면 감사하겠습니다' 스티커가 붙어 있었지만 감사할 일은 좀처럼 생기지 않았다). 나는 또래인 10대 다섯 명과 같이 일했는데, 우리에겐 되감아야 할 테이프가 200개가량 할당되었다. 처음에 나는 성실하게 일했다. 하릴없이 테이프를 되감았다. 그렇게 한 달쯤 지나, 나는 상사가 우리가 일을 얼마나 하는지 확인하지 않는다는 걸 깨달았다. 우리가 받는 보너스는 테이프를 빠르게 되감아 선반에 다시 진열하는 속도가 아니라, 가게에서 대여되는 테이프의 숫자로 결정되었다. 그래서 나는 되감기 노역을 그만두고 다른 아이들과 졸업 파티에 누구랑 같이 가고 싶은지 따위에 대해 수다를 떨며 농땡이를 피웠다. 비디오 대여점에는 평가 가능성이 없었다. 그래서 우리는 성실한 태도를 때려치우고, 되감아야 할 테이프를 내팽개쳤다.

## 집단 보상이 일반적인 곳

대부분의 팀은 둘 중 하나로 분류된다.[13] 실행하는 팀(어떤 행동이나 생산을 담당하는 팀)과 결정을 내리는 팀(프로젝트 팀). 집단 보상은 둘 다에서 흔하다. 사례를 살펴보자.

**상품개발팀**: 새로운 것을 만들라는 업무가 주어졌을 때
**영업팀**: 팀 전체가 어떤 지표에 도달해야만 보상을 받을 때
**생산팀**: 큰 팀을 여러 개의 작은 팀으로 쪼갰으나, 예를 들어 영화 제작과 같이 큰 프로젝트를 위해 모든 팀이 함께 일해야 할 때
**채용팀**: 팀 전체가 힘을 모아 채용 몇 건을 성사해내야 할 때

집단 보상이 그 자체로 나쁜 건 아니다. 하지만 개인의 기여도를 아예 확인하지 않는 건 나쁘다. 이런 맥락에서, 한두 명의 스타 직원이 돋보이는 팀은 특히 사회적 태만에 취약하다. 무임승차자는 스타 직원들이 팀의 멱살을 잡아끌고 어떻게든 결승선을 넘으리란 걸 안다. 그러면 본인은 구태여 땀흘릴 필요가 없다. 일을 얼마나 하는지 아무도 확인하지 않는데, 뭣 하러 일을 하겠는가?

# 우리 내면의 게으름뱅이

●○

지금 실리콘밸리에는 작은 문제가 있다. 최고의 인재 확보를 목표로 하는 구글과 같은 테크계 거물 기업들은 유능한 엔지니어들이 경쟁사로 이직하지 않도록 거액의 연봉을 준다. 인재가 하루종일 빈둥거리더라도, 기업은 그저 이들을 빼앗기지 않기 위해 큰돈을 쓴다.

이걸 '쉬면서 꿀 빨기rest and vest' 문화라고 부른다. 구글의 한 엔지니어는 이렇게 표현했다.[14] "이미 연봉 50만 달러를 받고 있고 여기서 더 올라갈 곳도 없는데, 열심히 일할 동기가 뭐가 있겠습니까?"

뉴욕대학교에도 같은 문제가 있다. 학교에서는 집세가 더 싼 지역의 대학과 경쟁하기 위해, 교수진을 모집할 때 높은 보조금이 붙은 사택 아파트를 제안한다. 그런데 은퇴를 하면 대부분의 교수진이 아파트에서 쫓겨난다. 그러니 뉴욕 아파트에 사는 교수진에겐 스스로 은퇴할 동기가 없다. 종신교수직을 따낸 이상, 직업 안정성도 있다. 그렇게 설렁설렁 일하는 문화가 탄생한다. 실리콘밸리의 엔지니어처럼, 이미 거액 연봉과 고급 아파트를 거머쥔 일부 교수에겐 더이상 땀흘려 노력할 동기가 없다.

기업은 어째서 이런 정책을 만든 걸까? 때로 리더들은 인재와 사랑에 빠진다. 갖은 공을 들여 그들이 애지중지하는 천재를 만족시키면, 그 천재가 끊임없이 추동력을 발휘하고 아이디어를 생산할 거라고 믿는다. 다시 말해 이런 정책은 뛰어난 사람이 앞으로도 계속 뛰어나리라는 믿음에서 태어났다. 그러나 불행히도 우리 모두는 내면에 게으름뱅이가 잠재돼 있다. 천재들도 예외는 아니다.

일을 계속 열심히 하게 만드는 장치 없이 그저 자리를 지키는 것만으로 과한 보상을 주는 건, 아이에게 숙제를 끝내기 **전에** 초콜릿을 주는 것과 같다. 뱃속에 이미 초콜릿이 들어 있는데 숙제를 할 동기가 생기겠는가?

## 오로지 눈에 보이는 일만이 중요하다
●○

오하이오주립대학교의 경영대학 피셔 칼리지의 교수 로버트 라운트 Robert Rount는 동료들과 진행한 연구에서 재미있는 사실을 발견했다. 다양한 유형의 팀에서 지위가 높은 전문가들은 팀원들이 자기 기여도를 눈으로 확인할 수 있을 때에만 노력을 기울였다.[15] 남들의 눈에 보이지 않는 업무는 농땡이를 쳤다. 심지어 소방관과 같이 업무 위험도가 높은 직종에서도 같은 현상이 발견되었다.

이유는 단순했다. 사람들은 지위가 높은 사람들이 성과도 가장 많이 내리라 기대한다. 애초에 성과가 좋아서 승진한 거니까. 그러니 지위를 유지하고 싶으면, 남들이 보는 중요한 자리에서 능력을 발휘해야 한다.

라운트의 발견에는 중요한 교훈이 있다. 우리는 전문가인 팀원은 누가 보든 말든 항상 열심히 일할 거라고 생각한다. 일을 잘하는지 더 유심히 지켜봐야 할 사람은 아직 자신을 증명하지 못했고 조직에 대

## 무임승차 차단하기: 싫다고 하라!

1. 무임승차자가 밀린 일 처리를 부탁하면서 '우리끼리'의 일로 해달라고 하면, 싫다고 하라! 비밀리에 일해준 공로는 인정받지 못한다.

2. 무임승차자가 사교 모임을 계획하느라 고생한 공로를 인정해달라고 하면, 싫다고 하라! 감사할 일이긴 하지만 팀을 발전시키는 데는 도움이 되지 않았으니까.

3. 무임승차자가 본인은 잘나가는 인물이니 일을 더 해서 '스스로를 증명할' 필요는 없다고 주장하면, 그건 아니라고 하라! 얼마나 잘났든 상관없다. 팀원이라면 업무에 기여해야 하는 게 순리다.

4. 성실한 팀원이 와서 "우리가 일을 나누는 게 낫겠어요. 잭한테 일을 시키느니 우리끼리 나눠서 해요"라고 말하면, 싫다고 하라! 그랬다간 잭에게 팀원들을 쉽게 부려먹을 수 있다는 걸 알려주게 된다. 분명히 같은 일이 재발할 것이다.

5. 상사가 팀원에게 "각자 업무에 얼마나 기여했는지에 관해선 걱정 마세요. 보너스는 모두에게 동등하게 줄 거니까요"라고 말하면 (정중하게) 싫다고 하라! 무임승차자들은 팀원 각각의 기여도를 확인하지 않는 팀에 들러붙는다.

한 충성도도 낮은, 직급이 낮은 팀원이라고 생각한다. 이런 착각은 생각지 못한 결과를 낳을 수 있다. 스타 팀원은 한때 내적 동기에 의해 열심히 일했을지 모르지만, 지금까지 초심을 간직하고 있으리라는 보장은 없다.

2년 동안 카리스마를 발휘하는 것 외엔 아무 일도 하지 않은 무임승차자 데릭을 기억하는가? 처음 채용되었을 때 그는 모두에게서 열심히 일할 거라는 기대를 받았다. 근거는 예전 직장에서 열심히 일했다는 것뿐이었다. 과거의 데릭(동기가 있는 사람)이 새로운 데릭(기회주의적인 게으름뱅이)으로 변신했다는 건, 아무도 몰랐다. 남을 있는 그대로 보지 않고 자신이 보고 싶은 대로 보는 것은 흔한 심리적 편향이다. 데릭의 팀은 확실히 이 편향의 피해자가 되었으며, 몇 년이 흐르고 여러 사람이 해고된 후에야 현실을 자각했다.

## 무임승차를 예방하는 4단계 전략

이제 무임승차에 취약한 팀의 요소가 무엇인지, 무임승차자의 동기가 무엇인지 알게 되었다. 그렇다면 애초에 무임승차가 일어나지 않도록 하려면 어떤 조치를 취해야 할까? 무임승차를 예방하는 4단계 전략을 알아보자.

## 1단계. 정기적으로 공정성을 검사한다

공정성은 무임승차를 막기 위한 최소한의 조건이다.[16] 팀 내에서 업무가(즉 누가 무얼 하는지가) 공정하게 정해져야 하고, 보상이 공정하게 이루어져야 하며, 최종 결정이 공정하게 내려져야 한다. 절차가 공정하지 않으면 남들만큼 팀에 기여할 동기가 없어진다. 그렇게 농땡이 문화가 퍼져나간다.

팀에 이미 무임승차자가 있다고 여긴다면, 공정성 검사를 추천한다.

Step 1. 프로젝트 시작 시점에, 프로젝트 기간 동안 각 팀원이 맡을 업무를 목록으로 작성한다. 이 단계는 팀 전체가 함께하길 권장한다. 그래야 업무 가시성이 확보된다.

Step 2. 프로젝트가 진행되는 동안, 모든 팀원을 대상으로 업무 진행사항에 대한 짧은 설문을 돌린다. 나는 이때 네 가지를 묻는다.

1. 자신의 업무 목록에서 무엇을 완수했습니까?
2. 예기치 못한 난관이 있었습니까? (예를 들어 예상보다 오래 걸린 업무가 있었습니까?)
3. 계획에 없었는데 한 일이 있었습니까? 있었다면, 무슨 일이었습니까?
4. 다른 팀원이 목록에 없던 일을 하기도 했습니까? (이 질문은 특히 결속력 있는 팀에서 큰 의미가 있다. 동료를 돕기 위해 직접 개입하는 건 주저하더라도, 동료가 일을 더 하는 걸 알아차리면 보고할 가능성은

높은 사람들이므로.)

이 네 개의 질문은 일종의 '활력징후'를 확인하는 기능을 한다. 팀의 건강 상태를 검사하고, 무임승차가 이루어지고 있을지도 모른다는 경고를 감지한다. 상사가 함께 공정성 검사에 나서면 더 좋겠지만 반드시 그럴 필요는 없다. 팀원들끼리만 해도 된다. 활력징후를 확인하는 역할은 팀원들이 번갈아 맡길 권한다.

데릭의 팀에서도 이런 활력징후 검사를 했으면 어땠을지 상상해보자. 데릭의 업무 목록은 백지상태였을 것이고, 계획에 없이 한 일이 있느냐는 질문에는 팀원들 모두가 '그렇다'라고 답했을 것이다. 알고 보니 데릭의 일을 대신해주는 건 모든 팀원의 나쁜 버릇이 되어 있었다. 습관에 대한 몇몇 연구를 통해, 어떤 행동이 자동화되면 인식의 영역에서 벗어난다는 사실이 밝혀졌다. 흡연자에게 그날 담배를 몇 개비 피웠느냐고 물으면 아마 바로 답하지 못할 것이다. 담뱃갑을 열어봐야 말할 수 있을 것이다. "원래 열 개비 있었는데 언제 절반이나 피웠는지 모르겠군요."

나쁜 습관을 고치는 제일 좋은 약은 일단 그 습관을 양지로 끌고 나오는 것이다. 팀에 무임승차자의 뒤처리를 해주는 습관이 있다면, 공정성 검사로 조기에 이 습관을 진단할 수 있다. 그러면 습관을 바꾸기 위해 할 수 있는 일이 생긴다(여기에 대해선 뒤에서 더 다루겠다).

공정성 검사를 하자고 제안할지 망설이는 이들에게 한마디만 덧붙이고 싶다. 다른 사람들에게 과잉 통제를 하는 것처럼 보일까봐 우려가 드는가? 더 나쁘게는 팀원들을 신뢰하지 않는 사람으로 보일까봐 걱정스러운가? '일단 일을 시작하고, 실전에서 차차 알아간다'를 기준으로 삼는 조직에서는 그런 반응을 흔히 염려할 수 있다. 이런 경우, 팀원 몇 사람을 찾아가 일대일로 대화를 나누다가 공정성 검사라는 아이디어를 제안하고 반응을 살펴보는 걸 권한다. 조직생활을 오래한 이들에게 접근하라. 과거에 무임승차형에게 덴 적이 있고 현상태를 바꾸는 데 마음이 열린 사람이면 더할 나위 없이 좋다. 일이 잘 풀리면 팀원들에게 두루 존경받는 인물을 여러분 편으로 끌어들일 수 있을 것이다.

변화에 저항하는 사람은 언제나 존재한다. 그 변화가 자신의 문제 행동을 까발릴 위험이 있다면 더욱 반발이 심할 것이다. 여러분의 목표는 공정성 검사를 하자고 제안하는 팀 회의 자리에서 여러분의 의견을 지지해줄 사람을 확보하는 것이다. 여러분에게 반대하는 불도저형 인간들에게 밀리지 않을 정도면 충분하다.

### 2단계. 일이 정신없이 돌아갈수록 팩트 체크가 중요하다

불확실성이 별로 없는 업무에서 공정성 검사는 간단하다. 그러나 업무의 종류에 따라 미리 주간 업무 목록을 계획한다는 개념 자체가 비현실적일 수 있다. 많은 것이 마지막 순간이 닥쳐서야 정해지고, 모든 게 빠르게 변하고, 매일 무슨 일이 닥칠지 모르는 채로 출근하는 사람은 계획이 불가능하다. 아예 급한 불 끄는 일이 업무인 사람도 있다.

이런 시나리오에서는 프로젝트 시작 시점에 각자 할일 목록을 만들도록 하지 말고, 분주한 하루를 보내고 퇴근하기 전에 그날 한 일을 기록하도록 한다. 기억은 오류가 있다. 정신없는 상황이라면 더욱 그렇다. 그러니 여기선 팩트 체크가 중요하다. 이 절차는 팀 프로젝트가 시작되자마자 도입하길 권한다. 앞서 소개한 바실 타라스의 연구에서, 무임승차를 부정하다가 결국 인정한 이들은 대부분 업무가 시작되자마자 무임승차를 했다고 밝혔다.

정신없이 바쁘게 돌아가는 팀에서는 특히 성실한 팀원들이 이용당할 위험에 놓여 있다. 게다가 그들을 이용하려 드는 건 무임승차자만이 아니다. 미시건주립대학교의 경영대학 브로드 칼리지의 교수 크리스티 저우 코벌Christy Zhou Koval과 듀크대학교의 동료들은 스트레스 강도가 높은 직종의 경우 성실한 팀원들로 구성된 책임감 있는 팀이 다른 팀보다 더 많은 일을 배정받는다는 사실을 발견했다.[17] 왜일까? 그런 팀은 압박을 받아도 무너지지 않고, 상사는 팀원들이 일을 해낼 걸 알기 때문이다.

성실한 팀을 이끄는 상사는 팀원들이 어떤 일을 완수하는 데 필요한 시간을 크게 과소평가하기도 한다. 스트레스가 심한 상황에서는 게으름뱅이든 스타 직원이든 팀이 이뤄낸 성과에 대해 같은 공로를 인정받게 된다.

고해하건대 나 역시 팀원들에게 이런 죄를 지은 바 있다. 예전에 나는 어느 산업 콘퍼런스에서 실험을 하느라 여러 CEO와 중역들에게서 '수동적 침흘리기' 방법을 통해(이름만큼 매력 없는 방법이다) 침 샘플을 채취해야 했다. 목표는 콘퍼런스 참여자들의 스트레스를 평가하는 수단으로 코르티솔 수치를 측정하는 것이었다.

이게 괜찮은 아이디어였냐고? 당연히 아니었다. 당신이 콘퍼런스에서 다른 중역들이랑 인맥을 좀 쌓아보려는데 웬 연구 보조원이 다가와서 "이 유리관 안으로 침이 자연스럽게 흐르게 해주시겠습니까?"라고 물으면 어떨지 상상해봐라. 말 그대로 카오스다.

당시 연구 보조원들 가운데 최고의 성과를 낸 이들은 콘퍼런스 내내 내 눈이 닿는 범위 안에 있었다. 그들에게 큰 소리로 지시하며 보낸 여섯 시간이 내 연구 커리어를 통틀어 가장 힘든 시간이었다. 반면 게으름뱅이들은 호텔 스타벅스로 내빼서 쉬고 있었다. 나는 내 시야 밖으로 빠져나간 그들을 까맣게 잊었다. 하루가 끝날 무렵, 나는 침이 담긴 유리관 60개를 획득했지만 누가 언제 무엇을 했는지에 관한 기억은 전혀 없었다. 그때 나는 크리스티 저우 코벌이 실험에서 발견한 사실을 체감했다. 성실한 팀원들이 압박 상황에서 일을 잘해낼수록, 나는 그들에게 일을 더 주었다. 그리고 일과가 끝난 뒤 보상은 개인이 아닌 팀 전체에게 주었다. 누가 무얼 얼마나 기여했는지 확인할 수 없었기 때문이다.

스트레스가 심한 상황에서 상사들은 대개 나처럼 행동할 것이다. 그들은 누가 뭘 해서 팀이 성과를 냈는지 잊는다. 당시 내 팀원들은 침 샘플 수집의 힘든 부분을 몇 사람이 도맡아 해냈다고 내게 설명해주었고, 나는 그 사실을 알게 되어 무척 고마웠다. 상사가 공정성 검사의 도움을 받아야 할 때도 있다. 그건 나쁜 게 아니다.

## 3단계. 비교와 경쟁을 활용하라

경쟁이 팀의 성과를 저해한다는 건 상식이지만, 연구에 따르면 적절한 경쟁은 팀 내에서 무임승차를 막는 데 큰 도움이 된다고 한다. 잘만 적용하면, 팀 구성원 간 비교는 무임승차자에게 압박을 가한다. 관건은 올바른 방법을 찾는 것이다.

팀원들을 비교하는 흔한 전략 하나는 팀원들에게 개인의 성과를 측정하고 순위를 매길 거라고 공지하는 것이다. 그럼으로써 팀원 각각이 개인적 기여에 책임을 느끼고 노력하도록 유도할 수 있다. 순위가 꼴찌면 부끄럽지 않겠는가.

하지만 유의할 점은, 정말로 최종 순위를 공개해선 안 된다. 학생들이 전공을 아예 포기하게 만드는 못된 화학 강사처럼 굴지는 말라는 뜻이다. 자기 순위가 낮은 걸 알게 되면 다음에는 순위를 높이려고 더 열심히 노력할 것 같은가? 현실은 그렇게 단순하지 않다.

퍼듀대학교의 경제학 교수 데이비드 길David Gill은 동료들과 진행한 연구에서, 순위가 밝혀진 뒤에 1등과 꼴찌가 제일 열심히 일한다는 사실을 밝혔다.[18] 최고 성과를 내는 이들은 지는 걸 싫어하고 이겼을 때 희열을 느끼므로, 순위가 높은 걸 알면 성과를 낼 동기가 생긴다. 최저 성과를 내는 이들은 해고당할까봐 두려워서 성과를 낼 동기가 생긴다. 하지만 그 두 사람을 제외하고, 팀의 대다수를 차지하는 중간 성과를 내는 사람들은 10퍼센트 이상 노력을 줄였다. 자신이 평균에 해당한다는 걸 알면 기강이 해이해지고 동기도 잃는 것이다.

이 연구는 우리의 직관이 때로 과학적 연구에 반대된다는 사실을 잘 알려준다. 사람들에게 개인적 성과를 평가할 거라고 말해두기만 하면, 실제로 평가한 순위를 정확히 알려주는 것보다 더 큰 효과를 발휘한다. 대부분의 경우 동료와 비교받을 거라고 공지하기만 해도 게으름을 막는 효과가 있다.

### 4단계. 직장 내 '콘트라프리로딩' 찾기

1960년대에 동물 연구자들은 쥐에게서 자주 나타나는 특이한 행동을 발견했다.[19] 쥐들은 우리 안에 먹이가 담긴 그릇이 이미 놓여 있어도 먹이를 얻기 위해 레버를 눌렀다. 단순히 먹이를 얻기 위해 일하는 과정을 즐기기 때문이었다. 콘트라프리로딩contrafreeloading이라는 이름이 붙은 이 현상은 다른 동물들에서도 찾아볼 수 있다. 기린, 앵무새, 원숭이가 이런 행동을 한다. (고양이는 하지 않는다. 고양이는 바로 앞에 먹이 그릇이 있으면 먹이를 얻기 위해 레버를 누르지 않는다. 반려묘를 키우는 사람이라면 그러려니 할 것이다. 고양이들은 굳이 해야 하는 일이 아니면 하지 않으니까.)

콘트라프리로딩은 사람에게서도 찾아볼 수 있다.[20] 직장에서 우리는 직원들에게 동기를 부여하는 가장 큰 요소가 금전과 같은 외적 보상일 거라고 가정한다. 그러나 실제로는 일의 과정 자체를 즐기는 사람도 있다. 영업팀에서 이런 현상이 (주기적으로) 목격된다. 최고의 영업사원들은 그달에 받을 수 있는 인센티브를 채우고서도 대형 영업 건을 성사시킨다. 사람들에게 무얼 파는 과정 자체를 즐기기 때문이다. 금전적 인센티브를 과하게 주면 오히려 무임승차가 더 많이 일어난다

(실리콘밸리의 '쉬면서 꿀 빨기' 문화처럼). 다시 말해, 자기 일을 진심으로 좋아하는 사람은 무임승차할 가능성이 낮다.

팀 내에서 무임승차를 줄이기 위해 아주 간단하게 바꿀 수 있는 게 있다. 직원들에게 자신이 일하는 방식을 스스로 결정하게 해주는 것이다. 그러면 직원들은 일을 즐기게 된다. 구체적인 방법으로는 유연한 근무 스케줄 제공(10~18시 근무, 12~20시 근무 등을 선택하게 한다), 근무시간이 아닌 업무 완수를 기준으로 급여 지급(할일이 없는데 억지로 출근하는 건 누구나 싫어한다), 업무를 더 즐길 수 있게 해주는 아이템을 묻는 주기적 설문 등이 있다. 사내 에스프레소 머신처럼 단순한 물건 하나가 활기를 돋울 수 있다. 매일 카페라테에 쓸 5달러를 아끼면 기분이 좋아지니까.

팀의 기강을 유지하는 또하나의 방법은, 팀이 성과를 낸 다음이 아니라 목표를 향해 나아가는 도중에 누가 무엇을 기여했는지 인정해주는 것이다. 공정성 검사를 통해 좀더 격려받아야 할 사람이 누구인지 알아내자. 팀이 대형 프로젝트의 작은 부분에 해당하는 일을 하고 있다면, 프로젝트의 다른 부분은 어떻게 진행되고 있는지 팀원들에게 알려주자. 자기가 맡은 일이 더 크고 더 흥미로운 일에 어떻게 기여하는지 눈에 잘 보이지 않으면 동기를 잃기 마련이다.

무슨 일을 하든, 업무가 너무 지루해지지 않도록 노력하라. 단순 반복 업무를 줄여라(매일 똑같은 일을 해야 하면 사람들은 느슨해진다). 업무 공간을 바꾸라고 독려하라(매일 똑같은 사무실 자리에 앉아 있지 말고, 공간과 날씨가 허락하는 한 공유 공간이나 야외에서 일하도록 하라). 의사소통 매체를 다양화하라('줌' 미팅에 대한 피로감은 실존한다. 가능하면 사람들을 직접 만나라).

내가 팀장으로서 팀원들을 이끌던 때의 일이다. 내가 아끼는 프로젝트가 하나 있었는데, 팀원들은 그 프로젝트에서 마음이 떠 있었다. 나는 그 사실을 잘 몰랐다. '이 연구 아이디어는 별로예요. 이 일은 더 하고 싶지 않아요'라고 대놓고 말해주는 사람이 없었기 때문이다. 팀원들은 내가 보지 않는 자리에서 서서히 게으름을 피우기 시작했다. 팀원들에게 연구를 해나갈 내적 동기가 있으리라 생각한 건 나만의 착각이었다. 그 연구는 100명의 참여자에게서 데이터를 수집하는 것이었는데, 참여자 한 명당 천 개쯤 되는 단계를 밟아야 했다. 자질구레한 업무가 워낙 많아서 팀원들은 그저 지쳐 있었다.

나는 팀원들을 정상 궤도로 복귀시키기 위해, 단계별 인센티브 구조를 도입했다. 연구가 끝날 때까지 기다리지 않고, 어떤 이정표에 도달할 때마다 작은 보상을 뿌린 것이다(예를 들어 팀에서 피험자 열 명의 데이터 수집을 마칠 때마다 피자를 샀다. 보상이 꼭 거창할 필요는 없다). 또한 팀원들이 책임을 어떻게 분배하고 있는지 유심히 관찰했다. 연구를 성공적으로 진행하려면 한 번에 다섯 사람이 같이 일해야 했다. 나는 처음에 업무를 각 팀원의 선호와 무관하게 팀원들의 근무 스케줄에 따라 할당했다. 그러다가 접근법을 바꿔보았다. 신체 기록 장치를 채우는 걸 좋아하는 사람들에겐 그 업무를 맡겼다. 카메라를 통해 연구 진행을 지켜보거나 장치가 잘 작동하는지 확인하는 등 배후에서 일하기를 선호하는 사람들에겐 그 업무를 맡겼다.

어느 시점에 이르자 팀원들은 주당 근무시간을 채운 뒤에도 실험을 돕겠다고 스스로 나섰다. 자기 일을 진심으로 즐기기 시작한 것이다.

## 팀 내 무임승차자 하차시키기
●○

어릴 적 나는 프로테스탄트 노동 윤리를 교육받았다. 잠깐, 종교 이야기를 하려는 게 아니다.[21] 노력이 우리의 중요한 일부이고 삶에서 앞서나갈 수 있는 유일한 방법이라는 일반적인 믿음을 갖게 되었다는 뜻이다. (유년기 경험은 좋든 나쁘든 우리를 빚는다.)

나 같은 사람은 무임승차에 관용적이지 않다. 본능적으로 무임승차자를 벌주길 원한다. 대놓고 망신을 줘서 다시는 그런 짓을 하지 못하게 만들고 싶다. 하지만 대놓고 망신을 주는 방법은 (성희롱 같은) 지독한 행위에 대해서만 효과가 있는 것으로 밝혀졌다. 그보다 덜한 잘못을 했을 경우 상대는 방어적으로 나오거나 무감각해지고, 나아가 아예 소통을 차단해버린다.

팀메이트였던 샨텔과 드레이크의 사례를 보자. 샨텔은 드레이크와 함께 일한 지 두 달 만에 그가 무임승차를 하는 걸 깨닫고 짜증이 치밀었다. 복도에서 절친 미나를 마주치자 하소연했다. "드레이크가 새로 온 인턴한테 자기 일을 다 시키는 거 알아요? 게으른 자식 같으니. 해고당하면 좋겠어요." 이윽고 드레이크가 게으르다는 소문이 산불처럼 번져나갔다. 샨텔은 미나에게 들려준 이야기를 하루에 열 번은 반복

했다. 그 이야기가 사내 수다쟁이들의 귀에 들어간 건 물론이다.

그래서 드레이크가 행동을 바꾸었을까? 전혀. 자신이 어떤 평판을 얻었는지 알자, 팀에서 아예 마음이 떠난 모양이었다. 그는 처음 무임 승차를 시작했을 때보다 일을 **덜** 했다. 자기를 싫어하는 것 같은 사람들과 대화하는 걸 최대한 피했다(사무실에 들어서는 순간 정적이 흐르고, 직전에 사람들이 자기 얘기를 하고 있었다는 걸 눈치채는 것만큼 어색한 상황도 없다). 사실 드레이크가 애초에 무임승차를 한 이유는 **이미** 일에서 마음이 떠났기 때문이었다. 여기에 수치심까지 더해지자 그는 궁지에 몰렸다.

드레이크가 속한 팀은 새로운 접근을 시도했다. 그들은 전혀 위협적으로 보이지 않으면서도 직언할 용기가 있는 팀원 하이디에게 조력을 요청했다. 하이디는 어떻게 해도 절대 못된 인상을 주지 못하는 사람이었다. 드레이크가 다수에게 몰린다고 느끼지 않도록, 하이디는 드레이크와 일대일로 대화를 시도했다.

"드레이크, 우리 얘기 좀 할까요? 당신이 우리 팀을 위해 해줄 수 있는 일이 아주 많아요. 당신은 아이디어도 창의적이고, 고객들에게 사랑을 받고 있잖아요. 발표 실력은 우리 팀에서 최고고요. 그런데 요새 팀에서 마음이 떠난 것처럼 보여요. 그래서 다른 팀원들이 할일이 꽤 늘었어요." 하이디는 드레이크에게 해명할 기회를 주었다.

모든 무임승차가 의도적인 건 아니다. 때론 일이 너무 많아서, 삶의 다른 영역에서 과잉 통제를 받고 있어서 어쩔 수 없이 무임승차를 하는 사람들도 있다. 무임승차자와 대화를 하는 목표는 무임승차자가 일을 하지 못하게 만드는 걸림돌을 넘을지 **여부**를 알아내는 게 아니다. 걸림돌을 **어떻게** 넘을지를 알아내는 것이다. 이 경우 드레이크에겐 변변한 핑계가 없었지만, 그건 중요하지 않았다. 하이디는 드레이크가 방어적으로 나올 가능성을 줄이는 방식으로 대화를 시도했다. 다음으로 드레이크의 팀은 팀 차원에서 무임승차가 다시 일어나지 않도록 막는 계획을 세웠다.

무임승차자와 맞설 때, 순순히 자기 행동을 인정할 거라고 기대하지 마라. 적어도 처음부터 인정하진 않을 거다. 바실 타라스의 연구를 보면 무임승차자 대다수가 자기 잘못을 일단 부인하고 본다는 사실을 알 수 있다. 그러니 잘못을 인정하라고 압박하고 싶은 마음을 꾹 참고, 오히려 상대의 강점을 이야기해주자. 애초에 그 사람을 팀에 넣고 싶었던 이유를 말해주자. 무임승차 문제를 꺼내면 상대가 구구절절 변명을 늘어놓을지도 모른다. 그중 일부는 꽤나 설득력 있을지도 모른다. 이 지점에서 무임승차자를 그냥 놓아주지 않는 게 중요하다. 상대와 함께 어떤 일을 어떤 시간대에 할지에 관해 촘촘한 계획을 세워라.

당근을 흔드는 시도가 실패했을 때에만 채찍을 휘둘러라. 앞서 1장에서 업무를 어렵게 만드는 강약약강형에 대해 상사에게 이야기하는 방법을 논했다(53쪽 참조). 똑같은 조언이 여기에도 적용된다. 상사를 찾아가면, 절대 인신공격으로 말문을 열지 마라. 무임승차하는 팀원을 '게으르다'라고 표현하고 싶은 충동이 아무리 크더라도 참아라. 상사가 이 사람을 어떻게 평가하는지 여러분은 전혀 모른다. 상사에게 어느 정도 책임이 있는지도 모른다. 상사가 무임승차형 팀원에게 다른 프로젝트 아홉 개를 맡기는 바람에 일할 시간이 조금도 나지 않았던 것일 수도 있다. 그러니 무임승차형 팀원의 강점을 먼저 이야기하고, 그다음 문제 행동에 대해 설명하라. 그러고선 몇 가지 해법을 제시하라. 단순히 문제만 제기하는 게 아니라 해법에도 초점을 맞추면, 바쁜 상사들에게서 반응을 끌어낼 확률이 올라갈 것이다.

## 시간 도둑 vs 시간 다이어트

무임승차자를 팀원으로만 만나는 건 아니다. 동료, 지인, 친구의 친구도 당신의 진을 빼놓고 시간을 훔칠 수 있다.

나의 남편 제이는 이런 무임승차자에게 많은 호의를 베푼다. 나는 제이의 일정을 보기만 해도 스트레스를 받는다. 달력에 '스타트업 사람이랑 점심 먹기'라고 적혀 있다. 대학 시절 절친의 친구가 주말에 뉴욕에 왔는데, 스타트업에 대해 조언을 받고 싶다는 것이다("한 시간이면 돼. 어쨌든 점심은 먹어야 하잖아." 남편의 말이다). 그런가 하면 모호한 설명이 붙은 20분짜리 전화 통화가 대여섯 건 예약되어 있다. 그중엔 '언젠가 대학원에 가고 싶을지도 몰라서' 조언해달라는 사람도 있었다. 청취자가 한 명도 없는 자기 팟캐스트에 대해 의논하고 싶은 사람도 있었다.

이쯤 되면 제이가 시간 도둑 문제를 겪고 있다고 말할 수 있다. 남을 잘 돕는다는 평을 듣는 성공한 사람에게는 무임승차를 하려는 요청이 끝없이 들어온다. 그런 요청에 **일일이** 응하는 사람은 내가 알기론 제이밖에 없다. 그의 문제 하나는 다원적 무지다. 다른 사람도 자기만큼 요청을 잘 들어준다고 생각하는 것이다. 또다른 문제는 대부분의 사람보다 너그럽다는 것이다(이건 제이 개인의 문제는 아니다. 캐나다 사람이니까).

나는 제이에게 직장인 대부분은 나처럼 남의 일에 엮이기 싫어하며 이마에 '날 건드리지 마'라고 써붙이고 다닌다고 설명했다. 내 메일함에는 이런저런 요청을 하는 메일 수천 개가 '읽지 않음' 상태로 쌓여 있다. 제이의 메일함엔, 읽지 않은 메일이 없다.

제이에겐 삶의 여러 방면에서 시간 도둑이 찾아온다. 자기 혼자 해결법을 찾아봐도 될 것을, 제이에게 곧장 도와달라고 이메일을 보내는 '핑거 프린세스' 유형이 있다(이런 사람의 이메일은 수신인이 50명쯤 되지만 답장하는 건 제이가 유일하다). 이런 유형은 처리하기 쉽다. 구글 사용법을 알려주는 답장을 보내면 된다. 좀 못됐지만 논점은 확실히 전달될 거다.

지위의 사다리를 올라가기 위한 조언이나 피드백이 필요해서 성공한 지인 모두에게 손을 내밀어보는 '욕심쟁이' 유형도 있다. 그들을 탓하고 싶진 않다. 중요한 사람과 악수 한번 하는 게 사다리를 올라가는 첫발이라고 믿는 사람이 많으니까. 그중 대부분은 확률 게임을 하고 있다. 바에서 마주치는 모든 여자에게 수작을 거는 남자처럼. 그러다보면 한번은 운이 따라서 누군가 '좋아요'라고 할 것이다. (제이는 항상 그 누군가의 역할을 맡는다. 이게 그가 뉴욕대학교의 자기 연구실에 중학교 3학년 학생을 받게 된 사연이다.)

이런 무임승차형 인간들을 대하는 데 시간을 너무 많이 쓰고 있다면, 다이어트를 할 때다. 이런 종류의 요청은 한 달에 정해진 몇 건만 답하기로 하자. 이를테면 한 달에 다섯 건이면 족하다. 할당량을 채우면 다음달까지는 칼같이 거절한다.

'시간 다이어트'를 유지하는 데 제일 큰 걸림돌은 죄책감이다. 내가 아니면 누가 이 사람들을 도울까? 알고 보면 도울 사람은 많다. 예를 들어 제이 같은 사람은 남을 도움으로써 얻을 게 있는 전도유망한 사람들을 알고 있다. 자기 인맥을 구축하고 싶은 사람, 전문가로 알려지고 싶은 사람들이 여기에 해당한다. 이런 사람을 도움을 요청하는 사람과 연결해주면 죄책감도 덜하고, 연결된 사람들은 서로 이해관계가 맞으니 만족할 것이다. 일거양득이다.

한번 거절했으면 다시 대화에 말려들지 마라. 영리한 무임승차자는 텔레마케터의 자질을 지니고 있다. 통화 시간이 길어질수록 지갑이 열릴 가능성이 높아진다는 걸 안다.

사무실에서 일하는 사람은 미리 알리지 않고 갑자기 들이닥치는 시간 도둑에게도 당한다. 제이의 사무실로 불쑥 찾아오는 시간 도둑들은 근처를 지나다가 그냥 '들렀다'라고 말한다. (나는 겪지 않는 문제다. 사무실 문을 닫아두니까.) 일단 그들을 사무실에 들여 자리를 내주는 것부터 실수다. 한번 의자에 앉은 사람을 일으켜서 내보내기는 쉽지 않다. 내가 제이에게 알려준 방법은, 스스로 자리에서 일어나는 것이다. 책상과 문 사이 애매한 지점에 서 있으면 제일 좋다. 그리고 대화를 아주 짧게 매듭짓는다. 일어나 있으면 상대가 불편해서 떠난다.

나는 인생의 많은 부분을 무임승차자를 이해하고 그들을 위한 평계를 만드는 데 사용했다. 여러분도 마찬가지리라. 많은 무임승차자가 카리스마 있고 호감을 받지만, 시간 관리를 어려워하거나 일상적 업무 스트레스를 잘 다루지 못한다. 무임승차자에게 당하기 쉬운 팀의 특징을 알고 있으면—그중엔 의외로 장점도 있다—애초에 무임승차가 일어나지 않도록 예방하는 전략을 세울 수 있다.

 **깨진 돌아이도 다시 보자**

▶ 노련한 무임승차자는 강한 팀에 침투하는 법을 안다. 여러분의 팀이 무임승차자의 둥지가 되는 일을 막으려면, 팀의 취약점을 파악하라. 나는 성실성, 결속력, 집단 보상이라는 '3C'에 집중한다.

▶ 무임승차자는 영민하게 처신한다. 게으름을 피우지만 팀을 방해하지는 않으며 인맥과 평판이 좋은 사람을 경계하라. 한때는 일을 열심히 했지만 이제는 빈둥거리기로 작정한 사람도 있다.

▶ 지위 높은 사람은 무임승차를 하고도 문제없이 넘어가곤 한다. 이미 충분히 일했으니 좀 쉴 자격이 있다고 느끼는 것이다. 남이 보는 앞에서만 열심히 일하는 사람도 있다.

▶ 불성실한 상사가 이끄는 팀에서 무임승차는 페널티를 받지 않고 전염병처럼 번진다. 성실성, 결속력, 집단 보상이 문제가 되는 건 상사가 팀원들의 행

동을 긴밀하게 관리하지 않을 때다. 관리가 소홀하면 무임승차자가 강한 팀워크의 이점을 이용하기 십상이다.

▶ 팀 내의 무임승차 문제를 해결하려면 평가 가능성이 필요하다. 이는 개인이 팀의 최종 생산물에 무엇을 기여했는지 알아내는 능력이다. 평가 가능성이 명확히 존재한다면, 공정성 검사를 통해 무임승차가 일어날 조짐을 초기에 잡아내자.

▶ 팀의 업무가 미리 계획하기 어려운 것이라 해도, 팀원들이 일과중 어떤 업무를 했는지 확인하라. 상사는 누가 무엇을 했는지 쉽게 잊는다. 팀원들의 도움을 받으면 잘못된 편향을 막을 수 있다.

▶ 무임승차가 번지기 시작했다면 구성원들에게 경쟁심을 북돋워 문제를 막을 수 있다. 순위를 매긴다는 사실을 알려주는 것도 효과가 있다. 그러나 **실제** 순위를 알면 1등과 꼴찌를 제외한 나머지는 노력할 동기를 잃으니 유의할 것.

▶ 무임승차를 없애는 가장 단순한 해법 하나는 사람들이 일의 결과가 아니라 과정을 즐기게 하는 것이다. 개인에게 자율성과 결정권을 주고 작은 성취에 보상하는 식으로 팀의 사기를 높이면, 일에 흥미를 갖게 된다.

▶ 게으름을 피우고 팀을 실망시킨 무임승차형 인간에게 벌을 주고 싶은 마음이 굴뚝같더라도, 참아라. 팀에 필요한 그의 강점에 집중하라. 자기를 싫어하는 팀에서 열심히 일하고 싶은 사람은 없다. 목표는 그를 구슬려 팀에 품는 것이다.

## 5장

File  Edit  View  Help

# 통제광

---

### 일 못하는 완벽주의자와 일하는 법

---

"지난주엔 화장실에 갈 때마다 캐런이 복도에서 나를 불러 세웠어. 두 번인가 빼고. 그 전주엔 두 번의 예외조차 없었지. 이제 회사에서 커피도 마음대로 못 마시겠다니까! 이거, 정상 아니지?"

내 친구 맷은 문제를 겪고 있었다. 몇 달 전 그는 상사 캐런과 복도를 사이에 두고 마주한 사무실로 자리를 옮겼다. 전에는 서로 다른 층에서 근무했기 때문에 캐런은 주로 이메일을 통해 맷을 통제했다. 자리가 가까워지자 직접 얼굴을 보고 통제하는 게 더 자연스러워진 것이다.

맷이 들려준 얘기는 내게 놀랍지 않았다. 사회심리학 연구자들은 기능 거리에 의미가 있다는 사실을 밝혀냈다. 사람들은 자기 바로 위층이나 아래층의 같은 자리에서 일하는 사람보다, 좌우 3미터 내에서 일하는 사람에게 더 관심이 많다. 과잉 통제를 하는 사람도 계단을 오르내리는 건 귀찮다.

캐런은 고전적인 통제광이었다. 맷의 하루 업무를 모든 방면에서 통제하려 들었다. 기사 아이디어를 제안하는 방법부터 이메일에 서명하는 방식까지 손대지 않고 넘어가는 구석이 없었다. 게다가 사소한 것까지 물고늘어졌는데, 심지어 맷이 캐런에게 전화할 수 있는 시간(매시 정각에만 가능했다)과 문서에서 사용하는 글꼴도 자기 식으로 정해두었다. 캐런은 성격이 급했으며, 큰 그림은 못 보고 세부사항에 집착했다. 맷이 회의중 사소한 사실 하나를 잘못 말하면 그걸 교정한답시고 세 문단짜리 이메일을 보내곤 했다. 저널리스트인 맷은 내가 아는 누구보다도 퇴근이 늦었지만, 그만큼 성과를 내지는 못했다. 그와 같은 시기에 채용된 이들이 한두 차례 승진을 거치는 동안 맷은 진급 후보에도 오르지 못했다. 통제광의 아이러니는 가장 열심히 일하면서 가장 적게 성취한다는 것이다. 통제광 아래에서 일하는 직원도 똑같다.

"어떤 느낌이야? 캐런이 계속 네 사무실에 들락거리는 거." 내가 물었다.

"캐런이랑 일하는 건, 어린 아들이랑 같은 방에서 일하는 거랑 아주 비슷해. 일이 슬슬 궤도에 오른다 싶으면 꼭 와서 얼쩡거리며 방해하거든. '7분 전에 시킨 일은 했나요? 3분 전에 이메일로 보낸 일은요?' 끝없이 질문을 받다보면 마음이 은은한 절망에 뒤덮여. 그렇게 시간이 흐르면 지쳐서 완전히 너덜너덜해진다니까." 맷이 답했다.

캐런은 마치 망가진 일산화탄소 감지기 같았다. 천장 너무 높은 곳에 달려서 손쓸 도리가 없는 감지기. 삐삐거리는 소리를 계속 들으면서 언젠가는 익숙해지기를 바라지만, 그런 날은 결코 오지 않는다.

# 그들은 대개 한 번에 한 사람만 집중 공략한다

●○

통제광은 사무실에서 가장 흔하게 마주치는 유형의 돌아이다. 직장에서 과잉 통제를 받은 경험이 있는 사람이 전체의 79퍼센트에 달하며, 그중 69퍼센트는 그로 인해 퇴사를 고려했다.[1] 상사의 89퍼센트가 직원들이 퇴사하는 이유가 더 높은 급여를 원해서라고 생각하지만, 실제로 그 이유로 퇴사하는 사람은 12퍼센트에 불과하다.[2] 대부분이 퇴사를 결심하는 이유는 상사에게 관리받는 방식이 싫어서다. 슬프게도 우리 대부분은 과잉 통제하는 상사에게 맞서지 못한다. 사직서를 손에 쥐고 있을 때조차도.

내가 만나본 통제광 상사들은 캐런과 비슷했다. 나의 물리적 공간과 개인적 시간을 존중하지 않았고, 나에 대해 변덕스럽고 비현실적인 기대를 품었다. 그렇다고 해서 상사를 대놓고 피할 수는 없는 법이라, 나는 적정선 안에서 최대한 노력했다. 가능할 때마다 사무실 문을 닫아두었고, 출근길에 상사를 마주치지 않으려고 먼길을 돌아갔다. 상사의 발소리를 기억했다가 그 소리가 나는 복도를 피해 다녔다.

그러다가 나 역시 관리자로 진급하는 날이 왔다. 부하가 아닌 새로운 관점에서 통제광 상사의 역학을 관찰하며 나는 충격적인 깨달음을 얻었다. 수면 위에서 과잉 통제하는 상사가 수면 아래에서는 불성실한 상사다.[3] 통제광은 부하의 일상적 안녕에 영향을 미치지만, 불성실한 상사는 부하의 커리어 자체에 영향을 미친다. 상사에게 주어진 시간은 유한하다. 과잉 통제에 시간을 쏟다보면 더 중요한 것을 간과하게 된다. 부하들에게 소통하는 법, 미래를 계획하는 법, 빠르게 정확한 결정을 내리는 법을 전수해주지 못하는 것이다.

그렇게 중요한 것을 완전히 놓쳐버린 맷의 경우를 보자. 저널리즘의 세계는 빠른 속도로 돌아간다. 글꼴과 문단 들여쓰기 따위에 집착하는 과잉 통제는 사치다. 캐런은 나무를 보느라 숲을 놓쳤다. 아니, 정확히 말하자면 모든 나무를 가지 하나까지 제자리가 정해져 있는 분재처럼 다뤘다. 맷의 미래가 암울한 건 불 보듯 뻔했다. 계속 캐런 밑에서 일하다가는, 커리어 내내 고양이가 나무에 올라갔다는 수준의 기사밖에 쓰지 못할 것이다.

맷과 대화한 다음주에 나는 맷과 그의 동료 칼릴에게 술을 샀다. 맷이 말했다. "지난주에 캐런이 완전히 잠수를 탔어. 진짜 이상하지. 캐런은 중간이 없어. 하루에 열 번씩 찾아오거나, 2주 동안 연락이 끊기거나, 둘 중 하나야." 맷은 예전에 인터넷에서 만난 사람들과 데이트를 했을 때도 이랬다고 말했다. 문자메시지를 보내면 30초 안에 답이 오거나, 영영 답이 오지 않았다. 후자는 상대가 다른 사람을 만나고 있다는 신호였다.

"잠수 타주는 게 고마운 거죠." 칼릴이 말했다. 비꼬는 뜻은 조금도 없는 진심인 듯했다. "맷, 당신이 평화를 즐기는 동안 캐런은 내 사무실에 와 있었어요. 나랑 한 뼘 거리에 딱 붙어 앉아서 그놈의 과자를 시끄럽게 먹어댔다고요."

대부분의 통제광 상사들은 모든 부하를 동시에 과잉 통제할 여력이 없으므로, 한 번에 한 사람만 상대한다. 액셀 페달을 밟고 전속력으로

• **업무를 지시하는데 마감 시한이 비합리적이다. 모든 사안이 하나같이 긴급하다. 모든 걸 당장 해내야 한다.** 큰 프로젝트(예를 들어 제안서와 예산에 대한 대대적인 점검)와 작은 프로젝트(예를 들어 상사의 은퇴 파티를 꾸밀 색상 배치를 바꾸는 일)를 똑같이 중하게 취급한다.

• **끊임없는 통제 폭격에 익숙해질 무렵 갑자기 사라진다.** 통제광 상사는 동시에 모든 부하를 과잉 통제할 여력이 없으므로 한 사람씩 상대한다. 하루는 이메일이나 문자메시지가 100통씩 쏟아지고 다음날은 기별조차 없다. 그런데 상사가 잠수를 타는 건 부하의 입장에서 좋지 않다. 일을 진행하기 위해 필요한 답변이 아무리 기다려도 오지 않는다는 뜻이니까.

• **오직 상대를 바쁘게 하려고 지루하고도 쓸데없는 업무를 던져준다.** 창고의 박스 정리하기, 문서를 알파벳 순서로 다시 배열하기, 파일 서랍을 색깔별로 구분하기 등은 부하가 쉬는 꼴을 보지 못하는 통제광 상사가 즐겨 시키는 업무다.

• **부하가 하고 있는 일이 얼마나 중요한지 알려주는 법이 없다. 자신의 일이 대형 프로젝트의 작지만 중요한 부분에 해당한다는 것을 부하는 절대 모른다.** 통제광은 큰 그림에 대해 소통하는 능력이 부족하다. 몇 주째 예산 작업을 하고 있는데, 정작 그 돈이 어떻게 쓰일지는 모르는가? 여러분이 만들고

있는 슬라이드 10장이 100장짜리 발표 자료에 속한다는 걸 모르는가? 통제광 상사와 일한다면 흔히 겪게 되는 일이다. 그런 상사 아래에서는 절대 큰 그림을 보지 못한다.

다가오거나, 와이파이가 터지지 않는 외딴곳으로 가버리는 식이다. 여러분을 떠난 그들의 다음 목적지는 보통 여러분 동료의 사무실이다.

## 일은 잘하지만 관리는 못하는 관리자?
●○

과잉 통제를 하는 근원적 이유는 사람마다 각기 다르겠지만, 공통 원인 몇 가지를 이해하면 통제광을 대하는 데 도움이 될 것이다.

### 할일이 없어서 통제한다?

빠르고 훌륭한 의사결정이 이루어지려면, 보고 계층이 적은 편이 훨씬 유리하다.[4] 어떤 일의 승인을 받기 위해 서너 사람을 거치는 것보다는 한 사람만 거치는 게 효율적이다. 게다가 보고 계층이 너무 많으면 관리자들은 할일이 부족해진 나머지 과잉 통제를 시작한다. 특히 통제광(또는 통제 성향이 있는 관리자)이 성실한 성격일 경우, 과잉 통제는 아무것도 하지 않는 것에 비해 매력적인 대안이다.

예전에 커피숍에서 일한 적이 있다. 그때 내 위에는 관리자가 셋 있었다. 근무 스케줄 관리자(주간 스케줄을 담당했다), 보조 관리자(주간 스케줄을 감독했다), 그리고 상위 관리자(주간 스케줄 감독을 감독했다)가 그들이었다. 사실 내 일터는 감독이 그렇게까지 많이 필요하지 않은 작은 가게였다. 그 결과 다른 직원과 근무시간을 바꾸고 싶으면 나는 별달리 할일이 없는 세 관리자의 승인을 받아야 했다. 악몽이 따로 없었다.

## '더 많은 감독이 더 나은 성과를 낳는다'는 믿음

더 많이 감독할수록 성과가 나아진다는 잘못된 믿음이 널리 퍼져 있다. 계속 감독함으로써 상대의 기를 꺾어놓고, 상대가 더 열심히, 또는 더 잘 일하도록 강제할 수 있다는 믿음이다. 조립 공정 관리자들이 주로 이런 믿음에서 행동한다.

통제광도 이 이론을 신봉한다.[5] 과학자들은 이를 '감독에 대한 믿음 효과'라고 부른다. 스탠퍼드대학교 경영대학원의 제프리 페퍼Jeffrey Pfeffer와 그의 동료들이 진행한 영리한 심리 실험이 이 효과를 예증한다. 실험 참가자들은 마케팅 관리자 역할을 맡아서 다른 사람이 만든 시계 광고의 질을 평가했다. 첫번째 집단에겐 최종 결과물만 보여줬고, 두번째 집단은 작업을 지켜볼 수 있었지만 피드백은 줄 수 없었으며, 세번째 집단은 피드백을 주었고 자기 피드백이 최종 결과물에 반영되었다고 믿었다. 이 실험의 묘미는, 각 집단에 보여준 광고가 동일했다는 것이다. 세 집단의 차이는 오로지 자신이 최종 결과물에 얼마나 개입했는지에 관한 믿음뿐이었다.

연구 결과는 어땠을까? 세번째 집단의 참가자는 나머지에 비해 광고를 훨씬 훌륭하게 평가했다. 자신이 개입한 만큼 광고가 더 나아졌다고 믿은 것이다. 통제광은 이 논리를 업무의 모든 부분에 적용한다. 쉼 없이 감독하면, 결과물 하나하나가 조금이라도 나아진다고 생각한다.

## 관리자들은 '관리'가 아닌 '일'을 잘해서 승진한 것뿐

대부분의 관리자들은 남을 관리하는 능력이 좋아서 관리자가 된 게 아니다.[6] 원래 하던 직무를 잘해서 진급한 것뿐이다. 관리자로서 어떤 역할을 해야 하는지에 대해 실질적 훈련을 받지 못한 그들은, 좋은 관리자가 되는 방향을 잡고자 '성공한' 롤모델을 참조하기도 한다. 그런데 자주 롤모델로 호출되는 빌 게이츠, 제프 베이조스, 스티브 잡스, 일론 머스크는 모두 자신이 얼마나 과잉 통제를 하는지 자랑한 전적이 있다.[7] 많은 사람들이 과잉 통제가 일에 헌신한다는 의미라고 생각한다. 그럴지도 모른다. 하지만 그렇게 높은 수준의 헌신은 대개 효율성을 대가로 내줘야 한다.

가장 큰 수익을 내는 결정은 신속하게 내려져야 하며, 동시에 좋은 결정이어야 한다. 뛰어난 관리자들은 둘 다 해낸다. 하지만 안타깝게도 그런 관리자는 드물다. 둘 중 하나라도 하는 법을 배웠으면 그나마 운이 좋은 편이다. 회사원 1200명을 대상으로 한 설문에서 의사결정에 소요된 시간과 의사결정의 질이 무관하다는 답변이 나온 것도 어쩌면 당연하다.[8] 일을 오래 붙들고 있는 만큼 결과물이 나아지는 건 아니다. 결과를 개선하는 건 시간이 아닌 훈련이다.

## 부하에게 더이상 시킬 일이 없어서라고?

진짜 그게 이유라고? 슬프게도 그렇다. 모든 사람이 항상 발등에 불이 붙어서 바쁘게 뛰어다니는 건 아니다. 나는 코로나 시대에 이 사실을 알게 되었다. 여러 동료들이 시간을 때우려고 일부러 일을 찾거나 만들고 있었다.

통제광 상사에게 처음으로 지루하고 무의미한 업무를 지시받았던 때가 생각난다. 소매업에서 일하던 젊은 시절이었다. 허리케인급 강풍과 폭풍우로 인해 손님이 뜸한 날이었다. 당연히 매장 담당 직원들은 할일이 하나도 없었다. 상사 엘렌은 우리가 빈둥거리고 서 있는 꼴을 두고 볼 수 없었는지, 모두 창고에 가서 의류를 전부 색깔(밝은 것부터 어두운 것 순서로)을 기준으로 정리하라고 시켰다. 엘렌의 입에서 지시가 떨어지는 순간, 나는 알아차렸다. 엘렌은 우리가 일을 잘했는지 확인하지 않을 것이다. 이 지시는 그야말로 무지성으로 내려진 것이었다. 창고에서 옷을 찾을 땐 색깔이 아니라 치수를 기준으로 하니까.

엘렌이 일부러 우리의 시간을 허비하려고 한 건 아니었다. 그저 지시할 만한 다른 일이 생각나지 않았던 것뿐이다. 나중에 알게 되었는데, 폭풍우가 덮친 그날 다른 영업팀에서는 재미있는 비공식 교육 세션을 열어서 손님에게 더 비싼 물건을 파는 법을 알려줬다고 한다. (동료 애덤이 1년쯤 지나 말했다. "비가 엄청 온 그날 있잖아요, 스티븐이 온갖 비법을 대방출한 날. 기억나요?" "아니요." 나는 무표정으로 답했다. "그날 나는 색깔별로 옷을 정리하고 있었거든요.")

몇 년이 지나 나는 우리 팀이 그 교육에 참여하지 못한 이유를 알았다. 엘렌은 사내에서 외톨이였다. 안에서 새는 바가지가 밖에서도 샌다고 하던가. 상사가 같이 일하기 짜증나는 유형으로 느껴진다면, 남들도 비슷하게 느낄 것이다. 엘렌 아래에서 일하던 우리는 그 대가를 치러야 했다.

## 실수가 두려운 완벽주의자들

통제광들은 대부분 두려움이 있다. 많은 수가 사내에서 권력과 지위를 잃을까봐 겁낸다. 신입을 경계하는 사람도 있고, 라이벌에게 위협을 느끼는 사람도 있다. 실패 자체를 겁내는 유형도 있다. 예전 업무는 잘했으니(아마 그래서 관리자로 진급했을 것이다) 새 업무도 잘해내고 싶다는 욕심에 사로잡혀 있는 경우도 있다. 사내에서 자기 지위가 위태롭다고 느껴서, 팀원 하나라도 삐끗했다간 밀려날 거라고 걱정하는 사람도 있다.

내 상사 엘렌에게도 과잉 통제 괴물로 변신한 계기가 있었다. 엘렌보다 더 유능한 조가 공동 관리자로 채용된 일이었다. 조가 근무하고 있으면, 엘렌은 내게 15분마다 카운터를 닦으라고 시켰다(내 직장은 빵집이 아니라 옷집이었다). 엘렌은 영역을 표시하는 하이에나처럼 굴었다. 조에게 자기 지위를 과시했다. '내 부하들이에요! 내가 시키는 대로 한다고요!'

실수를 심하게 두려워하는 통제광도 있다. 타고난 완벽주의 성향 때문이기도 하고, 사내에 완벽주의를 권장하는 분위기가 팽배하기 때문이기도 하다. 이런 유형은 알고 보면 안쓰럽다. 통제광 상사의 관점에서 실수를 방지하는 최고의 방법은 부하 직원 모두가 꼼꼼하게 일을 처리하는지 직접 일일이 확인하는 것이다. 그런데 이 접근법을 택했다간 아이러니하게도 작은 데 집중하느라 가장 큰 것을 놓치는 실수를 저지르게 된다. 사소한 것에 연연하다보면, 정작 중요한 사람과 프로젝트가 뒷전이 되기 마련이다.

## 맙소사, 쓸데없이 성실하기까지!
●○

통제광에 맞서는 방법에 관한 조언은 이미 차고 넘친다.[9]

"상사의 요구사항을 명확하게 정리하고, 상사에게 당신을 신뢰해도 좋다고 안심시켜라" "시간을 주면 스스로 해낼 수 있다고 상사에게 확신을 줘라" "적절하게 선을 그어라".

이런 조언에 개인적으로 유감은 없다. 하지만 문제의 본질을 건드리지는 못한다고 생각한다. 대부분의 경우, 과잉 통제는 신뢰와는 무관하다. 과잉 통제에 영향을 미치는 건 '더 많은 감독이 더 나은 성과를 낳는다' '아무 일도 하지 않는 것보다는 무의미한 일이라도 하는 게 낫다' 같은 잘못된 믿음이다. 그리고 설령 상사의 신뢰를 받지 못하는 게 진짜로 문제라 하더라도, '절 믿어도 돼요'라고 말하는 것으로 문제가 해결될지 의심스럽다. 연인 관계에서 이런 전략이 통하던가? 상사와의 관계에서도 통할 리 없다. 통제광 상사를 대하는 최고의 전략을 알아내려면, 우선 이렇게 자문하라.

"지금 내가 하는 일이 중요한 업무인가, 아니면 옷을 색깔별로 정리하는 것처럼 쓸데없는 업무인가?"

대부분의 직장인들은 커리어의 일정 시기를 무의미한 허드렛일을 하며 보내기 마련이다. 우리 아빠는 이런 일을 '인격 수양 업무'라고 부르곤 했다. 커리어를 발전시키고 싶은 사람은, 잡일에 들이는 시간을 줄이고 커리어에 전략적으로 도움이 될 프로젝트에 시간을 더 투입하고 싶을 것이다(잡일을 좋아하고 승진할 생각도 없다면 이러나저러나 상관없겠지만).

높은 지위로 발돋움하고 싶으면, 통제밖에 모르는 상사를 건너뛰고 조금 더 멀리 있는 사람들과 교류해야 한다. 여러분의 업무가 조직의 목표에 어떻게 들어맞는지(아니, 들어맞긴 하는지) 알아내라. 조직의 요모조모를 알고 있는 핵심 조언자를 찾아가서 큰 그림을 볼 수 있도록 도움을 받아라. 성과 도둑을 다룬 2장에 핵심 조언자에 대한 내용이 있다.

내가 아는 회사원 에릭은 상사에게 제출할 주간 보고서를 완벽하게 꾸미는 데 몇 시간씩 소비했다. 그 과정 내내 상사에게 심하게 통제를 받았다. 에릭은 매주 보고서를 이메일로 보낸 뒤에야 다른 일로 넘어갈 수 있었다. 상사를 만족시켰으니 언젠가는 승진할 수 있을 거라고 기대했다. 하지만 그는 자그마치 2년 동안 주간 보고서를 작성한 뒤에야(그사이 승진은 하지 못했다) 그렇게 공들였던 보고서의 숙명을 알게 되었다. 상사의 메일함 속, 읽지 않은 메일 무더기에 버려져 있었던 것이다. 에릭이 해야 했던 건 노력이 아니었다. 탈출이었다.

통제광은 자기 상사의 짜증을 돋우기도 한다. 그게 통제광이 무의미한 업무를 받아 오는 이유다. 그 업무는 자연히 부하 직원에게 던져진다. 나는 고위 관리자에게 과잉 통제하는 부하 직원을 어떻게 다루는지 물은 적이 있다. 그는 이렇게 답했다. "멀리 치워버리면 제일 좋고, 그럴 수 없으면 그 사람이 운영할 위원회를 아무거나 만들어냅니다. 쓸모없는 일을 하겠지만 적어도 저를 귀찮게 하진 않을 테니까요." 대답을 듣자마자, 내 머릿속엔 쓸모없는 위원회를 위해 끝없이 허드렛일을 할 처지에 놓인 과거의 나 같은 사람들이 떠올랐다.

직장 내 인간관계가 단절된 상사, 더 나쁘게는 자기 상사에게 무의미한 업무를 받고 있는 상사 아래에서 일하면 커리어가 망가지는 건 시간문제다. 10년 동안 가짜 위원회 업무를 하다가 갑자기 회사 CEO가 되는 사람은 없다. 그 위원회 일을 아무리 잘해내도 소용없다. 반대로 여러분이 하고 있는 업무가 중요하긴 한데 상사의 업무 스타일이 마음에 들지 않는다면, 상사의 방식을 바꾸도록 설득하는 방법을 알려주겠다.

## 부드럽고도 생산적인 대화를 위한 여섯 가지 지침
●○

통제광 상사 문제의 핵심에는 통제가 있다. 여러분은 상사가 틀어쥐고 있는 통제권을 돌려받고 싶다. 그런데 상사들은 부하 직원에게 불만이 있다는 사실을 꿈에도 모른다. 대부분의 사람들이 자기 고과를 좌지우지할 수 있는 상사와 굳이 갈등을 일으키려 하지 않기 때문이다.

자, 좋은 소식이 있다. 통제를 둘러싼 갈등은 인간관계에서 흔하디 흔한 문제라, 사회과학자들이 많은 시간과 노력을 들여 생산적인 대화법을 알아냈다. 상사의 통제가 심하다고 해서 바로 퇴사하진 않는다. 하지만 배우자의 통제가 너무 심하면, 이혼한다. '잔소리가 심함'은 이혼 사유 3위 안에 든다.[10]

여기서 나는 어려운 대화를 하는 방법을 다룬 과학적 연구를 토대로, 통제광 상사와 부드럽고도 생산적인 대화를 나누기 위한 지침을 제시하고자 한다. 먼저 마음의 준비를 하기 바란다. 내가 이야기하는 전략 가운데 몇 가지는 본능적으로 틀렸다고 느껴질 수도 있다. 그러나 일이 잘 풀리면 달라진 환경에서 상사와 여러분 모두 만족할 것이다. 상사 본인은 알아차리지 못할 수도 있지만, 인생의 몇 시간을 돌려받는 건 그들에게도 반길 일이다.

### 첫째, 맞불 작전은 통하지 않는다

통제광 상사에게 맞설 때는 변죽을 울리지 말라는 말을 들어봤을 것이다. 솔직함이 제일 잘 먹힌다, '팩트 폭력'이 해법이다 등등. 맷도 그런 지침을 따라본 적이 있다. 캐런에게 너무 자주 찾아온다고, 숨이 막힐 것 같다고 말했다. 대화를 진전시키기 위해 해법도 제시했다. 하루에 찾아오는 횟수를 다섯 번에서 한 번으로 줄이라고, 글을 쓰는 데에는 3분이 아니라 세 시간을 달라고 부탁했다.

그러자 캐런은 맷을 비웃으며 일을 잘하는 방법은 자기가 더 잘 안다고 말했다. 맷이 일을 잘했다면 자기가 이렇게 면밀히 감독할 필요도 없었을 거라는 논리였다. 맷은 할말이 없어 입을 다물었다. 사무실로 돌아가서 문을 닫고, 그날 내내 캐런을 피해 지냈다.

캐런과 맷의 대화는 인간관계 전문가 존 가트먼John Gottman이 건강하지 못한 갈등 대화의 '네 기수'라고 이름 붙인 것을 보여준다.[11] 비판, 경멸, 방어, 의사 방해가 그것이다.

갈등 관계에서 대화를 비판으로 시작하면, 통제할 수 없는 상황에 곧장 빠지기 마련이다. 캐런은 맷에게 경멸로 대응했다. 믿기지 않는다는 표정을 지었고, 맷의 논리에 의문을 제기했고, 비웃었다. 자기방어 태세로 들어가, 맷이 일을 더 잘했다면 과잉 통제를 할 필요가 없었을 거라고 역으로 탓하기에 나섰다. 캐런이 비판에 대응하는 방식에 마음이 상한 맷은 의사 진행을 방해했다. 대화를 그만두고 입을 꾹 다물고 사무실에 숨어버렸다.

### 둘째, 거시적 관점에서 목표에 대해 대화한다

상사에게 다가가서 대화를 청할 때는 비판으로 말문을 열지 말고, 큰 그림에서의 목표에 대해 이야기를 꺼내라. 상대의 방어 태세를 해제하기 위해 이런 질문을 던지면 좋다. "제 업무가 큰 그림에서 어떤 부분에 해당하는지 좀더 알고 싶어요. 당신은 어떤 중요한 일을 하고 있나요? 제 업무가 당신의 일에 어떻게 도움이 되나요?"

통제광은 지금·현재에 온 정신을 쏟고 있으므로, 한 발짝 물러나서 부하들에게 그들이 하는 업무의 의미를 알려줘야 한다는 걸 자주 잊는다. 대부분의 사람처럼 '투명 편향transparency bias'을 지녔기에 부하 직원들이 실제로는 모르는 여러 사실을 알고 있다고 제멋대로 가정하는 것이다. 상사가 일을 빨리 해내라고 재촉하면서 방법은 알려주지 않는다면, 투명 편향을 탓해도 좋다.

나 자신도 투명 편향에 사로잡히는 잘못을 저지른 적이 있다. 연구 프로젝트는 대규모로 이루어진다. 때론 완료까지 수년이 걸리기도 한다. 따라서 프로젝트 연구원 중에는 자기 업무가 큰 그림에서 어떤 부분을 차지하는지 잘 파악하지 못하는 사람도 있다. 예를 들어, 행동 데이터를 코딩하는 건 특히 고되지만 필수적인 업무다. 사람들의 상호작용을 지켜보면서 대화중 몇 번 한숨을 쉬었는지, 몇 번 꼼지락거렸는지, 몇 번 초조한 웃음을 지었는지 세는 건 상당히 품이 드는 일이다. 교수가 어깨너머로 들여다보면서 "방금 0.5초짜리 한숨을 쉬었는데 왜 세지 않죠? 조는 건 아니죠?"라고 물으면 연구원 입장에선 불필요한 참견으로 느껴진다(무례하기도 하고). 처음 내가 이렇게 행동했을 때, 한 달에 열한 명이 프로젝트에서 하차했다. 솔직히 남이 한숨을 몇 번 쉬든 그들에게 무슨 상관이었겠는가.

실제로 연구원들은 한숨을 쉬는 횟수가 왜 중요한지 몰랐다. 이유를 아는 건 나 혼자였다. 비언어적 행동이 조금만 달라져도 사람들의 상호작용에 흥미롭고도 극적인 변화가 일어나는데, 이를 연구하는 데이터는 아주 정확할 때에만 의미가 있다. 연구원들은 이 사실을 몰랐다. 내가 연구원들이 이미 알 거라고 오해한 나머지 설명을 빠뜨린 것이다. 그뒤에 나는 연구원들에게 이 사실을 알려주었고, 그들의 업무가 얼마나 중요하며 프로젝트의 목표에 어떻게 부합하는지도 설명했다. 그러자 연구원들은 0.5초짜리 한숨을 놓치지 않고 꼼꼼하게 기록할 동기가 생겼다. 일에 더 집중했고, 불만도 줄었다.

### 셋째, 기대 목표는 상호 합의로 정한다

여러분의 업무가 팀의 더 큰 목적에 어떻게 부합하는지 알았으면, 이제 대화의 방향을 바꾸어 상사가 당신에게 품은 기대치에 대해 이야기를 꺼내라. "제가 해야 하는 중요한 일은 뭔가요? 제가 일상적으로 해야 하는 작은 일은 뭔가요?"

나는 통제광 상사와 부하 사이의 갈등을 여러 차례 중재하면서, 일관적으로 되풀이되는 주제 하나를 발견했다. 상사와 부하의 업무 우선순위가 다른 것이다. 과잉 통제는 상사들이 부하의 우선순위를 자신의 우선순위와 일치시키기 위해 사용하는 하나의 전술이었다.

맷과 캐런이 마침내 목표에 대한 대화의 장을 열자, 역시나 같은 사실이 밝혀졌다. 캐런은 그녀가 지면에 싣고 싶은 기사를 진척시키는 것이 맷의 업무라고 생각했고, 맷은 독립성과 창조성을 발휘하여 스스로 기사 작성을 주도하는 것이 자기 업무라고 생각했다. 둘은 마침내 극적인 타협에 이르렀다. 캐런이 우선순위라고 일러준 업무를 마친 다음에 맷이 자기 프로젝트에 집중하기로 한 것이다. 상사에게 목표에 대해 질문하면, 여러분의 목표에 대해 말할 기회가 돌아온다.

## 넷째, 상사에게 맞설 때는 일반화를 피한다

통제광 상사와 목표를 일치시켰는가? 이제 두 사람의 관계를 개선할 실행 계획을 세울 시간이다. 이 상황에서 해결해야 할 '방안의 코끼리(모두가 잘못된 걸 알지만 먼저 얘기하는 위험을 무릅쓰고 싶지 않아 가만히 두는 큰 문제―옮긴이)'는 말할 것도 없이 과잉 통제다.

잘 싸우는 데에도 기술이 있다. 앞에서 소개한 가트먼은 부부싸움을 연구한 끝에, 성공적인 싸움을 가능하게 하는 핵심 전술 두 가지를 알아냈다.[12] 첫째, 아무리 기분이 나쁘더라도 상대가 그렇게 행동한 원인에 대해서 지나치게 일반화하는 일은 삼간다. 즉 자기 혼자 추측한 내용을 근거로 삼아 상대에게 어떤 문제가 있다며 일반화하는 일은 피한다. 대화를 할 때는 구체적 문제 행동만 논하는 게 좋다. 둘째, 비판 사이사이에 칭찬을 끼워넣어 상대가 받는 타격을 줄인다.

상사에게 맞설 때도 마찬가지다. 상사의 행동에 대해 이야기할 때 "당신은 신뢰를 들먹이며 남을 제압하려 하잖아요"라고 쏘아붙이지 마라. 상사가 한 구체적 행동과 거기서 여러분이 받은 느낌만 이야기하라. ("한 시간에 이메일 서른 통을 보내는 건 너무 많아요. 그러면 다른 업무를 하기 어려워져요.") 상사에게 뭔가를 줄여달라고 부탁할 때, 뭔가를 더 해달라고도 넌지시 부탁하라. ("제 글을 세세하게 살펴주셔서 정말 고마워요." 생각해낼 수 있는 어떤 칭찬이든 좋다.)

나는 맷에게 중요한 사실을 상기시켰다. 캐런에게 단점만 있는 건 아니었다. 맷에게 아주 사려 깊은 피드백을 주는 건 캐런의 장점이었다. 맷이 캐런과 대화하던 중 그 이야기를 꺼내자 어색한 대화의 긴장이 조금 풀렸고, 캐런은 (잠시나마) 미소를 지었다.

### 다섯째, 주기적으로 업무를 확인한다

통제광 상사와 지금보다 더 많은 시간을 보내고 싶은 사람은 없을 것이다. 하지만 관계 개선에는 노력이 필요하다. 배우자와 사이가 안 좋다고 해서 데이트를 아예 그만뒀다간, 룸메이트 사이로 전락할 위험이 있는 것처럼 말이다.

업무 관계에서 정상 궤도를 유지하기 위한 핵심 전략은 인생의 다른 모든 분야와 동일하다. 바로 책임 체계를 구축하는 것이다. 상사와 자주 짧은 면담을 해서 서로의 업무 진행 상황을 알려줘라. 이번주 또는 이번달 목표를 달성했는가? 달성하지 못했다면, 어떤 걸림돌 때문이었는가? 과잉 통제가 다시 시작되었는가? 만일 그렇다면, 상사와 요구-회피 패턴demand-withdraw pattern(한 사람은 문제 해결을 요구하고 한 사람은 회피해서 형성되는 역기능적 의사소통 패턴—옮긴이)에 빠지기 전에 한시바삐 해결에 나서는 게 좋다. 상사에게 어떤 행동을 요구받았으나 자신을 좀 내버려뒀으면 하는 마음에 회피하면, 상사는 재차 더 강하게 요구해올 것이다. 이는 상사뿐 아니라 배우자, 자녀, 동료와의 인간관계에서 빠질 수 있는 흔한 패턴이다.[13]

### 여섯째, 근무시간에 명확한 경계를 설정한다

지난 몇 년 사이 여러 회사에서 유연한 근무 스케줄이 도입되는 극적 변화가 일어났다. 많은 사람이 장소와 시간의 구애 없이 일하기를 원한다. 한 설문에서는 전체의 51퍼센트가 유연 근무를 위해 이직할 의향이 있다고 답했다.[14] 밀레니얼 세대는 업무 유연성을 위해 세계 어느 곳으로든 이주할 용의가 있는 것으로 보인다.[15]

그런데 과잉 통제하는 상사 아래에서 일하는 경우, 유연성이 꼭 좋은 것만은 아니다. 통제광은 자기 행동을 잘 절제하지 못하며, 그나마 행동을 조절하기 위해선 명확한 경계가 필요하다. 최근에 나는 어떤 통제광 상사가 직원들을 예정에 없던 화상회의로 소집해서 밤이 될 때까지 세 시간 동안 회의를 진행했다는 흉흉한 이야기도 들었다.

재택근무를 하고 싶거나 과잉 통제하는 상사와 시차가 있는 지역에서 지내고 있다면, 근무시간을 확실하게 정해서 문서화하라. 모두가 동의하는 주간·월간 회의 시간을 정하는 게 첫걸음이다. 뉴욕에 살면서 런던 기반의 회사에서 일하는 내 친구는 상사와의 시차 때문에 회의 대부분을 뉴욕 시간으로 오전 8시에 한다. 회의 시간을 정한 다음엔 요청에서 응답까지 걸리는 시간을 어느 정도로 예상하면 될지 명확하게 설정하라. 시차로 인해 이메일을 한밤중에 받게 되는 사람도 있다. 통제광은 시차와 같은 세부사항을 '잊기'도 하니, 기대 수준을 분명하게 해두는 게 훗날 갈등을 예방하는 데 도움이 된다.

이 책을 읽는 상사들에게는, 일과 삶의 경계를 설정하는 기준을 세우라고 권하고 싶다. 내가 만나본 한 관리자는 이메일 자동 답장에 이런 메시지를 넣었다. "저는 종종 남들이 일하지 않는 시간에 일하지만, 당신도 그러길 기대하지 않습니다. 이 이메일을 주말에 받았다면 월요일까지 회신하지 않아도 좋습니다." 나는 이 메시지가 좋았다. '주말엔 통제하지 않겠다'라고 명확히 알려주기 때문이다.

## 완벽주의가 슬그머니 모습을 드러낼 때
●○

몇몇 상사는 훌륭하게 제 역할을 해내다가 자기가 감독하는 프로젝트가 막바지에 이른 순간, 통제광으로 변신한다. 꼭 세 번씩 확인하고 나서야 거래를 승인해주는 상사, 열다섯 번이나 검토했는데도 저널기사를 발행하지 못하게 하는 편집자도 이런 유형에 해당한다.

내 친구 트리시의 상사 패트릭 역시 이렇듯 막바지에만 과잉 통제하는 유형이었다. 패트릭은 평소에는 같이 일하기 괜찮았다. 열정이 좀 과한 게 유일한 흠이었다. 한번은 패트릭이 자기는 15년 동안 사무실책상 아닌 곳에서 식사를 한 적이 없다고 농담을 했는데, 그 말을 진짜 농담으로 받아들이는 사람은 아무도 없었다. 긴 커리어를 통틀어그가 휴가를 낸 적은 단 두 차례에 불과했다. 그의 인생의 다른 영역은 텅 비어 있었다. 가족도 없고, 집에 가서 산책을 시킬 반려동물도 없었다. 트리시는 패트릭이 워커홀릭인 건 괜찮다고 생각했다. 트리시가 자기 아이디어를 스스로 발전시키도록 허락해주는 한, 나머지는 중요하지 않았다.

그런데 패트릭에겐 작은 문제가 있었다. 프로젝트 계획 단계를 넘어적용 단계에 들어설 시점에 이르면 갑자기 초조하게 구는 것이었다. 심한 스트레스를 받을 때에만 올라오는 대상포진처럼, 그때마다 완벽주의가 슬그머니 모습을 드러냈다. 프로젝트를 2주 동안 준비했든 두 달 동안 준비했든, 막바지에 이르면 패트릭은 언제나 똑같이 반응했다. 제일 먼저 작은 문제를 제기하고, 다음으론 큰 문제를 제기하고, 마지막으론 실존적 문제를 제기했다. ("이 일에 의미가 있기는 할까요? 우린 왜 아직도 여기서 일하고 있죠?")

패트릭이 겪고 있는 문제는, 내려놓기를 어려워하는 것이었다. 패트릭은 자기가 한 일을 세상에 선보여야 하는 프로젝트 마무리 단계에 이르면 지나치게 통제를 했다. 결과물이 어딘가 부족하다고 알려주는 작은 지표들에 집착했다.

"프로젝트 하나가 끝나갈 때마다 온갖 난리를 치면서 내 업무에 트집을 잡아요. 내가 뭘 잘못한 걸까요?" 트리시가 하소연했다. 나는 패트릭의 문제는 트리시가 업무를 얼마나 잘해냈는지와는 아무 관련 없다고 말해주었다. 그는 아마 자기 자신에게도 똑같은 고문을 하고 있을 것이다.

그렇다면 이때 트리시는 어떻게 행동하는 게 좋을까? 트리시는 프로젝트를 마무리할 수는 있었지만, 거기까지 가기 위해 패트릭을 수없이 회유해야 했다. 나는 트리시에게 다음에는 통제가 본격적으로 심해지기 **전에** 과잉 통제를 어떻게 다룰지 계획하라고 제안했다.

"패트릭이랑 마주앉아서, 프로젝트 단계별로 체크리스트를 만드는 건 어때요?" 내가 트리시에게 말했다. 트리시는 프로젝트를 **더** 관리받는다는 생각에 몸서리를 치면서도, 내 말에 귀를 기울였다. 나는 말을 이었다. "패트릭이 실수가 생길 위험성 때문에 불안해한다면, 실수를 마지막에 몰아서 확인하는 것보다 진행중에 조금씩 확인하는 게 가려운 곳을 긁어줄 거예요."

패트릭과 트리시는 체크리스트에 서로의 작업을 교차 확인한다는 항목도 넣었다. 이렇게 책임의 체계가 확립되자, 패트릭은 마음이 한결 편안해졌다. 둘은 체크리스트의 모든 항목을 확인하면 다음 단계로 나아갈 수 있다고 사전에 합의했다. 둘의 작업은 높은 다이빙대에서 뛰어내리는 법을 배우는 것과 비슷했다. 매주 조금씩 더 높은 곳에서 다이빙을 시도하다보면, 나중에는 제일 높은 곳에서 뛰어내릴 수 있다.

패트릭 같은 상사 아래에서 일하는 사람에게는 체크리스트가 꽤 많이 필요할 것이다. 체크리스트는 상사의 불안을 관리하는 수단이지만, 어떤 기준에 관해 두 사람의 생각을 일치시키는 용도로도 쓰일 수 있다. 예전에 나는 부하 직원에게서 완벽주의라고 지적받은 적이 있다. 그때 나는 이렇게 답했다. "내가 완벽주의가 아니라, 당신이 한 일이 엉성한 거예요." 분명히 우리의 기준은 서로 달랐다. 체크리스트를 만들자, 우리의 차이가 무엇인지 뚜렷이 드러났다.

트리시가 패트릭과 이런 과정을 밟는 동안, 나는 트리시에게 장단점을 잘 따져보라고 이야기했다. 패트릭에겐 여러 강점이 있었고 트리시는 최고의 상사 밑에서 일을 배우고 싶었다. 트리시의 입장에서는, 일을 잘 배울 수만 있다면 때때로 갈등을 감수할 가치가 있었다. 하지만 트리시가 '학습된 무력감'을 느끼게 되면—아무리 열심히 일해도 패트릭의 승인을 받지 못해서 마침내 아무런 시도도 하지 않게 되면—차라리 패트릭을 떠나는 게 나을 것이다. 세상의 빛을 보지 못하는 업무로는 연봉 인상이나 승진을 쟁취할 수 없다.

## 좋은 상사는 어떤 실수에 유의해야 하는지 안다
◉○

최근에 나는 아는 사람에게서 상사에 대한 불평을 들었다. 업무상 작은 실수를 몇 개 한 뒤로 상사가 자기 일거수일투족을 감시한다는 것이었다. "도무지 일을 할 수가 없어요." 과잉 통제를 받는 사람에게서 흔히 들을 수 있는 어조로 그가 말했다. "내가 하는 일을 **하나하나** 감시한다니까요."

그와 대화를 나눈 뒤 나는 중요한 교훈 하나를 떠올렸다. 더 큰 문제를 암시하는 작은 세부사항에 특별히 주의를 기울인다고 해서 반드시 통제광이 되는 건 아니다. 세부사항에 집중하는 상사들을 움직이는 동기는 통제광의 경우와는 다르다. 그들이 그렇게 행동하는 건 (물불 가리지 않고) 통제권을 행사하려는 욕구 때문이 아니라, 팀의 성공에 기여하고 싶다는 욕구 때문이다. 세부사항에 집중하는 데에 엄연한 목적이 있는 것이다.

미국 밴드 반 헤일런Van Halen은 공연을 열 때 스태프에게 간식으로 '갈색을 전부 뺀' m&m's 초콜릿을 요구하는 기행으로 유명하다. 그들은 장기간에 걸친 공연의 계약서에 무대 뒤에서 갈색 m&m's 초콜릿이 하나라도 발견되면 공연 기획사의 수익을 몰수한다는 조항을 넣었다.[16] 반 헤일런의 공연은 아주 정교해서, 세부사항에 철저히 주의를 기울이면서 수백 개의 단계를 세심하게 밟아나가야 한다. 그들에게 m&m's 초콜릿은 일종의 안전 확인 장치다. 무대 뒤에서 갈색이 발견된다면, 더 중요한 지시가 간과되고 있는지도 모른다.

업계 특성상 반드시 세부사항에 주의를 기울여야 하는 곳도 있다. 의료계가 그러하다. 이곳에서는 작은 실수 하나가 엄청난 여파를 몰고 올 수 있다. 최근에 신발 업계의 어느 고위 관리자가 내게 성공 비결을 들려주었다. "안전과 관련된 세부사항에 주의하는 것이죠. 그거야말로 세상에서 제일 중요하니까요." 그는 이 사실을 패스트푸드 음식점에서 테이블 치우는 일을 하면서 배웠다고 한다. 하루는 매장 관리자가 바닥을 물걸레질한 다음에 주의 표지를 놓는 것을 잊어서 누군가 미끄러져 넘어졌다. 넘어진 사람을 일으켜세운 다음, 매장 관리자는 손님들 앞에서 즉시 해고되었다.

"극단적인 반응처럼 보일지 모르겠지만, 사람의 안전과 관련된 실수는 **무엇이든** 신속하고 가혹하게 대응해야 합니다. 아무리 작은 실수라도요." 그 고위 관리자가 말했다. 작은 실수가 큰 재난으로 이어지기도 한다. 좋은 상사는 어떤 실수에 유의해야 하는지 안다.

통제광과 반 헤일런 스타일의 상사를 구분하는 게 어렵다면, 그 아래에서 일해본 사람들에게 물어보자. 경험 있는 동료들은 보통 둘의 차이를 구분할 줄 안다. 뉴욕대학교의 내 연구실에는 항목이 50개나 되는 심리 실험 준비 체크리스트가 있다. 실험에는 여러 장비가 사용되고, 항목 중 하나라도 빠졌다가는 우리가 수집하는 데이터가 쓸모

없어진다. 이 목록은 신입에겐 과잉 통제처럼 느껴지지만, 오래 일한 사람들에겐 그렇지 않다. 그들에게 묻는다면 아마 이렇게 답할 것이다. "테사는 이거 하나는 엄청 신경써요. 행동 코딩도 그렇고요. 아주 꼼꼼하게 보죠. 하지만 나머지는 거의 손떼고 있어요."

작은 지표에 주의를 기울인다고 해서 통제광이 되는 건 아니다. 다만 그렇게 보일 우려는 있다. 부하 직원들이 상사가 고문을 한다며 뒷담화하는 걸 원하지 않는다면, 업무의 어떤 부분에 세심한 감독이 필요하고 어떤 부분에 필요하지 않은지 분명히 밝혀두어라. 대부분의 직원들은 다른 영역에서 충분히 자유가 주어진다면 m&m's 초콜릿을 색깔별로 분류하는 일쯤은 괜찮다고 느낀다.

통제광은 사무실의 돌아이 중 가장 오해를 많이 받는 유형이다. 대부분의 부하들에게 그들의 인생을 망치러 온 돌아이로, 자기 삶 따위는 아예 없으며 남을 신뢰하는 법도 모르는 사람으로 취급받는다. 하지만 상사가 과잉 통제를 하는 배후에는 다양한 요인이 있다. 많은 상사들이 좋은 관리자가 되는 법에 대한 보편적인 믿음을 따른다(그 믿음이 잘못됐다는 게 문제일 뿐). 어떤 상사들은 관리할 인력이나 프로젝트가 부족해서, 또는 팀원 한 사람이라도 잘못하면 제재가 가해져서 과잉 통제를 부추기는 시스템에 속해 있다.

아이러니하게도 통제광을 다루는 최고의 방법은 대화를 줄이는 게 아니라 더 많이 하는 것, 그럼으로써 갈등을 정면으로 돌파하는 것이다. 상사와의 관계를 구조적으로 개선하면 통제광 상사의 지나친 간섭을 피할 수 있을 뿐 아니라, 상사에게도 얼마간 여유 시간을 돌려줄 수 있을 것이다.

▶ 통제광은 알아보기 쉽지만, 과잉 통제 행동의 수면 아래에선 우리가 모르는 많은 일이 벌어지고 있다. 아이러니하게도 통제광은 불성실하기도 하다.

▶ 통제광의 불성실은 여러 형태로 나타난다. 한 사람에게 관심을 쏟느라 나머지를 잊는 경우도 있다. 사소한 데 신경쓰느라 중요한 일에 불성실해지는 경우도 있다. 문제는 그들이 세부사항에 집중한다는 게 아니라, **부적절한** 세부사항에 집중한다는 것이다.

▶ 상사가 과잉 통제를 하는 데에는 많은 이유가 있다. 대부분 상사 역할에 관한 훈련을 받지 못했다. 사람 관리를 잘해서가 아니라 하던 업무를 잘해서 승진했으므로, 빠르게 좋은 결정을 내리는 법을 배우지 못했다.

▶ 더 많은 감독이 더 나은 성과를 낳는다는 편향된 믿음으로도 그들의 행동을 설명할 수 있다.

▶ 어떤 경우, 과잉 통제의 근원에는 두려움이 있다. 실수를 해서 일터에서 지위와 권력을 잃을지도 모른다는 두려움이다.

▶ 일터가 과잉 통제의 온상이라는 걸 알아차릴 수 있는 경고가 몇 가지 있다. 입사 면접에서 이런 질문을 던져라. "관리자는 자기 역할에 관해 어떤 교육을 받습니까?" "제 상사는 몇 사람에게 보고합니까?" 보고 계층이 너무 많은 건 심각한 적신호다. 근무 스케줄이 유연한 직장이라면, 사람들이 어떻

게 경계를 설정하고 다른 사람의 '워라밸'을 존중하는지 면접에서 물어라. 통제광에게는 명확한 경계가 필요하다.

▶ 통제광 상사에게 맞서는 첫 단계는 이 질문에 답하는 것이다. "내가 하는 업무가 중요한가?" 옷을 색깔별로 정리하고 있다면, 퇴사를 고려하라.

▶ 통제광 상사와 대화할 때, 비판으로 말문을 열지 마라. 그러면 상사는 방어적으로 나올 테고, 여러분은 의사 방해로 대응할 수밖에 없다. 그보다는 서로 공유하는 목표에 대해 대화하라.

▶ 상사의 행동에 관한 문제를 꺼낼 때는 가능한 한 구체적으로 말하라. 일반화는 상대에게 인신공격처럼 느껴질 뿐이다.

▶ 번거롭고 힘들더라도, 업무 진행을 확인하는 짧은 회의를 자주 하라. 건강한 관계에는 많은 유지관리가 필요하다. 의사소통 기술은 연습할수록 나아지니, 회의도 시간이 지나면 더 편해질 것이다.

## 6장

File Edit View Help

# 불성실한 상사

---

**혼자만 여유로운 그들을 일하게 만드는 법**

---

한때 나는 불성실한 상사가 부하들에게 얼마나 큰 정신적 해를 끼칠 수 있는지 과소평가했다. 다른 돌아이들처럼 끊임없이 상대를 귀찮게 하거나 남이 낸 아이디어를 훔치려 들지는 않으니까. 나는 업무 태만이 일상적 괴롭힘에 비해 해롭지 않다고 생각했다.

그러다가 케이트에게 상담을 요청받았다. 케이트의 상사인 잰더는 맞춤 정장과 분수에 맞지 않는 비싼 차를 좋아하는 잔뼈가 굵은 직원으로서, 한마디로 회사의 '인싸'였다. 케이트는 잰더와 일하기 시작하자마자 뭔가 잘못됐다는 느낌을 받았다. 일을 시작하고 2주가 지나도록 도대체 무슨 업무를 해야 할지 알 수 없었다. 다른 직원들이 받는 업무는 일정이 정해져 있었고 구체적이었다. 그러나 잰더에게는 지도를 부탁해도 아리송하고도 진부한 답변만 돌아왔다("영감이 떠오르는 일을 하세요!"). 케이트는 절망했다. 사실 이런 상황에 처한 건 케이트 혼자가 아니다. 사람들이 상사에 대해 품은 불만 가운데 가장 높은

비율을 차지하는 것이 업무에서 서로 무엇을 기대해야 하는지에 관한 소통 부족이다.[1]

"피드백 회의는 어땠어요?" 내가 물었다. 케이트는 회의 일정을 잡는 게 시간 낭비라는 걸 금세 깨달았다고 했다. 이상적으로는 업무가 중요한 지점에 다다를 때마다 회의를 하는 게 좋건만, 잰더와는 일이 순조롭게 흘러가지 않았다. 잰더가 회의를 잡는 경우는 자신이 상황을 잘 파악하지 못하고 있다고 느낄 때, 어딘지 마음이 불안해서 자기에게 권력이 있다는 걸 강조하고 싶을 때였다.

회의가 일찍 끝나는 날은 그나마 괜찮은 날이었다. 잰더는 회의에 통 집중하지 못했고, 열정도 없어 보였다. 짧은 보고를 듣고 나면 케이트를 바로 내보냈다. 괜찮지 않은 날은 회의가 인신공격의 연속에 가까웠다. 잰더는 마치 눈을 떠보니 감방에 갇혀 있는데 이유를 알지 못하는 사람처럼 혼란에 빠져 있었고 공격적이었다. 케이트에게 왜 이런저런 일을 했는지 물었고("저한테 하라고 하셨잖아요") 거짓말을 한다고 비난했다("내가 그런 일을 시킬 리 없잖아요!"). 그러고선 업무를 처음부터 다시 시작하라고, 심지어는 하던 업무를 그만두고 아예 다른 일을 하라고 시켰다. 이런 대화를 나누는 동안 잰더는 당장 답을 얻지 못하면 숨이 넘어갈 사람처럼 패닉 상태였다.

피드백 회의를 마친 직후의 24시간은 괴로운 기다림의 시간이었다. 잰더는 어떤 때는 자신의 비현실적인 요구를 케이트가 잘 실행하고 있는지 확인했다. 반면 다시는 그 얘기를 꺼내지 않는 날도 더러 있었다. 한바탕 난리를 친 다음에는 한 달가량 연락두절이었다. 그러다가 때가 돌아오면 같은 일이 되풀이됐다.

케이트의 입장에서 제일 괴로운 건 상황이 너무 불확실하고 불안하다는 것이었다. "방치되는 건 차라리 견딜 수 있어요. 도와주는 사람 없이 혼자 업무를 파악하는 건 잘하거든요. 하지만 잰더가 언제 어디서 나타나서 뭐라고 말할지 모른다고 생각하니, 미치겠더라고요."

인간의 정신은 불확실성을 잘 다루지 못한다. 예를 들어 암 검사 결과를 기다리는 사람은 임상심리학자들이 정상이라고 간주하는 범위를 크게 벗어나는 수준의 불안에 시달린다.[2] 일정 기간 동안 극도의 불확실성을 겪으면 수면과 식사의 질이 떨어지며, 집요한 침투사고 intrusive thought에 사로잡힌다.[3] 누구나 살면서 한두 차례는 감내하기 벅찬 불확실성의 시기를 겪는다. 그러나 잰더처럼 불성실한 상사 아래에서 일하는 사람은 지나치게 오랜 시간을 불확실한 상태로 보내며, 거기서 생긴 트라우마는 장차 맺게 되는 인간관계에 영향을 미치기도 한다. 잰더가 결국 해고된 뒤 케이트는 새 상사와 피드백 회의를 할 때마다 상당한 불안에 시달렸다. 다행히 새 상사가 이전 상사와는 전혀 다르다는 사실을 알고서야 불안을 가라앉힐 수 있었다.

## '근무 태만'이라는 최신 트렌드
●○

최근 나는 상사의 관심을 받는 법에 관한 질문을 자주 받았다. "커피숍에서 상사를 마주쳤는데 제 이름을 모르더라고요. 이거, 적신호인

가요?"(그렇습니다.) "상사가 불륜을 저지르느라 바빠서 절 잊은 것 같아요. 가서 뭔가 말해야 할까요?"(아뇨, 하지 마세요!)

오늘날 근무 태만은 최신 트렌드라 해도 과장이 아니다. 상사들 본인은 스스로 과로한다고 느낀다. 몸이 갈기갈기 찢기는 기분이다. 직급을 막론하고 모든 직장인이 역대 최고로 번아웃을 느끼고 있다.[4] 그중에서도 특히 어디에 집중해야 하는지 우선순위가 명료하지 않은 상태로 수많은 업무를 저글링해야 하는 관리자들의 번아웃이 심각하다.[5] 어느 연구에서는 관리자의 72퍼센트가 코로나19의 유행 전에 비해 더 짧은 시간 안에 더 많은 일을 해야 한다는 압박을 느낀다고 답했으며, 절반 이상이 일상적인 번아웃을 경험하고 있었다.[6]

번아웃에 시달리는 상사 아래에서 일하는 직원들은 후순위로 밀려나 무시당한 기분을 느낀다. 불성실한 상사는 항상 시간이 부족하다. 본인의 시간 관리 능력이 부족하기 때문이기도 하고, 자기 상사에게서 우선순위에 관해 혼란스러운 지시가 내려오기 때문이기도 하다. 불성실한 상사는 통제광 상사처럼 과도하게 관심을 쏟다가 순식간에 관심을 거둔다. 한편 남의 호의를 이용하려 드는 시간 도둑들의 청을 다 들어주느라 부하 직원들에게 쓸 시간이 없는 유형도 있다. 불성실한 상사가 시간 관리를 잘 못하는 것은 기본적으로 자기 탓이다. 그러면서도 그들은 일이 어떻게 돌아가는지 모르면 답답해서 견디지 못한다. 출근을 했는데, 방금 혼수상태에서 깨어난 것처럼 상황 파악이 안 된다. 사무실의 얼굴들이 전부 낯설고, 커피 머신은 왜 저쪽으로 옮긴 건지 알지 못한다. 불편하다고 느낄 수밖에 없다.

불성실한 상사 대부분은 3단계의 패턴을 따른다. 오랫동안 태만하게 지내다가, 일이 어떻게 돌아가는지 잘 모르고 있다는 불안이 쌓이면, 불안을 해소하고 상황을 파악하기 위해 갑자기 과도하게 통제를 해댄다. 이들의 패턴은 요요 현상을 겪는 다이어터와 매우 비슷하다. 몇 주 동안 마구잡이로 먹다가 죄책감이 올라오면 갑자기 클렌징을 해야 한다며 사흘 동안 주스만 마신다. 그런데 주스 클렌징은 다이어터의 불편한 마음을 일시적으로 달래줄 뿐, 다이어트라는 과제를 푸는 지속 가능한 방법이 아니다.

성실한 상사들은 부하와 꾸준히 터놓고 소통하고, 부하에게 자율권을 준다. 부하의 업무에 갑자기 끼어들어 주도권을 잡고 경솔한 결정을 내리고 싶다는 충동을 억누른다. 다른 일로 바쁠 때조차 자기 사람들과의 연결감을 유지한다.

이 장에서 나는 여러분의 성과에 대한 통제권을 지닌 상사, 관리자, 감독관 같은 사람들의 불성실에 초점을 맞춘다. 상사에게 무시당하는 사람이 막대한 심리적 해를 입는 까닭은, 자신이 통제권을 크게 잃었다고 느끼기 때문이다. 여기서는 불성실한 사람과 일하는 모든 상황에 적용할 수 있는 전략들을 소개함으로써 여러분이 다시 통제감을 얻도록 도울 것이다.

## 적신호! 불성실한 상사의 특징

• **내내 무관심하다가 갑자기 끼어들어 통제하려 든다.** 다음주에 중요한 프
레젠테이션이 있는가? 불성실한 상사는 발표를 2시간 앞두고 불쑥 찾아와
100가지쯤 되는 수정사항을 들이밀 것이다.

• **정작 꼼꼼한 감독이 필요한 단계에서는 나서지 않는다.** 예산안을 검토해주
거나, 제안서를 읽어주거나, 디자인을 확인해줄 사람이 간절한가? 이럴 때
불성실한 상사는 여러분 곁에 없다.

• **경보는 일찍 울린다. 상사가 면접 자리에서 앞으로 대단한 멘토링을 경험하
게 될 거라고 호언장담하면 주의하라.** 불성실한 상사는 매주 회의를 하겠다
고, 매시간 이메일을 확인하겠다고, 필요하면 주말에 자기 사무실을 사용해
도 된다고 겉만 번지르르한 약속을 한다.

• **남들에게 여러분에 대해 놀랄 정도로 좋게 말한다. 스타 직원을 키워낼 줄
아는 좋은 멘토라는 인상을 주기 위해서다.** 여러분이 받는 분기 피드백은
최상급 표현과 극찬으로 점철되어 있을 것이다. '중요한 지도자가 될 잠재
력'이니 '하고자 하면 반드시 해내는 사람' 따위 표현 말이다. 듣기 좋은 말
이긴 하지만, 잘 보면 구체적인 근거가 부족하다.

# 그들은 우리에게 쓸 시간이 없다?

●○

불성실한 상사들은 시간을 내기 위한 끝없는 여정에 올라 있다. 그중에는 직원을 과잉 통제하느라 시간이 없는 유형도 있고 자기 상사에게 시간을 빼앗겨서 바쁜 유형도 있다. 이유야 어떻든, 결론은 같다. 불성실한 상사에게는 일과중 여러분에게 쓸 시간이 없다.

## 과잉 통제하느라 너무 바쁘다

과잉 통제를 유발하는 요소들이 똑같이 태만을 유발한다. 잘못된 시간 관리, 불명확한 우선순위, 의사결정에서 직원의 자율성 결여 등이 여기에 해당한다. 부하를 방치하다가 과잉 통제하기를 되풀이하는 상사도 있다. 등한시당하는 부하와 과잉 통제당하는 부하는 동일 인물일 때도 있고, 아닐 때도 있다. 상사가 뭔가 열심히 하는 것 같은데 여러분에게는 도통 관심이 없다면, 대체 뭘 하고 있는 건지 의아할 것이다.

대기업에선 관리자 한 사람이 대략 열 사람의 직원을 거느리고 있다.7 상사가 한동안 여러분에게 발길이 뜸하다면, 다른 직원 아홉 명 중 누구에겐가 집중하고 있을 가능성이 높다. 그 상사가 일일이 과잉 통제를 하는 유형일 경우라면 여러분의 차례가 오기까지 한참 기다려야 할 것이다. 불성실하기도 하고 과잉 통제도 하는 상사는 많다. 그러나 상사의 불성실은 과잉 통제와 다른 전략으로 접근해야 한다.

## 자기 상사의 요구를 따라가느라 벅차다

부하에게 불성실하고 그 결과를 책임지지 않는 상사에게는 그러도록 방조하는 또다른 상사가 있다. 상사가 여러분을 위한 시간을 내주지 않는 건, 애초에 상사 본인이 마음대로 쓸 수 있는 시간이 없기 때문일지 모른다.

실은 대부분의 상사들이 그러하다. 런던 비즈니스스쿨의 줄리언 버킨쇼Julian Birkinshaw와 저널리스트 사이먼 컬킨Simon Caulkin은 평균적인 관리자가 일과 시간의 71퍼센트를 상사가 시킨 일을 하면서 보낸다는 사실을 발견했다.[8] 회의 참석, 보고서 작성, 전화 응대 같은 업무가 여기에 해당했다. 관리자로서 자기가 선택한 활동에 쓰는 시간은 고작 29퍼센트였다. 다시 말해 코칭, 자료 검토와 피드백, 팀원 사이의 갈등 해결 등 부하 직원들에게 직접 영향을 주는 일에 그렇게 적은 시간이 쓰인다. 평균 8시간의 근무 환경에서 상사가 자유롭게 쓸 수 있는 시간은 하루에 2시간이 조금 넘는다. 관리자 한 사람이 열 명을 관리하는 대기업이라면, 부하 한 사람에게 할당되는 시간은 하루 12분에 불과하다!

## 업무에 필요한 적절한 도구를 받지 못했다

여러분이 과자 공장에서 일하고 있다고 상상해보자. 본사 CEO가 회의를 열어 전 직원을 불러놓고 따끈따끈한 비전을 발표한다. "이제 우리 회사는 세상에서 제일 쫀득한 초코칩 쿠키를 만든다는 명성을 거머쥘 겁니다. 하루에 초코칩 쿠키를 백만 개씩 구웁시다!" 그러자

CEO의 오른팔로서 제과 업계에서 두루 경험이 있는 임원이 맞장구를 친다. "좋습니다! 일단 우리 레시피에서 흑설탕의 양을 두 배로 늘려봅시다!" 임원은 이제 여러분의 상사인 현장 관리자에게 말한다. "실행하세요."

현대 일터에서 관리자 대부분은 셋 중 한 부류에 해당한다.[9] 높은 직급부터 나열해보자면, 비전을 세우는 창안자, 비전을 실현할 수 있게 하는 설계자, 그리고 현장에서 실행하는 시행자라는 세 부류다.

대부분의 상사는 시행자다. 하루에 쿠키 백만 개를 구울 방법을 찾아내야 하는 현장 관리자다. 문제는, 많은 시행자들에게 업무에 필요한 알맞은 도구가 주어지지 않는다는 것이다. 그들의 손에 들린 건 창안자와 설계자에게서 받은 '시각적 참고 자료'가 전부다. CEO가 무대에서 우리 회사 과자의 우월함을 자랑하는 걸 듣는다. 모두가 환호하고 격려하고 무상으로 제공된 과자를 먹는다. 하지만 시행자에게 필요한 건 구체적인 지시다. 오븐을 몇 대나 사용할 수 있는가? 반죽을 만드는 데에는 얼마나 걸리나? 내부 온도가 37도에 육박하는 더운 공장 안에서 흑설탕이 녹아버리면 어쩌나?

시행할 방법을 모르는 상사는 태만해지기 쉽다. 전적으로 그들의 잘못은 아니다. 자기 아래에서 일하는 사람들에게 뭘 지시해야 할지, 본인도 모르고 있을 테니.

## 악마는 디테일에 있다고 하는데, 디테일을 모른다

우리는 승진의 사다리를 오를수록 일반 직원들이 매일 얼마나 노력해서 일하는지 잘 모르게 된다. 최근에 나는 뉴욕대학교에서 가르치는 학생들에게 반쯤 농담으로 이렇게 말했다. 내가 내일 버스에 치이더라도 지장받는 사람이 없겠지만, 여러분이 버스에 치이면 내 생산성은 곤두박질칠 거라고. 마지막으로 현장에서 심리학 실험 참가자들을 만난 게 벌써 몇 년 전이었다.

상사가 부하 직원과 소통을 끊고 태만해지는 데에는 여러 이유가 있다. 앞에서 설명했듯, 시간이 부족한 것도 그중 하나다.[10] 『하버드 비즈니스 리뷰Harvard Business Review』에서 CEO의 하루를 조사한 결과, CEO 대다수가 일주일에 62시간을 일하며 그 시간의 거의 전부가 어떤 안건을 진전시키기 위한 대면 회의를 하는 데 쓰인다는 사실을 발견했다. 그들이 논의한 안건을 실행하는 업무는 아랫사람에게 떨어진다. 사다리를 높이 오를수록, 목표를 행동으로 옮기는 데 쓰는 시간은 줄어든다.

나 자신도 불성실한 상사의 특성에서 자유롭지 못했음을 여기서 자백하겠다. 나는 최근에 뉴욕대학교의 재능 있는 엔지니어팀과 협업을 시작했는데, 그 사실에 들뜬 나머지 그들에게 하루에 몇 통씩 이메일을 보내 몇 분이면 될 것 같은 이런저런 일을 해달라고 부탁했다. 그런데 알고 보니 내가 요청한 일은 몇 분이 아니라 몇 시간이 걸리는 것이었다. 컴퓨터 프로그래밍에 얼마나 많은 노력이 들어가는지 몰라서 감을 잡지 못했던 거다. 한 팀원이 졸린 눈을 하고 나타나 내 변덕을 맞추느라 밤새 일했다고 털어놨을 때에야 나는 깨달았다. 맞다, 시간이 얼마나 오래 걸리는지 먼저 물어봤어야 했다.

### "스타 직원을 알아보고 아낀다. 하지만 그게 다다."

2015년에 갤럽의 CEO이자 회장인 짐 클리프턴Jim Clifton이 한 말이다. 이 발언은 많은 불성실한 상사가 지닌 결정적 단점을 부각한다. 자기가 아끼는 소수의 사람에게 대부분의 노력을 쏟고, 나머지 직원들은 알아서 일하라고 방치하는 것이다. 앞에서 소개한 『하버드 비즈니스 리뷰』의 연구에서 CEO들은 직속 부하와 많은 시간을 보냈는데, 그 시간은 균등하게 분배된 게 아니라 자신이 가장 신뢰하는 몇 사람에게 쏠려 있었다. 상사들에겐 시간이 많지 않다. 자기 안건을 발전시키는 데 써먹을 수 없는 사람에게 시간을 들이는 건 아깝게 여긴다. 그 결과, 잘하는 사람은 더 잘하게 되고 못하는 사람은 더 못하게 되는 양극화가 일어난다.

### 시간 도둑에게 산 채로 잡아먹히고 있다

4장에서 시간 도둑이라는 개념을 설명했다. 시간 도둑은 거절을 잘하지 못하는 사람을 노려서 빠르게 자기 앞길을 닦는 데 도움을 받으려는 무임승차형 인간이다. 상사가 이런 사람들(지인일 때도 있고 생판 모르는 사람일 때도 있다)이 들어오도록 문을 활짝 열어두고 있다면, 십중팔구는 시간 도둑 문제에 시달릴 것이다.

시간 도둑의 요청을 거절하지 못하는 건 보통 죄책감 때문이다. 다행히도, 똑같이 죄책감을 이용해 여러분도 상사의 시간을 얻어낼 수 있다. 시간이 제로섬 자원이며 **여러분도** 상사가 시간을 내주길 진심으로 원한다는 사실을 솔직하게 일깨워주면, 그것만으로 상사를 되찾기에 충분할 때도 있다. 고마움의 표시로 상사의 일을 좀 거들어줘라. 그러면 여러분도 얻을 게 있을지 모른다. 이를테면 시간 도둑을 도우면서 새로운 인맥을 쌓을 수 있다.

## 불성실함이 부각되는 네 번의 순간

불성실한 상사는 커리어의 어느 시점에든 만날 수 있지만, 그들의 불성실함이 특히 부각되는 순간이 있다. 그게 언제인지 아는 게 문제를 해결하는 첫걸음이다. 상사와의 관계에서 일찍부터 적신호가 여러 번 켜진다면, 당장 회사를 그만두는 게 나을지도 모른다. 그러지 않고 계속 다니기로 결정했다면, 상사의 태만으로 인해 업무에 방해를 받기 전에 이제부터 소개하는 전략을 활용하자.

### 사무실에 붙어 있는 법이 없다

세 사람 중 두 사람 꼴로 첫 데이트에서 거짓말을 한다.[11] 면접까지 가기 위해 이력서에 거짓말을 적어넣는 구직자의 비율도 비슷하다.[12] 그런데 알고 보면 상사들도 면접 자리에서 거짓말을 한다. 주로 그 일자리에 장차 관리자로 진급할 기회가 있는지에 관한 거짓말이다.

내가 채용 면접을 볼 때 만난 카일라는 모두를 스타 직원으로 만들어주겠노라 장담했다. 면접 자리에서 들은 그의 멘트는 출연자를 머리부터 발끝까지 변신시켜주는 프로그램을 연상시켰다. "테사, 지금은 아무도 당신이 누군지 몰라요. 하지만 내 손길이 닿으면, 당신이 지나갈 때마다 사람들의 시선이 따라올 거예요!" 구체적으로 누구누구를 스타 직원으로 키워냈는지 묻자, 카일라는 기분 상한 눈길을 보내더니 나를 황급히 자기 사무실에서 내보냈다. 정직한 상사들은 숨길 게 없다. 카일라는 아니었다.

불성실한 상사들은 왜 허세를 부리면서 들키지 않으리라 생각하는 걸까? 많은 상사들이 자기의 나쁜 습관을 극복할 수 있다고 믿는다. 자신의 모습을 있는 그대로 보지 못하고, 자기가 원하는 대로 본다. 상사에겐 정말로 여러분을 잘 키우려는 의도가 있을 것이다. 단지 (앞에서 설명했듯) 자신도 모르는 여러 이유로 그 의도를 실천하지 못하는 것뿐이다.

게다가 불성실한 상사는 자리를 자주 비우는 바람에 자기 평판이 얼마나 나쁜지 모른다. 카일라 같은 상사가 사무실을 나가면 팀원들이 면접자에게 다가와서 말할 것이다. "진짜 멘토를 원하면, 절대 카일라 밑에선 일하지 마세요. 사무실에 붙어 있는 법이 없거든요." 카일라 본인은 이런 말이 돈다는 걸 꿈에도 모른다. 사람들이 자기에 대해 어떻게 생각하는지 알아내는 건 쉽지 않다. 사내의 소문을 알려면 사람들과 일상적으로 가벼운 대화를 많이 나눠야 한다. 그러려면 사무실에 붙어 있어야 함은 물론이다.

## 늦게 등장하거나, 아예 등장하지 않거나

대개 직원들은 일상적 결정을 내릴 때는 자율성이 주어지는 편을 선호한다. 그러나 론칭만 남겨놓은 프로젝트의 최종 단계에서는 상사의 감독이 무척 중요해진다.

불성실한 상사들에겐 끔찍한 단점이 하나 있다. 마지막 순간에 과잉 통제하는 유형은 너무 늦게 등장한다. 그리고 나머지는, 아예 등장하지 않는다.

수술실에서는 수술이 시작되기 직전에 팀 전체가 리더의 지도하에 '타임아웃 프로토콜'을 진행한다. 타임아웃 프로토콜이란 수술 전에 환자의 신원, 수술 부위, 수술명 등을 확인하는 필수 단계이다.[13] 리더가 타임아웃 프로토콜을 진행하지 않으면 수술도 할 수 없다. 프로토콜을 무시한 결과는 처참하다. 신경외과의사의 25퍼센트가 수술 도중 한 번은 환자의 머리에서 해당 부위가 아닌 곳을 절개한 적이 있다고 고백했다.[14] 아마 리더가 타임아웃 프로토콜에서 '머리 오른쪽에 미리 표시할 것'이라는 항목을 확인하지 않았기 때문일 것이다.

이 교훈은 뇌 수술에만 국한되는 게 아니다. 상사가 론칭 직전 단계에도 나타나지 않으면, 재난이 닥쳐온다는 경고로 이해해도 좋다.

## 불성실하게 태어나는 게 아니다, 만들어지는 것이다

승진의 사다리를 올라 새로운 책임을 맡게 된 사람에게는 그 지위에 따라오는 책무를 이행하도록 돕는 교육이 필요하다. 그런데 불성실한 상사들은 이 시점에 오히려 손을 놓아버린다. 그들은 현장 관리자에서 과장으로 승진하는 것처럼 커리어에 전환이 일어날 때 적절한 교육을 받는 게 얼마나 중요한지 이해하지 못한다. 승진이 '새로운' 자리로 이동하는 게 아니라 기존의 자리에 부가 기능 몇 개를 추가하는 거라고 여기기 때문이다. 400명 이상의 관리자에게 설문한 결과, 놀랍게도 76퍼센트에 달하는 신규 관리자가 관련 교육을 전혀 받지 못했다고 답했다.[15] 다시 말해, 불성실한 상사는 그렇게 태어나는 게 아니라 만들어진다. 그리고 여러분의 상사가 불성실하다면, 그 유전자는 대물림될 것이다.

상사가 커리어 전환을 겪고 있는 부하를 돕지 않는 데에는 생각지 못한 이유가 하나 더 있다. 부하를 존중하려는 의도. 내 친구 하나는 최근에 임원으로 승진했는데 CEO에게 거의 지도를 받지 못했다고 한다. 일을 시작하자마자 안중 밖으로 밀려난 기분이 들어서 그 친구는 꽤 심란했다. 하지만 나중에 그런 이야기를 꺼내자, CEO는 깜짝 놀랐다. 그가 스스로 결정을 내릴 수 있는 사람이라고 믿는다는 걸 보여주려고 그랬다는 것이다.

여러분의 상사도 같은 착각에 의해 행동하고 있을지 모른다. 여러분이 승진을 했으니, 상사에게 간섭받지 않고 알아서 일하는 걸 선호할 거라고 생각할지 모른다. 실제로 좋은 상사들은 진급한 사람을 존중하기 위해 선을 넘지 않으려 한다. 물론 자기만의 목소리를 찾는 게 사내 위계에서 자리잡는 데 중요하긴 하다. 이런 경우라면, 교육이 필요하다고 상사에게 명료하게 알리는 게 큰 도움이 될 것이다.

### '좋은 멘토'인 척을 한다

불성실한 상사들은 자기 성과를 평가받을 시점이 닥치면 자기가 이
끄는 팀에서 일어나는 일을 도통 모르고 있었다는 걸 깨닫는다. 그리
고 그간의 태만을 벌충하고자 극단적으로 행동하기 시작한다. 지금껏
놓친 모든 걸 따라잡기 위해 일대일로 몇 시간짜리 회의를 진행하기도
한다.

내가 알던 관리자 크리스티는 자기 상사와 회의가 잡히면 그 전날
밤에 부하들을 들들 볶아 지난 4개월 동안 무슨 일을 했는지 알아냈
다. 넉 달 동안 거의 소통을 끊고 지내다가 갑자기 세 시간을 붙잡고
꼬치꼬치 캐물어대니 부하들은 당연히 불쾌했다. 크리스티는 대체 왜
그렇게 행동했을까? 그는 부하들의 업무 진행을 꿰고 있는 유능한 팀
리더처럼 보이고 싶었다. '일을 제대로 해낸다'는 인상을 주고 싶었다.
그러려면 부하 직원들이 뭘 하고 뭘 하지 않았는지, 누가 스타 직원으
로 떠오르고 있는지 알아야 했다. 즉 크리스티의 전략은 인상을 관리
하기 위한 것이었다. 불성실한 상사들은 좋은 멘토가 되는 게 얼마나
중요한지 알기에, 다른 사람 앞에서 좋은 멘토 행세를 하려고 한다.


## 그들을 제대로 일하도록 만드는 네 가지 방법

불성실한 상사를 다시 궤도로 돌려놓으려면, 먼저 그들이 태만하게
행동하는 구체적 원인을 밝혀내야 한다. 어떤 경우, 원인은 단순한 소

통 오류다. 상사가 여러분이 더 밀착해서 관리받길 원한다는 걸 모를 수도 있다. 어떤 경우, 상사가 과로와 번아웃에 시달리고 있다. 이때는 여러분이 적극적으로 나서 그들의 관심을 얻어낼 수 있다. 해결해야 할 문제를 파악했으면 상황에 맞게 다음 기법들을 적용해보자.

### 주기적으로 '찔러보기'

소통에 어려움이 있는 인간관계에서는 자신이 솔직하게 나갈 경우 상대가 어떻게 반응할지 자문해보는 게 중요하다. 불성실한 상사와의 관계에서도 자문해보자. 내가 무엇을 필요로 하는지 정확히 밝히면, 상사의 태도가 얼마나 개선될까? 시간 관리를 잘 못하거나 할일이 너무 많은 상사는 자기 앞가림을 하느라 바빠서 여러분에 대해 까맣게 잊었을지 모른다. 만일 여러분이 최근 일터에서 더 많은 권한을 갖게 되었다면, 상사는 여러분이 이미 유능하니 더이상 지도가 필요하지 않다고 생각할지 모른다.

찔러보기는 상사에게 '제게 시간을 좀더 내주세요'라는 메시지를 조심스럽게 전달하는 전략이다. 찔러보기는 긴급 상황을 선포하거나 당장 도움이 필요한 열다섯 개 업무 목록을 들고 상사를 찾아가는 것과는 다르다. 찔러보기는 미묘하다. 상사에게 다른 수많은 업무가 있음을 감안하고, 적절한 시간 내에 처리할 수 있는 적절한 요구사항을 찾아내는 게 핵심이다.

요구사항을 들고 상사를 찔러볼 때는, 정확히 어떤 도움이 필요한지 구체적으로 밝히고 시간이 얼마나 필요한지도 제시하라. 짧은 이메일

(바쁜 관리자 직급 친구들의 말에 의하면, 5줄 이하가 좋다)을 써서 30분만 회의를 할 수 있는지 물어라(많은 상사들이 한 시간 단위가 아닌 30분 단위로 일한다). 대부분의 사람들은 긴급 상황이 벌어진 것처럼 행동하면 상사의 반응을 끌어낼 가능성이 높아진다고 생각하지만, 보통은 그렇지 않다. 상사들은 오히려 긴급한 요청에 덜 반응한다. 지금부터 48시간 내에, 상사의 바쁜 스케줄에 여러분이 비집고 들어갈 자리가 있을 가능성은 희박하다. 다음 2주 이내라면 모를까.

이 책을 쓰는 동안 나는 찔러보기가 필요한 상사가 되었다. (책을 쓰면서 교수로 일하는 건 어려운 일이었다. 상상을 뛰어넘었다!) 할 수 있는 일 이상을 끌어안고 있으면 얼마나 바빠지는지, 여러분도 알 것이다. 집필 마감이 코앞으로 다가오자 나는 연락이 닿기 어려운 인물이 되었다. 머릿속엔 오로지 책 생각뿐이었다. 결재가 필요한 서류, 채점해야 할 시험지, 평가해야 할 프로젝트 등등 모든 게 뒷전으로 밀려났다.

이 책을 쓰는 데 1년 정도 걸렸다. 그 기간 내내 간헐적으로 잠수를 타는 건 지속 가능한 전략이 아니었다. 내가 지도하는 학생들은 상황을 파악하고 충격에 빠졌다. 절망에 사로잡혀 내게 면담을 하자고 졸라댔다. "언제든 좋으니 시간 좀 내주세요. 주말이든 저녁 9시든 상관없어요. 딱 30분이면 돼요." 이 전략은 효과가 없었다. 그들을 위한 시간을 **짜내고** 싶지 않았다. 이미 일이 너무 많았고 감정적으로도 벅찬 상태였다. 게다가 학생들도 저녁 없는 삶을 살아선 안 되고.

시간이 지나며 나는 면담에 대해 내가 느끼는 스트레스의 절반은 스케줄을 끊임없이 조정하기 때문이라는 걸 깨달았다(어떤 시간이 가능한지 확인하느라 계속 일정 앱을 열어본 적이 있으면, 무슨 뜻인지 알 것이다). 이 문제를 해결하기 위해 나는 구글 드라이브에 월간 일정표를 만들었다. 그리고 뉴욕대학교의 내 연구실 학생 다섯 명과 비서 및 보조 역할을 하는 연구실 조교에게만 그 일정표에 접근권을 주었다. 나는 일정표에 비어 있는 시간을 표시했고, 내게 등한시당할 위험에 처한 사람들에게만 링크를 공유했다.

그러자 일정을 계속 조정할 필요가 없어졌다. 부적절한 시간대를 활용하려 애쓰지 않아도 되었다. 일정표에 비어 있는 시간대만 있으면, 누구나 이번주든 다음달이든 회의를 잡을 수 있었다. 개중 계획성 있는 사람들은 자기가 선호하는 시간대를 선점하고자 여러 날짜에 회의를 잡아두기도 했다.

일정표를 이용한 접근법은 나처럼 불성실한 상사들이 중요한 일을 놓치고 있다는 것을 깨달을 때 느끼는 스트레스의 많은 부분을 줄여준다. 누가 더 많은 대면 회의를 원하는지, 한 달에 한 번만 만나도 만족하는 사람은 누구인지 더이상 어림짐작하지 않아도 된다. 또한 모두가 상사와 만날 기회를 동등하게 누릴 수 있다. 상사를 졸졸 따라다니며 괴롭힌다고 해서 우선순위가 주어지지 않는다. 나랑 시간을 더 보내고 **싶을지도 모르는데** 수줍어서 말을 하지 못하는 신입에 대해 걱정할 필요도 더는 없다.

회의에 참석한 학생들은 정해진 시간 내에서 안건을 논하는 데 아주 능숙해졌다. 30분 동안 세 가지 중요한 항목을 다뤄야 할 경우, 각 항목에 10분씩 할당하고 이야기가 곁가지로 새지 않도록 했다. 이미 과로 상태였던 나는 학생에게 주도권을 맡기는 데 아무런 불만이 없었다. 여러분의 상사도 마찬가지리라.

불성실한 상사가 여러분의 주도를 따르게 하려면 어떻게 해야 할까? 나도 처음에는 이미 분주한 인생에 또하나의 일정표를 추가한다는 생각이 달갑지 않아 망설였다. 중요한 건 이 일정표가 모든 사람을 위한 게 아니라, 상사와 긴밀히 할 일이 있는데 최근에 시간을 많이 보내지 못한 사람들만을 위한 것이라고 상사에게 알려주는 거다. 상사가 반드시 참석해야 하는 단체 회의를 잡을 때는 일정표를 사용하라. 상사가 나와 비슷한 사람이라면, 일정 관리 앱을 사용해 다음주부터 6주에 걸쳐 60개의 시간대를 일일이 채우지 않아도 되는 것만으로도 만족스럽다. 일정 관리는 고된 작업이다. 그러나 구글 일정표를 사용할 경우, 로그인해서 이미 자신을 포함해 모두에게 맞는 시간대에 일정이 정해진 걸 확인하면 끝이다.

찔러보기를 주기적으로 활용하라. 상사는 지금 여러분에게 잠깐 시간을 내주는 게 나중에 훨씬 많은 시간을 절약하는 길임을 곧 깨달을 것이다. 줄리언 버킨쇼와 사이먼 컬킨은 연구를 통해 상사들이 일정을 조정해서 연초에 딱 3주 동안, 하루 딱 2시간씩 팀원들에게 시간을 할애하면 연간 성과가 크게 개선된다는 사실을 알아냈다. 핵심은 하루 2시간을 대형 프로젝트가 시작되는 연초에 배정한다는 것이다. 상사가 이른 시기에 밀착해서 지도해준 팀원들은 중요한 시기에 더 독립적으로, 더 자신 있게 일할 수 있었다. 팀원들은 또한 서로의 도움을 활용하는 법도 알게 되었다.

## 상사의 업무를 나눠 받으라고?

평소엔 피드백을 잘해주던 상사가 최근 갑자기 손을 놓았는가? 상사의 태만이 일시적이라면 코로나19와 같은 특수한 상황 때문일지도 모른다. 아이러니하게도 불성실한 상사를 돕기 위해 할 수 있는 제일 좋은 일은, 어디에 태만해도 **되는지** 알려주는 것이다.

이렇게 생각해보자. 퇴근해서 부엌에 들어가보니 완전히 난장판이다. 싱크대에는 접시가 50개쯤 쌓여 있고, 쓰레기봉투가 터진 바람에 어제저녁에 먹고 남은 음식물 쓰레기가 바닥에 어지럽게 흘러 있다. 치우고 싶지 않을 것이다. 눈앞에 놓인 일이 너무 많아서 버겁게 여겨지면, 우리는 일을 당장 해치우러 나서는 게 아니라 아예 외면해버리는 경향이 있다. 여러분의 상사에게도 자기가 해낼 수 있는 것을 넘어서는 일이 주어졌는지도 모른다. 번아웃이 한번 자리를 잡으면 세심한 멘토링은 기대하기 어려워진다.

부하들을 살필 줄 아는 상사가 어쩔 수 없이 태만해지는 과정을 목격한 적이 있다. 딜런은 내가 아는 최고의 멘토로서, 직속 부하들에게 몇 시간을 들여 콘퍼런스에서 권력 있는 사람에게 접근하는 법부터 팀원들의 부정적 피드백에 대처하는 법까지 모든 걸 알려주었다. 그는 마치 난을 키우는 정원사 같았다. 하루에 두 번 분무기로 물을 주고, 성장에 필요한 햇빛을 충분히 받는지 확인했다. 그러던 어느 날 딜런은 승진을 했다. 멘토링을 잘하는 사람이니만큼, 그의 상사는 딜런의 팀원을 다섯 명에서 열 명으로 늘렸다. 그런데 딜런과 그의 상사가 미처 알지 못한 사실이 있었다. 딜런의 멘토링 기법이 여러 사람에게 확장될 수는 없다는 것이었다. 딜런은 부하 다섯 명이 느는 걸 감당할 수 없었다. 딜런이 거느리는 팀원은 네다섯 명이 최적이었고, 그보다 많으면 팀이 기틀부터 흔들리기 시작했다.

딜런도 처음에는 노력했다. 주간 근무시간을 40시간에서 60시간으로 늘려 한 사람도 빠짐없이 챙기려고 애썼다. 하지만 그렇게 몇 달을 보낸 그는 결국 번아웃에 빠져, 무너지고 말았다. 모두에게 일주일에 네 시간을 할애할 수 없게 되자, 아무에게도 네 시간을 할애하지 않게 되었다. 아니, 한 시간도 할애하지 않게 되었다. 편애를 하는 건 마음이 불편했고, 다른 멘토링 방법은 몰랐다.

딜런 같은 유형의 상사 아래에서 일하고 있다면, 여러분의 책임은 상사가 새로운 멘토링 기법을 배우도록 돕는 것이다. 면담이나 피드백을 더 요청하는 일은 잠시 접어두자. 오히려 상사에게 멘토링 업무를 좀 내려놓으라고 권하라. 우선순위 목록을 작성해서, 여러분이 도움받아야 할 열 가지 가운데 아홉 가지는 나중에 처리해도 된다고 명확히 밝혀라. 그런 말을 듣기만 해도 상사는 스트레스를 덜 받을 것이다. 여러분과 다시 소통하고 부하 직원들의 스트레스를 덜어주고자 노력할 의욕이 날 것이다.

상사의 업무를 나눠달라고 권할 수도 있다. 아마 이 말을 듣자마자 머리에 이런 생각이 스쳤을 것이다. '상사가 태만한데 내가 일을 대신 해줘야 한다고? 완전 불공평하잖아.'

잠깐, 내 이야기를 들어봐라. 여러분의 상사에게 주어진 시간은 유한하고, 여러분은 그 시간의 일부를 원한다. 그렇다면 시간을 얻어내기 위해 상사가 다른 일에 쓰는 시간을 빼내야 한다. 알고 보면 상사가 하고 있는 업무 중에는 여러분이 더 빠르게 해낼 수 있는 것들도 있다. 상사가 멀티태스킹을 하고 있다면 더욱 그렇다(우리는 연구를 통해 멀티태스킹이 시간을 관리하는 최악의 방법임을 안다. 한 번에 두 가지에 집중하는 건 사실상 불가능하다). 상사가 맡고 있는 주간 뉴스레터 초안 작성하기, 일상적 이메일에 답장하기, 어떤 주제에 대해 온라인으로 정보 수집하기 같은 일들은 여러분도 할 수 있다. 상사가 맡은 잡무를 여러분이 넘겨받으면, 일하는 시간을 반으로 줄일 수 있다. 여러분이 상사보다 더 효율적으로 해낼 수 있는 일을 대신 맡아 해주면, 여러분은 한 시간을 잃겠지만 상사는 세 시간을 벌게 된다. 그중 적어도 한 시간은 여러분에게 할애해달라고 하면 된다.

### 다른 전문가의 도움을 청하라

오늘날 우리는 상사에게 폭넓은 전문성을 기대한다. 커리어 설계 지도, 발표를 잘하는 방법에 대한 조언, 사내의 새로운 시스템 작동법과 같은 기술적 지식까지. 그런데 불성실한 상사는 번아웃에 빠져 있거나 시간이 부족해서 여러분에게 의미 있는 도움을 주지 못한다. 그렇다면 망설이지 말고 상사의 공백을 채워줄 다른 사람을 찾아가라. 그 사람은 전에 일하던 직원일 수도 있고(시몬이 커뮤니케이션 시스템 전문가라면, 그에게 설명해달라고 하라) 상사보다 일이 적은 동료일 수도 있다.

내 아래에서 오래 일한 사람들은 내가 바쁠 때 다른 사람에게 도움을 청해도 된다는 걸 잘 알고 있다. 그러나 신입 직원들은 하나같이 머뭇거린다. 자유 의지로 내가 아닌 남에게 도움을 청하는 일은 거의 없다. 왜일까? 멘토가 아닌 다른 사람에게 도움을 청하면 내 기분이 상할까봐 걱정해서다. "제가 당신 몰래 남의 도움을 청한다고 생각할까봐 두려웠어요." 이 말을 듣고 나는 웃었다. "저 몰래 도움을 청하면 너무 좋죠!"

물론 자기 영역에 민감한 상사들도 있다. 하지만 현실적으로 대부분의 상사들은 부하 직원들이 다른 사람에게 도움을 청하면 고맙게 생각한다. 확신이 들지 않으면, 직접 물어라. "최근에 바쁘신 것 같아요. 커뮤니케이션 시스템 설명을 시몬에게 부탁해도 괜찮을까요?"

전문성이 부족해서(그리고 이 사실을 인정하기 수치스러워서) 태만해지는 상사도 있다. 그런 상사 밑에서 일하는 경우, 상사의 전문성이 부족한 분야에서 다른 이에게 도움을 청하는 건 좋은 커리어를 쌓는 데 특히 중요해진다. 2장에서 나는 직장에서 핵심 조언자를 찾는 것이 얼마나 중요한지 이야기했다. 일을 해내는 법을 아는 사람을 찾아내라. 핵심 조언자는 상사가 자리를 비웠을 때에도 여러분이 일을 해낼 수 있게 도울 것이다.

## 스스로 태만을 깨닫게 도와라

불성실한 상사는 사무실의 여러 돌아이 유형 가운데 가장 자각이 늦은 유형이다. 자기가 불성실하지 않다고 극구 부인하는 이들도 있다. 과거에는 부하를 밀착 지도하는 상사였지만, 앞에서 든 이런저런 이유로 멘토링을 내려놓은 이들이 여기에 해당한다. 앞서 본 잰더 같은 상사는 분위기를 전혀 파악하지 못해서 자기가 평균에서 얼마나 벗어나 있는지 모른다. 사무실에 도무지 붙어 있지 않으니, 남들이 어떻게 행동하는지도 모르는 것이다.

내 경우에는 스스로 태만해졌다고 느꼈을 때조차, 단도직입적으로 지적해주는 사람은 없었다. "테사, 지금 멘토로서 별로예요. 예전의 테사는 어디 갔죠?" 아무도 내게 이런 말을 해주지 않았다. 나는 단지 학생들의 낙담한 표정을 보고 내가 태만하다는 걸 깨달았다.

상사가 여러분의 비참한 처지를 알아서 헤아려주길 기대하지 마라. 여러분과 다시 소통하기 쉽게 만들어주는 계획을(실행 방법과 함께) 들고 상사를 찾아가라. 통제광을 다룬 장에서 언급했듯, 상사를 비판하는 것으로는 목표를 이루기 어렵다. 일반화는 피하라. 해법을 제안하라. 우선순위 목록을 주거나, 필요한 사람만 열어볼 수 있는 일정표를 만들자고 제안하라. 요청사항을 줄이겠노라 약속하라. 이런 작은 걸음들을 밟아나가라. 목표는 여러분의 상사를 되찾는 것이다.

## 깨진 돌아이도 다시 보자

▶ 상사의 태만에는 보통 패턴이 있다. 오랫동안 태만했다가, 일이 어떻게 돌아가는지 몰라서 불안이 쌓이면, 마지막으로 심하게 통제하려 든다.

▶ 상사가 불성실해지는 데에는 여러 이유가 있다. 윗선에서 우선순위를 명료히 하지 않아 상사가 자기 시간을 통제할 권한이 없는 경우도 있다.

▶ 상사가 불성실해지는 다른 이유로는 과잉 통제, 스타 직원 편애, 실무에 대한 이해 부족과 같은 나쁜 관리 전략들이 있다.

▶ 여러 좋은 상사들이 조언을 구하러 달려드는 시간 도둑에게 지나치게 관대한 나머지 부하에게 태만해지는 함정에 빠진다.

▶ 근무 태만은 커리어의 어느 시점에나 일어날 수 있다. 불성실한 상사는 채용 면접에서 능력 범위 이상의 것들을 약속하고, 프로젝트 론칭을 앞둔 최종 단계에서는 소임을 다하지 않는다.

▶ 불성실한 상사는 자기 상사 앞에서는 부하 직원의 업무 진행을 꿰고 있는 척한다. '일을 제대로 하는 사람'이라는 인상을 주고 싶은 것이다.

▶ 불성실한 상사를 다루는 첫 단계는 요구사항을 들고 찔러보는 것이다. 합리적인 시간 기한 내에서 작은 것을 요청하라.

▶ 다음으로는 상사의 업무량을 줄여라. 도움이 필요한 것의 우선순위를 정하고, 상사에게 명료하게 이야기하라.

▶ 상사가 바쁠 때는 주저하지 말고 일터의 다른 전문가들에게 도움을 청하라. 대부분의 상사들은 노여워하기는커녕 고마워할 것이다.

## 7장

File Edit View Help

# 가스라이팅형

---

### 거짓말로 무장한 사람들에게 맞서 싸우는 법

---

줄리의 부하 직원으로 발탁된 쿠날은 모두의 부러움을 샀다. 두뇌 회전이 빠르고 흠잡을 데 없이 스타일리시한 줄리는 사내에서 모두의 경외심을 자아내는 존재였다. 회사의 고위 관리자 가운데 유일한 여성이자, 나이 서른 살로 다른 관리자들과 터울이 큰 막내였다. 불과 5년 전만 해도 줄리는 평범한 중견 사원이었다. 그러나 재능은 곧 빛을 발했고, 누구의 딸도 조카도 연인도 아니었던 줄리는 정정당당하게 승진의 사다리를 올랐다.

반면 쿠날은 아직 발전할 여지가 많은 사람이었다. 쿠날의 동료들은 줄리와 함께 일할 수만 있다면 암시장에서 콩팥이라도 떼어 팔 기세였다. 그러나 줄리는 목마른 피라냐떼처럼 자신에게 달려드는 이들을 제치고 쿠날을 선택했다. 줄리가 원한 부하는 희귀한 특성들이 조합된 사람이었다. 이해력이 빠르면서, 동시에 인간 본성의 어두운 면을 보는 데 있어서는 순진한 사람이어야 했다. 성실하면 더욱 좋았다.

쿠날이 줄리의 입맛에 딱 맞았다. 쿠날은 사무실에 돌아이가 존재하지 않는다고 생각하는 사람이었다. 그가 보기엔 운수 사나운 날을 보내는 사람일 뿐이었다. 내가 보기엔, 쿠날은 위험할 정도로 낙관적이었다.

줄리와 쿠날은 비슷한 배경을 공통분모 삼아 금방 유대감을 쌓았다. 줄리처럼 쿠날도 사업가 집안에서 자라지 않았으며 꾸준히 노력해서 혼자 힘으로 업계에 들어왔다. 둘 다 노동계급 출신으로 최저임금을 받고 일해서 학업을 마쳤다. 쿠날은 커리어를 시작한 이래 처음으로 진정한 소속감을 느꼈다.

줄리가 쿠날을 가스라이팅한 자초지종은 이러하다. 가스라이팅을 당해본 사람에겐 아마 이 서사가 꽤 익숙할 것이다. 대부분의 피해자처럼 쿠날도 처음부터 줄리에게 매료되었다. 가스라이팅하려는 사람은 보통 자기를 이상하게 여기거나 역겨워하는 사람은 목표로 삼지 않는다. 그들이 노리는 건 자기를 존경하는 사람이다. 가스라이팅의 가해자와 피해자 사이에는 거의 항상 권력의 격차가 있다. 그 격차는 실재할 때도 있고, 둘의 생각 속에만 존재할 때도 있다. 처음에 피해자는 권력의 격차에서 수혜를 입는다. 줄리는 쿠날을 성공가도에 올려주었다. 팀 회의에서 항상 쿠날에게 공로를 돌렸고, 남들 앞에서 쿠날에 대해 좋은 이야기만 했다.

둘 사이는 더 바랄 게 없었다. 처음에는 그랬다. 그런데 어느 시점에선가 줄리의 생산성이 떨어지기 시작했다. 한때 혁신적인 마케팅 설계안을 내놓던 그가 어떤 이유에선지 고루하고 시시한 아이디어밖에 내놓지 못하게 되었다. 줄리의 말 한 마디 한 마디에 열광하던 주변 분위기도 냉랭해졌다. 누구에게나 잠시 창조성의 샘이 마르는 때가 온다. 그러나 줄리는 자신의 창조성이 완전히 고갈되었다고 느꼈다. 끝이 다가온다는 느낌이 들었다.

지금껏 쌓아온 모든 걸 잃는다는 생각에 줄리는 초조했다. 빨리 대책을 강구해야 했다. 그가 찾아낸 대책은, 다른 사람들의 아이디어를 훔치는 것이었다. 시작은 소소했다. 그러나 바늘 도둑은 곧 소도둑이 되었다. 줄리는 동료들에게 접근해서 성과를 가로채기 시작했다. 자기보다 직급이 낮은 동료 아래로 들어온 신입 사원에게 도움을 주겠다고 자청해서, 동료의 폴더에 접근권을 얻고, 아이디어 폴더에서 다양한 마크업 파일과 문서를 다운받았다.

'사람들은 참 안이하게 이것저것 공유한단 말이지. 특히 자기를 존경하는 사람에겐 말이야.' 줄리는 생각했다. 광고업계에서 그건 큰 실수였다. 비밀번호가 걸리지 않은 문서들이 누군가 훔쳐가기만을 기다리고 있었다.

줄리의 가스라이팅 기법은 단순했다. 어떤 자료를(예를 들어 아이섀도 광고 초안을) 훔쳐내서 살짝 손본 다음 쿠날에게 가져다주었다. 그러면 쿠날이 광고를 완벽하게 다듬었고, 줄리가 그 광고를 상사 앞에서 발표했다. 이 과정은 훌륭한 협업처럼 느껴졌다. 쿠날은 창조성이 피어나는 걸 느꼈다. 순수예술 학위가 마침내 빛을 발하는 것만 같았다. 줄리가 들고 온 아이디어가 애초에 줄리 것이 아닐 거라고는 상상도

하지 못했다.

협업을 하는 과정에서 줄리는 쿠날에게 회사가 마치 남을 잡아먹지 않으면 남에게 잡아먹히고 마는 정글인 것처럼 말했다. "우리 작업을 절대 남한테 보여주면 안 돼. 여기선 다들 남의 아이디어를 훔치려고 혈안이 되어 있으니까. 우리에겐 그런 일이 일어나지 않으면 좋겠어." 쿠날은 여러 사람이 회의실에 모여 브레인스토밍을 하는 걸 보면서 속으로 비웃었다. '바보들. 자기 아이디어 중에 제일 좋은 걸 남들한테 나눠주고 있잖아. 한 달만 지나면 다들 발톱을 세우고 도둑질을 했다고 서로에게 삿대질을 하고 있을걸.' 쿠날의 순수함은 어느새 닳을 대로 닳아버렸다.

서서히 줄리를 제외한 모든 사람과 단절된 쿠날은 편집증적으로 행동하기 시작했다. 줄리와 하는 작업을 비밀에 부쳐야 한다고 굳게 믿었다. 이제 다른 사람과 아예 어울리지 않았다. 같이 커피를 마시는 일도, 퇴근 후 한잔하는 일도 기피했다. 회사 사람들은 쿠날과 줄리의 고립된 관계가 이상하다고 느꼈지만 가스라이팅까지 의심하진 못했다.

'가스라이팅'이라는 용어는 패트릭 해밀턴Patrick Hamilton의 1938년 작 희곡 〈가스등Gas Light〉에서 비롯했다. 이 희곡에서 부인은 남편의 조작을 통해 서서히 자기가 미쳐가고 있다고 믿게 된다. 가스라이팅은 한 사람이 심리적 조작을 통해 다른 사람에게 거짓된 현실을 믿게 만들고 상대의 정신을 약화시키는 패턴을 가리킨다. 가스라이팅은 그냥 거짓말을 많이 하는 것과는 달라서, 보다 큰 그림에서 상대를 속이려는 의도가 있다.

## 적신호! 가스라이팅형의 특징

• **둘만 공유하는 특별한 것에 속한 느낌을 줘서 상대를 고립시킨다.** 큰 이득을 얻게 될 비밀 프로젝트에 합류하라거나, 가장 우수한 직원만 초대받는 모임에 들어오라고 권하면 정신을 바짝 차려라.

• **상대의 자아존중감을 파괴하여 상대를 고립시킨다.** "내가 아니었으면 넌 이미 한참 전에 해고됐을 거야" "다들 너한테 맡기기엔 너무 좋은 업무라고 해서, 내가 네 편에서 열심히 싸웠어." 가스라이팅형이 흔히 하는 말이다.

• **작은 것에서부터 큰 것으로 거짓말을 키워가며 간을 본다.** 가스라이팅형은 가벼운 가짜 소문으로 시작해서 점점 더 거창한 거짓말을 해나간다. "마크가 이 자리까지 온 건 상사의 딸이랑 사귀는 사이라서야. 그 사람 말은 한마디도 믿지 마."

• **상대가 인식하는 현실에, 특히 기억에 의문을 품게 한다.** 가스라이팅형은 아무 일도 없었다고 여러분을 세뇌한다. 여러분은 상사가 다른 사람의 파일에 접근하거나 다른 사람의 사진을 위조하는 일을 본 적이 없다. '기밀' 표시가 된 상자를 들고 사무실 밖으로 나가는 모습도 본 적이 없다. 헛것을 본 것이다. 상태가 좀 안 좋은 게 아닌가?

줄리가 아이디어를 훔치기 시작한 건, 정체된 느낌 때문이었을 것이다. 그는 정체에서 벗어나 앞으로 나아가기 위해 쿠날을 가스라이팅했다. 굳이 쿠날을 끌어들인 건 아마 남들에게 들키지 않고 자신을 보호하기 위한 장치였을 것이다. 혹은 어쩌면 가스라이팅이 처음부터 계획된 것이었을지도 모른다. 쿠날을 부하로 받을 때부터 그럴 작정이었을지도 모른다. 어느 쪽이든 상관없다. 가스라이팅을 하는 사람 중에는 타고난 소시오패스도 있고 상황 때문에 어쩌다가 가스라이팅을 하게 된 사람도 있지만, 자기가 만들어낸 거짓 현실에서 주인공 노릇을 한다는 건 똑같다.

이 책의 다른 장에서 나는 사무실의 돌아이들이 그렇게 행동하는 이유를 살펴보았다. 행동의 원인을 아는 것이 해법을 찾는 데 중요하기 때문이다. 이 장은 조금 다르다. 이유를 알아도 빠져나갈 수 없다. 사실 가스라이팅형 가운데는 자기 행동을 들키면 사과하면서 상대를 다시 곁으로 끌어들이려 하는 이들도 있다. "내가 그렇게 행동한 건 정말 미안해. 하지만 일을 진척시키려는 절박한 마음에서 그랬을 뿐이야. 용서해줄 거지?" 여기에 절대 '네'라고 답해선 안 된다. 아무리 딱한 척을 해도, 안 된다.

가스라이팅은 전형적인 사무실의 돌아이 영역에서 벗어나 있다. 그들이 그렇게 행동하는 이유를 이해하는 건 임상심리학자들의 몫이다. 그러나 다행인 점은, 임상심리학에 문외한이어도 가스라이팅을 알아차리고 빠져나갈 수는 있다는 것이다.

사막에 사는 메뚜기쥐는 동물계에서 독성이 강하기로 손꼽히는 바크 전갈의 공격을 방어할 수 있도록 진화했다.[1] 전갈의 독에서 발견되는 독소를 역으로 활용해 고통이 전이되지 않도록 막는 것이다. 전갈이 침을 찔러넣을수록 독은 더 잘 막힌다. 그러고 나면, 쥐는 전갈을 잡아먹는다.

가스라이팅형에 맞서려면 여러분도 메뚜기쥐의 지혜를 배워야 한다. 가스라이팅형은 교활하고, 언뜻 봐서는 거짓말을 하고 있는지 알아내기 어렵다. 그런데 상대가 정직한지 의문을 품기만 해도 여러분의 감정은 무척 불안정해질 수 있다. 가스라이팅을 당할 때 최고의 방어는 가해자의 전술을 그대로 돌려주는 것이다. 이 장에서 나는 여러분과 함께 이 방어법을 익히는 단계를 하나씩 밟아나가려 한다. 하지만 우선, 여러분이 당하고 있는 게 가스라이팅이 맞는지부터 확인하자.

## 거짓말에 대한 좋은 소식과 나쁜 소식
●○

거짓말 탐지와 관련해 좋은 소식과 나쁜 소식이 있다. 나쁜 소식부터 알아보자. 과학자들이 수십 년 동안 거짓말 탐지를 연구한 결과, 거짓말과 확실하게 관련성이 있는 보편적인 행동 같은 건 없다.[2] 거짓말을 하는 사람은 진실을 말하는 사람에 비해 더 불안해 보이거나 더 초조하게 웃지 않는다. 개인마다 거짓말할 때의 버릇 한두 개가 있을지 모르겠지만, 그 버릇은 사람마다 다르다.[3] 거짓말에 확실히 결부된 행동이 존재하지 않으니만큼, 거짓말을 더 잘 탐지하는 훈련은 불가능에 가깝다. 대부분의 사람들이 거짓말과 진실을 구별하라는 과제에서 정확도 54퍼센트가 조금 넘는 점수를 받는데 이는 반반의 확률보다 살짝 높은 수준에 불과하다.[4] 직장에서 거짓말을 잡아내고 싶다면, 상대의 대화 태도를 기준으로 거짓말 여부를 알아낼 수 있다는 생각부터 버려야 한다.

그렇다면 좋은 소식은 무엇이냐고? 티가 나는 거짓말도 있다. 복잡한 스토리텔링이 들어가는 거짓말이 그렇다. 이야기의 앞뒤가 안 맞는다거나 다시 말할 때 사소한 세부사항이 달라지면, 거짓말일 가능성이 있다.

스탠퍼드대학교 교수 데이비드 라커David Larcker와 시카고대학교 교수 아나스타샤 자콜류키나Anastasia Zakolyukina는 사람들이 일터에서 거짓말하는 방식, 특히 권력이 있는 사람이 위험을 무릅쓰고 거짓말하는 방식을 염두에 두고 CEO와 CFO들의 분기 실적 발표를 3000건 가까이 분석했다.[5] 그리고 각 기업의 재정 상태에 관한 자료와 발표자의 행동을 비교해서, 어떤 행동이 부정직한 재정 보고와 관련되는지 밝혀냈다.

그들이 발견한 세 가지 주요 행동은 다음과 같다.

1. 거짓말을 하는 사람은 발표에서 '나'보다 '우리'라는 표현을 더 많이 사용해서 개인의 책임을 줄였다.
2. 거짓말을 하는 사람은 "톰이 말하기를" 같은 구체적인 표현 대신, "그 사람들이 말하기를"이나 "누구나 알다시피" 같은 일반적인 표

현을 사용했다.

3. 거짓말을 하는 사람은 상황이 악화되는 게 확실할 때 오히려 과도하게 긍정적인 언어를 사용했다.

긍정적인 건 보통은 좋다. 하지만 손실을 숨기기 위해 지나치게 긍정적으로 나오는 건 좋지 않다. 엔론 사태가 터지기 직전, CEO 케네스 레이Kenneth Lay는 직원들에게 이렇게 말했다. "우리의 핵심 사업은 대단히 강하다고 생각합니다. 우리는 경쟁력이 아주 강하고 우월합니다." 이런 과장된 언어를 사용하는 걸 들을 때마다 내 안의 거짓말탐지기에는 불이 반짝 들어온다.

### 거짓말을 주입당한다는 느낌이 들면, 진실을 찾아내라

거짓말을 주입당하고 있다는 의심이 든다. 어쩌면 좋을까? 상대의 자백을 받아내거나, 상대가 부정직하다고 남들에게 말하고 싶은 충동이 일 것이다. 그런데 일터에서 이런 전략은 위험하다. 상대는 진실을 말했는데 여러분이 착각한 거라면? 남이 거짓말을 한다고 오해해서 지적하는 것이야말로 일터에서 인간관계를 망치는 지름길이다.

적신호가 들어왔을 때, 곧바로 거짓말을 고발하여 돌이킬 수 없는 강을 건너지 마라. 그 전에 일단 심층 조사에 나서야 한다. 진실을 밝히는 데 집중하라. 거짓말과 명백히 모순되는 제3자의 정보나 이메일 같은 물증을 찾아라.[6] 팩트를 체크하기 어려운 모호한 발언에 주의를 기울여라. 내가 과거에 알던 가스라이팅형은 남의 평판에 대해 거짓말을 할 때면 항상 "다들 그러는데"라는 표현으로 말문을 열었다(그리고 자기 마음에 들지 않는 사람에 대해 못된 평가를 이어나갔다). 앞서 본 데이비드 라커와 아나스타샤 자콜류키나의 연구 속 거짓말쟁이들처럼, 그 사람의 발언은 진실일 수 있을 만큼 일반적이었으나 거짓이라고 지적하기엔 구체성이 부족했다. 나는 진실을 캐물었다. "'다들'이 누구인지 정확히 말해줄래요?" 그는 이름을 대지 못했다.

거짓말을 할 때 가스라이팅형은 곧장 깊은 물로 뛰어들지 않는다. 발끝부터 서서히 담그는 편을 선호한다. 희생자가 될 사람을 멀리서 지켜보는 연쇄살인범처럼, 가스라이팅형은 시간을 들여 상대를 알아간다. 누구와 사회적으로 연결되어 있으며 누구에게 조언을 구하는가? 약점은 무엇인가? 그들은 작은 것부터 차츰차츰 간을 본다.

줄리가 쿠날에게 처음 한 거짓말은, 상사가 자기 아이디어에 긍정적으로 반응했다는 것이었다. "방향을 올바로 잡았다고 윗사람들이 좋은 피드백을 해주었어." 줄리가 말했다. 정확히 누가 그랬는지 물었어야 하지만, 쿠날은 그러지 않았다. 그래서 줄리는 차츰 판을 키워나갔다. 남의 자료를 더 훔쳤다. 순진한 쿠날을 옆에 낀 줄리는 자신감이 넘치고 편안했다. 먹이를 따라가는 살쾡이처럼, 쿠날이 거짓말 하나를 알아차리지 못할 때마다 줄리는 그의 뒤로 한발 따라붙었다.

## 그들은 '사회적 고립 기법'을 사용한다

●○

가스라이팅형에게 거짓말과 사회적 고립의 관계는 벌과 꽃의 관계와 같다. 후자 없이 전자는 살아남지 못한다. 일터에서 가스라이팅형은 보통 인간의 기본 욕구를 착취하는 두 개의 사회적 고립 기법을 사용한다. 그들이 이용하는 욕구는 어딘가에 소속되고 싶은 욕구다.

가스라이팅형의 첫번째 기법은 피해자에게 특별히 선택받은 사람이라는 느낌을 주는 것이다. 테러 조직 리더가 그렇듯, 가스라이팅형은 피해자에게 새로운 정체성을 부여한다.[7] 피해자들은 자기가 더 큰 대의를 섬기고 있다고, 자기 일이 다른 사람들이 하는 어떤 일보다도 더 중요하다고 믿게 된다. 열등한 바깥사람들의 의견은 사양이다.

줄리는 자기가 훔친 아이디어를 열심히 다듬고 있던 쿠날에게 이 전략을 사용했다. 두 사람은 남들에게 들키지 않으려 정규 근무시간이 아닐 때 일했고, 쿠날에게는 엄격한 함구령이 떨어졌다. "우리 광고가 남에게 도둑질당할 위험이 있어. 타임스퀘어 광고판에 떡하니 붙기 전까지는 절대 내보이면 안 돼." 줄리가 말했다.

가스라이팅형이 사용하는 두번째 기법은 피해자의 자존감을 앗아가는 것이다. 가해자는 피해자에게 자신을 제외하면 일터에서 당신을 원하거나 당신의 가치를 알아주는 사람은 아무도 없으며, 불만을 제기하면 해고당할 거라고 말한다.[8] 피해자는 두려움과 수치심에 사로잡혀 고립 상태를 유지하게 된다. 신입 직원과 인맥이 부족한 사람들은 이런 유형의 가스라이팅에 특히 취약하다.

나는 이런 마음 아픈 형태의 가스라이팅을 직접 목격한 적이 있다. 카티나는 갓 채용되었을 때는 에너지와 아이디어가 넘쳤지만, 6개월이 지나자 어딘지 쌀쌀맞아졌고 인간관계도 소원해졌다. "요새 어떻게 지내요? 테일러랑은 잘 지내나요?" 내가 물었다(테일러는 카티나의 상사로, 독설가라는 평판이 있었다). 카티나는 모두 잘되어가고 있으며 테일러에게 많은 걸 배우는 중이라고 답했다. 어딘지 기계적으로 느껴지는 대답이었다.

　뭔가 이상하다는 느낌이 들어 나는 카티나의 상황을 파헤쳐보았다. 테일러는 인재를 내보내는 회전문과 같은 사람이었다. 테일러 밑으로 들어간 젊은 신입 사원 대부분이 1년 안에 퇴사했다. 특별히 불만이 제기된 바는 없어서, 상부의 레이더에는 아직 포착되지 않았다. 나는 조사 끝에 테일러가 피해자의 자존감을 조금씩 천천히 앗아가는 방식으로 그들을 고립시켰다는 걸 알게 되었다. 거짓말이 작은 것에서 시작하듯, 테일러의 모욕도 작은 것에서 시작했다. 테일러는 카티나에게 진지한 인물로 여겨지고 싶으면 억양부터 고쳐야 할 거라고 말했다. 카티나는 당혹해서 회의에서 더는 입을 열지 않게 되었다. 그 지점부터 눈덩이처럼 거짓말이 불어났다. 대부분 카티나를 고립시키려는 거짓말이었다. "내가 검토해주지 않으면, 네 글을 읽으려는 사람은 하나도 없을 거야. 글솜씨가 형편없잖아." "사람들이 너를 두고 이상하고 사회성이 떨어진다고 하던걸. 이번 금요일 사내 파티에는 가지 않는 게 좋겠어." 이런 말들이었다. 상사의 학대를 상부에 고발하는 건 생각할 수도 없는 일이었다. 그랬다가는 배은망덕한 불평꾼이라는 평판이

다음 직장까지 따라갈 거라는 협박을 들은 터였다. 카티나는 결국 앞선 신입 직원들의 길을 그대로 밟았다. 일을 시작하고 얼마 되지 않아 퇴사했다.

## 비윤리적인 일을 요청받고 있는가?
●○

아무리 작은 것이라도, 뒤가 구린 일을 해달라고 부탁하면 경계하라. 일단 한 발을 잘못 디디면 나락으로 미끄러지는 건 금방이다. 가스라이팅형은 이 사실을 잘 알고 있다.[9] 상대에게 처음부터 큰 잘못을 저지르라고 설득하는 것보다, 사소한 부도덕한 행동을 하도록 설득한 다음에 판을 키우는 게 훨씬 쉽다.

1960년대 초의 유명한 충격 실험에서 스탠리 밀그램의 팀이 실험을 설계한 원리가 이와 비슷하다. 피험자들은 어떤 가짜 검사에서 답변이 틀릴 때마다 다른 피험자에게 전기 충격을 가하라는 지도를 받았다. 이 연구에서 실제로 충격을 받은 사람은 없었다. 밀그램이 고용한 사람이 충격을 받은 척 연기했을 뿐이다. 그러나 피험자들 중 높은 비율이 최대 전압까지 충격 강도를 올렸다. 왜일까? 전압을 한 번에 많이 높이는 게 아니라 조금씩 높이는 환경이었기 때문이다.

여러분이 그런 환경에 놓이지 않기를 바란다.

가스라이팅형은 작은 것으로 시작한다. "동료가 책상에 놓고 간 폴더 있잖아, 그것 좀 가져다줄래?" "이 데이터 좀 정리해줄래?" 그러나 시간이 지나면 점점 더 큰 걸 요구할 것이다.

나는 가스라이팅 지망생들에게 '깐깐하다'라거나 '고지식하게 규칙에 목숨 거는 사람'이라는 평을 들은 바 있다. 내겐 이런 평 자체가 적신호로 느껴졌다. 상사가 고등학교 일진처럼 얘기해서야 될 일인가.

## '어디'보다 '언제'가 중요하다

●○

사람들은 종종 내게 가스라이팅을 당하지 않기 위해 어떤 사회적 상황을 피해야 하는지 묻는다. 이 질문에는 '어디'보다는 '언제'로 답해야 한다.

### 개인적으로 긴밀한 사이일 때

가스라이팅은 남들의 눈과 귀가 닿지 않는 먼 곳에서 일어나는 개인적 작업이다. 내가 아는 가장 똑똑한 가스라이팅형이었던 개리는 자기가 하는 구린 짓을 문서로 남기지 않으려 대단히 신중을 기했다. 회의 주제를 미리 알려주는 일이 없었고, 거짓말은 오로지 얼굴을 마주한 상황에서만 했다. 개리가 파국을 맞은 계기는 부하 직원 야스나가 그의 상습적인 거짓말을 감지하고 둘만의 회의에서 꼼꼼히 기록을 시작한 것이었다. 야스나는 그 기록을 개리에게 보냈다. "오늘 회의 감사해요. 우리가 논한 내용에 대해 기록한 걸 보여드리고 싶었어요." 개리는 자기가 위험해졌다는 걸 알고 한발 물러섰다. 기록은 가스라이팅형을 무찌를 수 있는 필살기와도 같다.

## 상대의 거짓말을 믿으면 더 나은 미래가 주어질 때

과학자인 마이클은 특별한 프로젝트에 속해 있었다. 지난 몇 달 동안 그와 상사 스칼렛은 비밀 실험을 진행해왔다. 너무 중요해서 아무에게도 말할 수 없는 실험이었다. 이제 두 사람은 스칼렛의 컴퓨터 앞에 붙어 앉아 데이터를 노려보고 있었다. "이 작업을 발표하기만 하면, 여기저기서 같이 일하자는 제안이 쏟아질 거야." 스칼렛이 말했다. 학계에서 좋은 일자리를 찾기 쉽지 않은 걸 아는 마이클의 귀에는 참으로 달콤한 말이었다.

스칼렛이 잠시 통화를 해야겠다며 자리를 비운 사이 마이클은 데이터를 재빨리 분석해보았다. 그런데 놀랍게도 데이터는 알아볼 수 없을 만큼 엉망진창이었다. 자리에 돌아온 스칼렛은 마이클의 표정이 묘한 걸 알아차리고 그를 밖으로 보냈다. "파일을 잘못 열었네. 잠깐 쉬었다가 한 시간 뒤에 다시 볼까? 내가 잘 정리해놓을게." 마이클이 돌아왔을 때 데이터는 마법처럼 말을 잘 들었다.

가스라이팅형은 자기가 이용할 수 있는 약점은 무엇이든 이용한다. 실현되기 어려울 정도로 이상적인 미래를 속삭이는 상사를 주의하라. 대부분의 사람들은 가스라이팅이 학대처럼 느껴질 거라고 오해하지만, 꼭 그런 건 아니다. 가스라이팅은 때론 사막의 신기루 같다.

## 스스로 방어할 수 없을 때

똑똑한 가스라이팅형은 두 발짝 앞서서 생각한다. 어느 날 피해자가 자유의 몸이 되어 복수하러 돌아올 가능성까지 계획에 둔다. 이런 상황에 대비하기 위해 그들은 여러분의 힘을 빼앗을 재료를 모으고 있다. 그러다가 때가 오면 한 방 먹인다.

나는 사례로 들 수 있는 비극적인 이야기를 너무 많이 알고 있다. 지금 소개할 사례는 판단의 대가, 루시 이야기다. 루시는 4년째 상사 애런에게 가스라이팅을 당하고 있었다. 그러다가 어느 운수 좋은 날, 배우자와 저녁 모임에 나갔다가 배우자의 친구가 애런 아래에서 일한 적이 있다는 걸 알게 되었다.

그야말로 눈이 번쩍 뜨이는 저녁이었다. 루시는 애런의 학대에 지칠 대로 지쳐 있었고, 분노가 폭발했다. 그는 곧바로 퇴사 의사를 밝혔고, 직장에서 마주치는 누구에게나 애런에 대한 욕설을 쏟아냈다. (내가 일반적으로 추천하는 전략은 아니지만, 가끔은 벌을 주어 마땅한 때도 있는 법이다.) 물에서 피냄새를(그것도 자기 피냄새를) 맡은 애런은 관리자급 직원들을 소집해 회의를 열었다. 이날이 올 줄 알았던 그는 지난 4년 동안 루시가 얼마나 프로답지 못했으며 자기를 학대했는지에 관해 일장 연설을 했다. 그의 시도는 통했을 수도 있다. 같은 시도를 세번째 한 것만 아니었다면. 애런은 연쇄 가스라이팅 가해자였다.

루시의 경우는 극단적이지만, 확신컨대 가스라이팅형은 언젠가 '발사' 버튼을 눌러야 할 때를 대비해 당신에 관한 추잡한 것들을 모아둘 것이다.

# 그들의 손아귀에서 벗어나는 법

가스라이팅형의 손아귀에서 벗어나는 건 거미줄에서 빠져나오는 것과 비슷하다. 여러분은 이미 거미줄에 걸렸고, 마비되었고, 잡아먹힐 준비가 끝났다. 그러니 거미줄에서 탈출하는 건 어렵다. 하지만 불가능하지는 않다! 탈출에 성공하려면 많은 인내심과 안전지대 밖으로 나설 의지가 필요할 것이다. 또한 시간도 필요할 것이다. 여기서도 핵심은 인내다.

## 기록으로 증거를 남긴다

쿠날은 마음속 깊은 곳에서 줄리가 어딘지 앞뒤가 맞지 않는 사람이라는 것을 느끼고 있었다. 쿠날이 회사 프린터를 사용했다고 난리를 치는 게 좀 과해 보였다. 게다가 어느 늦은 저녁, 줄리가 동료의 계정에 로그인하는 걸 본 것 같았다. 이튿날 그 얘기를 꺼내니 줄리는 잘못 본 거라고 일축했다. 쿠날 생각엔 그렇지 않았다.

가스라이팅형은 여러분을 손아귀에 거머쥐기 위해 현실의 다른 버전을 만들어낸다. 그리고 그 현실을 지켜내기 위해 무슨 짓이든 불사한다. 그들의 행동에 의문이 들거나 논리에서 허점을 발견하는 순간도 있을 것이다. 그런 순간은 너무 순식간에 지나가기 일쑤다. 모든 게 지나간 다음에 여러분이 본 게 맞는지 질문하지 마라. 가스라이팅형이 손을 대지 않더라도, 사람의 기억이란 워낙 결함이 많고 뒤죽박죽이다. 여기에 가스라이팅형의 농간까지 더해지면, 하루만 지나도 실제로 어떤 일이 일어난 건지 알 수 없게 되어버린다.

뭔가 이상하다고 느끼는 순간 바로 메모하라. 사진을 찍어라. 녹음 버튼을 누르고 말로 기록하라. 어떤 방식으로든 그 느낌을 기록하라. 남들에게 공개해야 할 순간이 오면, 이런 작은 기록들이 빛을 발할 것이다. 나아가 남들에게 공개할 용기를 줄 것이다. "보세요, 제겐 증거가 있어요." 증거가 있으면 훨씬 편안한 기분으로 문제에 대응할 수 있다.

## 조금씩 인맥을 쌓아나간다

가스라이팅형과 맞설 때 가장 중요한 단계는, 상대가 몇 달에 걸쳐 여러분에게 불어넣은 두려움에 맞서는 것이다. 남들에게 도움을 구할 수 없다는 생각을 버려야 한다. 이 시점에 이르면 여러분에겐 인맥이 거의 남아 있지 않을지도 모른다. 남들에게 도움의 손길을 부탁한다는 상상만으로 심장이 쿵쿵거리고 손바닥에 땀이 날지도 모른다.

이런 감정들에 트라우마까지 더해지면, 우리가 사회적 정보를 처리하는 기본 방식이 흔들린다. 전쟁, 교통사고, 배우자나 연인의 폭력을 겪고 살아난 사람들이 공통적으로 보이는 특징은 타인의 감정을 실제보다 위협적으로 읽는 '위협 편향'이다. 예를 들어 무표정을 화가 난 표정으로 받아들이고, 환대하는 표정보다 화가 난 표정을 빠르게 읽는다.[10] 직장에 여러분을 도울 수 있는 사람이 수없이 있는데도, 가스라이팅형의 손아귀에 잡힌 채로 살아가다보면 주위를 둘러볼 때 눈에 들어오는 게 경멸과 조소뿐이다.

이런 경향을 극복하는 첫걸음은, 우선 자신에게 이런 경향이 있다는 걸 인지하는 것이다. 여러분이 가스라이팅당하고 있다는 사실은 일터에서 아무도 모를 가능성이 높다. 가스라이팅은 사적인 작업이며 여러분이 남에게 털어놓지 않은 이상 말이 새어나갔을 리는 없다.

나는 여러분이 이런 경향을 극복하기 위해 천천히 인맥을 쌓아가길 권한다. 가장 가까운 사람들로 시작하라. 과거에 친구였던 사람, 가스라이팅을 당하기 전에 우군이었던 사람부터 만나라. 여러분이 방금 다른 고등학교로 전학을 왔는데 내년에 학생회장이 된다는 목표를 세웠다고 상상해봐라. 인기를 얻을 최고의 전략이 뭘까? 일단 지금 자리에서, 지위나 위치가 가까운 사람, 가장 많이 접촉하는 사람의 신뢰를 얻는 것부터 하라. 그것을 출발점 삼아 차츰 인맥을 넓혀가라.

어떤 피해자들은 가스라이팅을 당했다는 걸 깨닫고 나면 바로 제일 높은 사람을 찾아가고 싶어한다. 자기가 아는 가장 힘있는 사람을 찾아가 지금까지 어떤 일을 겪었는지 털어놓고 뭔가 변화가 일어나기를 바라는 것이다. 그런데 이런 전략이 효과를 내는 일은 드물다. 이유는 이러하다. 여러분은 그동안 고립되어서 고문을 당했다. 여러분이 우리에 갇혀 있는 동안 상대는 밖에서 힘있는 사람들과 인맥을 쌓고 있었다. 심지어 상대 본인에게 권력이 있을지도 모른다. 사람들이 당연히 여러분의 편에 서줄 거라고 가정하지 마라. 여러분의 말을 믿게 하려면, 여러분만의 인맥이 필요하다.

## 사회적 참고인을 찾아라

프린스턴대학교의 심리학자 벳시 팔럭Betsy Paluck은 고등학교에서

학교폭력을 줄일 방법을 연구한 결과, 제일 좋은 방법은 여러 사람과 잘 연결된 핵심 인물 몇 사람(사회적 참고인social referent이라고 부른다)을 찾아서 그들을 타깃으로 학교폭력 반대 캠페인을 벌이는 것임을 알아냈다.[11] 사회적 참고인이 되는 데에는 여러 방법이 있다. 인기 있거나, 두루 호감을 사거나, 지위가 높은 사람이 사회적 참고인이 된다. 그들의 중요한 특징은 또래들에게 많은 관심을 받는다는 점이다.

인맥을 다시 쌓기 시작했다면, 사회적 참고인을 찾아 나서라. 여러분의 편에 서줄 뿐 아니라, 여러분의 문제를 얘기할 수 있도록 힘있는 사람들을 모아줄 사람을 찾아 나서라.

상사 스칼렛과 비밀리에 실험을 진행하던 과학자 마이클을 기억하는가? 그는 같은 직장에서 일하는 과학자 빈스를 찾아갔다. 빈스는 마이클과 다른 팀에 속했고 연구 영역도 달랐다. 합리적이고 분별력 있다는 평판을 얻고 있었으며, 무엇보다도 사람들이 빈스의 말을 들어주었다. 물론 빈스에게 스칼렛을 해고할 권력은 없었다. 하지만 그에게는 경보를 울릴 능력이 있었다. 그가 뭔가 문제라고 하면, 권력 있는 사람들이 귀를 기울였다. 빈스가 손을 쓰자 마이클은 새 팀으로 전배할 수 있었고, 앙갚음당하지 않도록 보호 조치도 취해졌다.

### 사람들에게 의견을 구하라

내가 뉴욕대학교에서 리더십 훈련 코스를 수강할 때 배운 아주 유용한 교훈이 있다. 어떤 문제를 직접 해결하기보다 간접적인 길을 택하는 게 나을 때도 있다는 거다. 직접 해결이 너무 많은 사람의 심기

## 사회적 참고인의 다섯 가지 특성

- 일터에서 알고 지내는 사람이 많다. 컴퓨터를 세팅해주는 기술팀부터 조직에서 잔뼈가 굵은 상급자까지.
- 일터에서 통용되는 기준을 안다. 무엇이 용인되고 무엇이 용인되지 않는지 알고 있다.
- 일터에서 많은 사건을 관찰했다. 여러분의 상사가 옛 상사와 틀어졌다가 5년 뒤에 다시 절친이 되는 과정을 지켜보았다.
- 모두가 그들의 반응에 주목한다. 누군가 일을 하다가 방해받으면, 사회적 참고인이 어떻게 행동하는지 살핀다. (사회적 참고인은 방해한 사람을 저지한다.) 누군가 열쇠가 없어서 사무실에 들어가지 못하면, 사회적 참고인이 어떻게 행동하는지 살핀다. (사회적 참고인은 누구에게 곁쇠가 있는지 알고, 빌려온다.)
- 다양한 인물들의 유일한 공통 인맥이다. 하루는 영업팀장과, 다음날은 사내 커피숍 매니저와 저녁을 먹는 사람은 사회적 참고인뿐이다.

를 불편하게 할 때 이런 해법을 선택할 수 있다. 그러려면, 남들에게 자기 문제를 어떤 프레임으로 호소할지 찾아내야 한다.

누군가의 사무실에 뚜벅뚜벅 걸어들어가 이렇게 말문을 연다고 생각해보자. "면담 요청에 응해주셔서 감사합니다. 제가 당신의 동료 밥에게 지난 석 달 동안 어떤 고문을 당했는지 얘기하고 싶습니다." 이래서는 여러분이 원하는 목적지로 갈 수 없다. 적어도 처음부터 일이 수월하게 풀리진 않을 것이다. 그보다는, 더 작은 문제를 들고 사람들에게 접근하는 게 더 좋다. 예를 들어 지난 석 달 동안 여러분을 가스라이팅하고 있는 상대에게 피드백을 거의 받지 못했다는 사실로 운을 떼는 것이다.

쿠날은 줄리가 어딘가 이상하다는 것을 감지한 뒤 우선 과거의 지인 몇 사람에게 연락했다. "우리가 한동안 대화를 안 했죠. 의견이 좀 필요해서요." 이렇게 말문을 열었다. 그런 다음 지금 직장에서 겪고 있는 상호작용에 대해 슬며시 얘기했고(다른 팀원들과는 교류가 적었으니 대부분 줄리와 나눈 일대일 상호작용에 관한 내용이었다) 다른 고위 관리자들이 그와 줄리의 관계에 대해 어떻게 생각하는지 물었다. 그가 얻어낸 답변은 다양했다. "쿠날, 당신에 대해선 다들 잘 몰라요. 줄리의 말은 믿지만요." "쿠날, 뭔가 잘못된 것 같아요. 다른 관리자들에게 이 얘기를 꺼내도 괜찮을까요?"

이 전략은 쿠날에게 안전하게 느껴졌다. 사람들에게 의견을 구했다는 말이 줄리의 귀에 들어가더라도, 특별히 꼬투리를 잡힐 구석이 없었다. 또한 이 전략을 통해 쿠날은 사회적 참고인을 찾아낼 수 있었다. 관리자들을 모아 그의 문제를 논해줄 인물이 있었던 것이다.

### 정면 대결을 하고 싶으면, 기다려라

직장에서 문제에 정면 대응하는 건 중요하다. 사실 이 책의 대부분이 사무실의 돌아이에게 건강하고도 생산적으로 맞서는 방법에 집중한다. 하지만 가스라이팅형은 다른 돌아이들과는 부류가 다르다. 거짓말하는 걸 알고 있다고 상대한테 말해도, 상대의 행동을 멈출 수 없다. 상대가 오히려 더 세게 나올지도 모른다. 거짓말 전략을 바꾸거나, 예상할 수 없는 방식으로 여러분을 비난할지도 모른다. 여러분이 가스라이팅을 당하는 동안 상대는 바깥세상에서 여러분이 거의 알지 못하는 또다른 현실을 만들어나가고 있었다는 사실을 기억하길. 상대가 미리 조치를 취해두었을지도 모른다. 스칼렛은 마이클이 만든 가짜 데이터 파일을 저장해두었다. 사람들이 적어도 마이클 역시 공범이 아니냐는 의문을 품도록 한 것이다.

줄리는 거짓말이 들통나자 제일 먼저 쿠날을 탓했다. 쿠날은 이미 몇 달 동안 줄리가 훔친 자료를 편집해왔으므로, 줄리가 보기엔 잘못이 없지 않았다. "혼자서 빠져나갈 수 있을 줄 알아? 너도 훔친 광고를 같이 작업했잖아!" 줄리가 말했다.

줄리는 고발자가 쿠날이라는 물증은 없었지만 심증이 있었다. 쿠날이 줄리가 하는 말이 진실인지 반문할 때마다 줄리는 더 강하게 나갔다. 결국 쿠날은 출구 전략을 실행하기 전까지는 입을 꾹 다물고 줄리의 거짓말을 기록해두는 게 최선임을 깨달았다. 쿠날에게 최고의 무기는 침묵이었다. 배후에서 어떤 일이 벌어지고 있는지 줄리가 알아차리지 못할수록 좋았다. 줄리가 거짓말을 할수록 쿠날의 기록은 차곡차곡 쌓여갔다. 핵심은 맹목적 수용에서 지속적 의심으로 사고방식을 바꾸는 것이었다. 나는 보통 '전면 회피' 전략을 잘 추천하지 않지만, 가스라이팅형에게서 다치지 않고 탈출하는 가장 효과적인 방법은 폭

탄을 던지는 게 아니라 천천히 빠져나가는 것이다.

## 공범이 되지 않도록 유의하자

가스라이팅 가해자가 받아야 할 벌을 받지 않고 나대는 것만큼 일터의 사기를 꺾는 일은 없다. 가스라이팅은 심리적 해를 입히는 과정이며, 이혼한 부부의 경우처럼 주위 사람들을 두 편으로 가른다. 줄리의 행동이 낱낱이 밝혀지자 고위 관리자들은 손상된 평판이 외부로 새어나가지 않도록 빠르게 조치해야 했다. 줄리는 사람들을 찾아다니며 온갖 근거를 들어 사실은 쿠날이 자기를 조종한 거라고 주장했다.

여러분에게 이런 일이 닥치면, 잠재적 가스라이팅형의 입장을 전달해주는 수단이 되지 않기를 바란다. 누구를 편들어야 할지 확신할 수 없으면 그냥 조용히 있어라. 소문이 퍼지는 걸 여러분 선에서 막아라.

사회적 배척은 여러 형태로 실천할 수 있다. 상대에게 공감하지 않는 것도 그중 하나다. 쿠날의 사회적 참고인은 줄리에게 대처할 아주 효과적인 전략 하나를 심어두었다. 줄리가 접근하면 비슷하게 반응하라고 사람들을 설득해둔 것이다. 줄리가 쿠날을 비방하려 하면 상대하지 않고 줄리와 불필요한 접촉을 줄이기로 뜻을 모았다. 줄리와의 대화는 지나치게 격식을 차린 나머지 어색해졌다. 결국 줄리는 동료가 아닌 다른 사람에게 화풀이를 하는 게 낫겠다고 생각을 바꾸었다.

가스라이팅형이 사용할 수 있는 권력의 지렛대를 최대한 빼앗아라.

가스라이팅형이 규칙을 만들거나 어떤 시스템을 감독하는 일은 가급적 막아라. 가스라이팅형이 자기의 먹잇감으로 삼을 수 있는 다른 직원에 대한 정보에 접근하지 못하게 하라.

## 속수무책 당하고 있는 동료, 구출하기

일터에서 가스라이팅이 어떻게 일어나는지 설명을 들으면, 많은 사람이 이렇게 반응한다. "맙소사. 제 동료가 가스라이팅을 당하는 것 같아요." 이런 깨달음은 마음을 괴롭게 한다. 누군가 가스라이팅을 당하고 있다고 의심이 가지만 확신할 수는 없을 때, 어떻게 하면 좋을까?

앞서 말한 것처럼, 피해자에게서 정보를 얻어내기가 너무 힘들다는 건 가스라이팅이 일어나고 있다는 적신호다. 상사 테일러에게서 업무에 대해 계속 모욕을 당하고 불안정해진 나머지 입을 열지 않게 된 카티나를 기억하는가? 카티나의 적신호는 갑자기 입을 다물어버린 것이었다. 상사에 대해 **무엇이든** 의미 있는 이야기는 하지 않으려는 태도 역시 적신호에 해당했다.

동료가 평소와 달리 협업 프로젝트에 참여하지 않으려 한다면, 직장 안팎으로 사람들과 교류하는 데 흥미가 없어 보이거나 꺼리는 것처럼 보인다면, 상황을 조금 더 파헤쳐보는 게 좋겠다. 나라면 이 장에서 가스라이팅의 피해자들에게 권한 행동들로 시작할 것이다.

- 동료의 사회적 참고인이 되어주거나, 동료를 다른 사회적 참고인과 연결해준다.
- 동료와 가스라이팅하는 사람의 사이에 물리적, 사회적 거리를 만들어줌으로써 완충 장치를 더한다. 자리를 옮겨주거나, 다른 동료들과의 점심 모임에 초대한다.
- 동료가 무언가 말할 마음은 있는데 여러분에게 털어놓기를 꺼리는 것처럼 보이면, 비밀을 유지할 공식적 책임이 있는 사람과 연결해줘라. 가스라이팅 피해자들은 상사에 대해 나쁜 이야기를 하다가 걸릴까봐 걱정한다. 게다가 몇 달 동안 아무도 믿지 말라고 세뇌당했다. 그러니 학대를 보고하는 공식 경로를 택하도록 도와주면 그들의 염려를 덜 수 있을 것이다.

아무리 말하고 싶은 충동이 들더라도, 동료가 가스라이팅을 당하고 있다는 건 비밀에 부쳐라. 소문은 가스라이팅을 하는 사람의 귀에 들어갈 가능성이 높고, 그러면 가해자는 자기방어를 위해 단단히 보호막을 칠 것이다. 가해자에게 맞서는 과정에서 이 단계는 늦출수록 좋다.

## 일상적 거짓말쟁이에게 맞서기
●○

모든 거짓말쟁이가 가스라이팅을 하는 건 절대 아니다. 거짓말을 하고 통제하려는 경향은 있지만 본격적인 가스라이팅에 뛰어들지 않는 사람도 널렸다. 가짜 현실을 통째로 꾸며내는 데에는 흥미가 없지만, 자기가 질투하는 사람을 작은 거짓말들로 깎아내리는 습관을 지닌 상사를 만난 적이 있을지도 모른다. 불도저도, 강약약강형도 이런 행동을 한다.

이런 사람들에겐 맞서야 할까? 나라면 우선 자문해볼 것이다. 그 사람이 하는 거짓말의 속성이 어떠한가? 사적인 수준이라면("스티브가 제인한테 데이트를 신청했다가 까였다는 얘기, 들었어요?") 그냥 놔둬라. 소문을 더 키우지 마라. 반응하지 마라. 소문을 전달하지 않은 여러분에게 스티브가 고마워할 것이다.

이런 거짓말을 하는 사람들이 늘 남의 평판에 흠집을 내려는 동기로 움직이는 건 아니다. 나는 남들에 대해 갖가지 작은 거짓말을 퍼뜨리는 사람을 알고 지낸 적이 있는데, 그 사람의 동기는 단순히 그 순간의 대화 상대와 동지애를 쌓는 것이었다. 거짓말의 내용은 중요하지 않았다. 누군가와 이야기를 나누고 웃고 싶은 것뿐이었다.

반면 거짓말이 일과 관련된 거라면, 진실을 찾아내라. 앞에서 설명한 단계를 차근차근 밟아라.

대담한 성격이라면 거짓말쟁이와 일대일로 정면 승부를 볼 수도 있을 것이다. 그러나 내 생각에 더 생산적인 전략은(또한 거짓말쟁이에게 더 큰 손상을 입히는 전략은) 그들에게 거짓말을 당하고 있는 사회적 참고인이나 동료들을 찾는 것이다. 일단 진실이 밝혀지면 여러 사람이 힘을 합쳐 거짓말쟁이에게 대응할 수 있다. 뭉치면 강해진다. 여러분의 목표는 상대의 행동이 "여기서는 통하지 않는다"는 메시지를 전달하는 것이다.

거짓말은 빠르게 정상의 자리를 꿰찰 수 있다. 사무실에 거짓말이 판치는 일만은 막고 싶을 것이다. 내가 속했던 집단에서는 거짓 소문을 옮기는 동료에게 일종의 벌을 내렸다. 거짓말을 그만둘 때까지 저녁식사에 초대하지 않고, 퇴근 후 한잔하는 자리에 끼워주지도 않았다. 이런 사회적 배척은 간단히 말해 아이들에게 쓰는 '타임 아웃' 전략의 성인 버전이다.

가스라이팅형은 사무실에서 만날 수 있는 돌아이 가운데 심리적으로 가장 해롭다. 가장 복잡하기도 하다. 인정하기 싫겠지만, 그들은 카리스마와 남에게 특별한 사람이 된 기분을 선사하는 등의 여러 능력을 자유자재로 사용한다. 그래서 무찌르기가 어렵다. 가스라이팅을 극복하려는 피해자가 부딪히는 가장 큰 벽은 자기 자신이다. 가해자가 빚은 가짜 현실에서 조연으로 몇 달을, 몇 년을, 때론 인생 전체를 보냈다는 사실을 인정하는 건 어렵다. 그러니 가해자의 손아귀에서 빠져나가려면 친구, 사회적 참고인, 다른 관리자들과 같은 직장 내 우군의 역할이 절대적으로 중요하다. 가스라이팅형이 피해자에게 접근하지 못하게 하는 것을 비롯해 겹겹의 보호 장치를 두는 것 또한 중요하다. 직장 사람들 모두가 여러분을 신경쓰지 않고 소홀히 취급한다는 오해를 극복하면, 가스라이팅형 인간에게서 벗어나 여러분 자신의 인생을 되찾고 잘 살아갈 수 있다.

▶ 일터에서 거짓말은 흔하다. 우리는 사회적 상호작용이 원활하게 진행되도록 이타적 거짓말을 하고, 이미지를 관리하고 작은 과오들을 덮기 위해 자기 보호용 거짓말을 한다.

▶ 상대의 행동을 관찰하는 것만으로 거짓말을 알아낼 수는 없다. 상대의 태도를 보고 거짓말을 하는지 진실을 말하는지 맞힐 확률은 기껏해야 50퍼센트를 조금 넘을 뿐이다. 거짓말을 알아내는 더 좋은 방법은 진실을 밝혀내는 것이다.

▶ 복잡한 거짓말은 꼬리가 밟히기 마련이다. 누군가 개인적 책임을 피하고 ('나'라고 말하는 게 더 적절한 맥락에서 '우리'나 '그들'을 주어로 삼는다) 구체적 표현이 아닌 모호한 표현으로 설명하며 지나치게 긍정적인 태도를 보인다면, 진실을 찾아나설 시간이다.

▶ 가스라이팅형은 피해자를 고립시키려 한다는 점에서 일상적 거짓말쟁이와 다르다. 그들의 접근법은 보통 둘 중 하나다. 첫째는 피해자가 특별한 무언가의 일부가 된 것처럼 느끼게 한다. 둘째는 피해자의 자존감을 흔든다.

▶ 가스라이팅은 보통 남들의 눈과 귀가 닿지 않는 곳에서 사적으로 이루어진다. 영리한 가해자는 자기 거짓말이 기록에 남지 않도록 신경쓴다. 특히 문서 기록을 절대 남기지 않을 것이다.

▶ 모든 가스라이팅이 학대처럼 느껴지는 건 아니다. 어떤 가해자는 피해자에게 현실이 될 수 없을 만큼 좋은 환상을 속삭임으로써 자기 손아귀에 넣는다.

- 가스라이팅형은 자취를 감추는 데 능하다. 피해자를 가스라이팅하지 않는 시간에는, 힘있는 사람들에게 좋은 인상을 주려고 애쓰고 있다. 미래의 자기 평판을 보호하려는 조치다.
- 가스라이팅형의 손아귀에서 풀려나려면 다른 사람의 도움이 필요하다. 지위와 직급이 가까운 사람부터 시작해서 차근차근 인맥을 쌓아나가라. 동료들에게 관심을 많이 받고 여러 사람과 연결되어 있는 사회적 참고인을 찾아라.
- 남에게 가스라이팅 경험을 털어놓는 게 버겁다면, 일반적 의견이나 조언을 구하는 작은 일부터 시작하라.
- 가스라이팅이 발각되면, 권력 있는 사람들의 개입이 중요해진다. 가해자가 소문을 퍼뜨리려고 접근하면 무심하게 반응하라. 가해자는 소문을 통해 피해자를 망가뜨리려 시도할 것이다.

# 갈등은 사치에 불과할 때

2021년 2월 18일, 탐사 로봇 퍼서비어런스가 화성에 착륙해 고대 미생물의 흔적을 찾아 나서는 임무를 개시했다. 나사 제트추진연구소 소속 비행전자공학 엔지니어 롭 도넬리Rob Donnelly는 탐사 로봇을 화성에 보내는 임무에 투입된 여러 사람 중 한 명이었다.

"단 10초 동안 작동할 무언가를 위해 인생의 3년 반을 바쳤죠." 롭이 말했다. 랜더 비전 시스템의 FPGA 확인 팀장을 맡은 롭의 역할은 화성에 도착한 퍼서비어런스가 착륙시 위험을 피하기 위해 자기 위치를 파악하는 기능을 만드는 것이었다. 지구에서 우리는 GPS를 이용해 위치를 알아내지만, GPS가 없는 화성에서 퍼서비어런스는 컴퓨터 비전을 사용한다. 롭의 팀은 시뮬레이션 단계에 많은 시간을 할애한 다음 하드웨어 단계로 넘어갔다. 모든 최악의 시나리오를 검토했다. 화성의 지형은 거칠다. 한 번만 잘못 움직여도 퍼서비어런스는 큰 바위에 부딪혀 산산이 부서질 수 있다.

그 10초는 단언컨대 롭의 커리어 전체에서 가장 짜릿한 순간이었을 것이다. 나도 퍼서비어런스의 화성 착륙을 생중계로 지켜보았다. 중계 화면에서는 화성에 도착한 탐사 로봇과 그것을 창조해낸 엔지니어 및 과학자들의 얼굴을 함께 보여줬다. 사회심리학자로 20여 년을 보내는 동안 나는 이렇게 강렬한 감정 전염 현상을 본 적이 없었다. 처음에는 불안과 불확실감이 안개처럼 짙게 깔려 있었다. 이윽고 터져나온 기쁨과 동지애 역시 그만큼 강렬했다.

착륙 성공이 선언되자 한 사람도 빼놓지 않고 눈시울이 촉촉해졌다. 롭은 무한히 들뜬 기분이었다. "몸은 지구에 있었지만 머리는 화성에 있었습니다. 일을 전혀 할 수 없었어요. 지구로 돌아오는 데 일주일이 꼬박 걸렸습니다."

우리 세대의 가장 중요한 과학적 발전에 투입되었던 사람의 소회이니, 충분히 이해가 간다.


인생을 바꾼 그 10초를 위해 롭은 3년 반 동안 밤낮으로 같은 팀원들과 일했다. 팀 작업은 마찰과 차질과 그 밖의 온갖 이유들로 인해 쉽지 않았다. 퍼서비어런스를 화성에 보낸 사람들은 세계 최고의 과학자와 엔지니어이지만, 그 이전에 사람이었다. 사람들은 본래 누가 팀의 성공에 대한 공로를 인정받아야 하고 누가 무임승차를 했는지와 같은 것들을 두고 다투기 마련이다.

우리 대부분에게, 직장에서 지속되는 갈등은 스트레스와 불안을 유발하고 일 처리 능력을 저해한다. 그러나 퍼서비어런스팀에게 갈등을 지속하는 건 사치였다. 그런 선택지는 없었다. 상황이 힘들어진다고 해서 팀을 떠날 수는 없었다. 제각기 높은 수준의 전문성을 지닌 사람들이 일하고 있었고, 일정이 빠듯했기 때문에, 누군가 돌아이처럼 굴기 시작하면 문제를 즉각 해결해야 했다.

롭이 일을 시작하고 2년 만에 강약약강형으로 변신했다고 가정해 보자. 롭이 다른 엔지니어들에게 무례하게 군다고 해서, 상사가 론칭을 18개월 앞둔 시점에 그를 해고하고 다른 사람을 고용할 수 있었을까? 어림없다. 탐사 로봇에 투입된 예산은 자그마치 20억 달러가 넘었다. 그리고 롭은 탐사 로봇이 제대로 앞을 볼 수 있게 하는 책임을 진 사람이었다. 롭이 남들에게 너무 딱딱거린다는 이유만으로 해고하는 것은 현실적 선택지가 아니었다. (물론 실제로는 그럴 필요가 없었다. 롭은 성격이 좋다. 이건 그냥 상상이다.)

워낙 중대한 프로젝트이니만큼, 나사와 제트추진연구소가 여러 유명인사와 고연봉 사회심리학자들을 고용해서 갈등이 생겨날 때마다 바로 중재해야 했던 건 아닐까 하고 생각하는 사람도 있을 것이다. 하지만 그럴 필요는 없었다. 그저 내가 이 책에서 권한 전략들을 그대로 따라서 갈등을 예방하고 관리하는 것으로 충분했다. 롭의 팀이 실제로 그렇게 했다. 수백만 달러의 예산이나 아까운 시간을 들이지 않아도 되었다.

"우리 팀에는 위계와 구조가 많았습니다. 탐사 로봇의 세부사항을 한 사람이 전부 꿰고 있지 않았어요." 롭이 말했다. 빠르게 돌아가는 창조적인 팀이 보통 그러하듯 아이디어가 '공중에 떠다니는' 경우도 많았다고 한다. 위계가 있는 팀이 대부분 그러하듯, 공로가 누구의 것인지 판단하기 어려운 상황도 종종 있었다.

"공로가 제대로 분배되지 않은 때도 있었어요. 개인의 기여도를 좀 더 잘 평가하지 못한 게 아쉬웠죠." 롭이 회상했다.

이때 롭은 회의에서 상사에게 팀의 작업에 대해 이야기할 때 자꾸 '우리'가 주어가 된다는 사실을 알아차렸다. 팀원 개인에게 공로를 돌리는 게 더 적절할 때조차 그랬다. "문제는 X였고 해법은 Y였습니다'처럼 사람을 아예 배제하는 표현도 썼습니다." 롭은 말했다.

롭의 팀은 이 문제를 빠르게 해결했다. 인정받는다는 느낌과 소속감을 사람들에게 주려면 작은 절차 몇 개를 더하는 것으로 충분했다. 롭의 팀은 팀원들의 기여를 확실히 인정해주고, 누가 무엇을 했는지 상사에게 명백히 밝혔다. 아무리 혼란스러운 상황이라도 개인의 기여 내역은 꼼꼼하게 기록했다. 그러자 사람들은 무임승차를 할 수도 없었고 자기 공을 과하게 내세울 수도 없었다. 모두 자기의 기여를 공정하게 인정받았다.

"팀 업무를 보고하는 일종의 대변인 같은 사람이 있었지요. 그는 상태(그 주에 완료된 작업)를 보고할 때, 그 작업에 기여한 개인들의 이름을 전부 포함시켰습니다. '우리는 문제를 확인했고, 고칠 방법을 개발했고, 방법을 확인했습니다'라고 말하는 대신 'A씨가 문제를 확인했습니다. B씨가 고칠 방법을 개발했습니다. C씨가 그 방법이 옳은지 확인했습니다'라고 말한 거죠. 좋은 대변인은 다음으로 팀이 어떤 난관에 부딪혔는지 짧게 설명하면서, 그 난관들을 극복하는 데 기여한 개인들을 부각합니다." 롭이 설명했다.

롭의 팀은 주어를 '우리'에서 'A씨'로 바꾸는 단순한 행위로 사람들에게 자기 공로를 충분히 인정받는 느낌을 줄 수 있었다. 이렇게 간단한 변화가 업무중 이른 단계부터 자주 이루어지면 작은 상처가 곪아서 큰 문제가 되지 않도록 예방할 수 있다. 이 해법의 가장 큰 장점은 힘들지 않고 비용도 들지 않는다는 것이다. 그냥 실천하면 된다.

롭의 작업에는 심한 스트레스가 따랐다. 중요한 안건이 걸려 있는 일이라서 실수가 일어나면 누군가에게 비난의 손가락질을 하기도 그만큼 쉬웠다.

"프로젝트를 진행하던 어느 순간, 마감을 맞추지 못한다는 걸 깨달았습니다. 그때 저는 모른 척하고 가던 길을 그대로 갈 수도 있었죠. 전처럼 쌓인 일을 해치워나가면서요. 하지만 그렇게 마감일에 이르면 여전히 일이 산더미처럼 남아 있었을 겁니다." 롭은 말했다.

많은 팀이 이 단계에서 고통을 겪는다. 이때, 불도저형 인간은 어깨를 펴고 팀을 장악해서 자기 식대로 하자고 밀어붙인다. 이때, 무임승차 유형은 아무도 모르게 일에서 손을 놓아버린다. 그러나 롭의 팀은 일찍부터 문제를 알아차리는 데 많은 노력을 기울였기에, 실제로 문제가 생기자 빠르고 효과적으로 해결할 수 있었다. 그들은 우선순위로 삼을 핵심 작업을 정했고 실무를 위임했다. 그다음 작업에 착수했다. 일이 끝나자, 팀 내 인간관계도 다시 끈끈하게 회복되어 있었다. "우리는 한 달에 한 번 해피아워 모임을 가졌습니다. 등명제 축일을 같이 기념했고요. 일이 잘 풀리지 않으면 서로 다투는 대신 다 같이 힘을 합쳐 문제에 대응했습니다."

화성에 퍼서비어런스를 보낸 과학자들과 엔지니어들이 3년 반 동안 전적으로 작업에만 집중했을 거라고 생각하는가? 인간관계에 쏟을 시간은 아예 없었을 것 같은가?

오해다. 그들은 당신과 나처럼, 사무실의 돌아이 문제가 팀을 끝장낼 수 있다는 걸 알았다. 다행히 돌아이 문제를 해결하기 위해 로켓 과학자가 되어야 하는 건 아니다. 경보를 미리 살피고, 누군가 왜 그렇게 행동하는지 이해하고, 소통의 문을 열어 가능한 한 빠르고 스트레스 적은 방법으로 문제를 풀어나가면 된다. 그러고 나면 로켓 과학을 연구할 시간도 생길 것이다.

File  Edit  View  Help

# 부록

## 우리 사무실엔 어떤 유형의 돌아이가 있을까?

---

**test 1**

혹시 내가 사무실의
돌아이일까?

**test 2**

나는 유능한
아군일까?

---

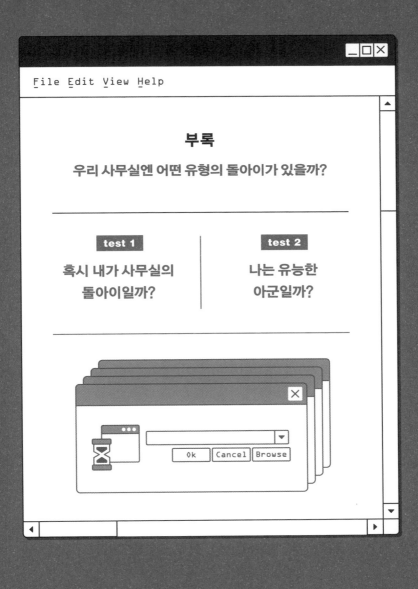

# 우리 사무실엔 어떤 유형의 돌아이가 있을까?

여러분이 상대하고 있는 돌아이가 동료인가, 상사인가? 동료라면, 아래 순서도로 가라. 상사라면, 다음 쪽으로 넘어가라.

**동료**

| 동료가 무례하게 구는 게 둘만 있을 때인가, 남들이 보는 앞인가? |
|---|

**둘만 있을 때**

**남들이 볼 때**

둘만 있을 때, 여러분의 아이디어를 발전시키는 걸 돕겠다고 자청하는가?

yes

상사나 관리자 앞에서 여러분의 아이디어를 기습적으로 빼앗은 적이 있는가?

yes

**성과 도둑**

no

둘만 있을 때 여러분의 지성이나 능력을 모욕한 적이 있지만 상사에게선 여전히 총애를 받고 있는가?

yes

**강약약강형**

회의에서 남들의 말을 끊고, 의사결정을 자기 뜻대로 끌고 가려 하는가?

yes

자기 뜻을 집요하게 관철시키는가? 예를 들어 아는 사람을 채용하거나 제일 좋은 사무실을 차지하겠다고 고집하는가?

yes

**불도저**

no

좋은 팀워크에 편승해 아무 일도 하지 않으면서 보상을 받는가?

yes

**무임승차자**

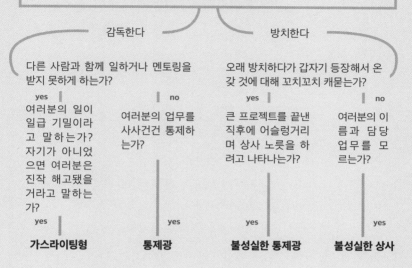

**상사**

여러분을 감독하는가, 방치하는가?

감독한다

방치한다

다른 사람과 함께 일하거나 멘토링을
받지 못하게 하는가?

yes

여러분의 일이
일급 기밀이라
고 말하는가?
자기가 아니었
으면 여러분은
진작 해고됐을
거라고 말하는
가?

yes

**가스라이팅형**

no

여러분의 업무를
사사건건 통제하
는가?

yes

**통제광**

오래 방치하다가 갑자기 등장해서 온
갖 것에 대해 꼬치꼬치 캐묻는가?

yes

큰 프로젝트를 끝낸
직후에 어슬렁거리
며 상사 노릇을 하
려고 나타나는가?

yes

**불성실한 통제광**

no

여러분의 이
름과 담당
업무를 모
르는가?

yes

**불성실한 상사**

# 테스트 1. 혹시 내가 사무실의 돌아이일까?

설문에 온 걸 환영한다! 여기서는 여러 질문을 통해 여러분이 가상의 까다로운 직장 내 상황에 어떻게 대응하는지 평가하려 한다. 앞의 본문을 읽기 전, 그리고 읽고 난 후 두 차례 답해보기를 권한다. 이 책이 여러분의 대응법을 바꿔놓을지도 모른다. 이 설문으로 여러분이 '무기력한 무관심형' '전형적인 돌아이형' '묵인하는 책략가형' '이상적인 동료형' 중 어떤 유형인지 알 수 있다.

설문을 마치면 우선 채점표와 네 가지 유형에 대해 설명하고, 다음으로 각각의 답변이 여러분의 행동에 대해 어떤 사실을 알려주는지 논리적으로 해설할 것이다. 아마 여러분의 답변은 네 가지 유형에 두루 걸쳐 있을 텐데, 이 설문의 목적 역시 여러분을 하나의 유형에 억지로 끼워넣는 게 아니라 여러분에게 사무실의 돌아이 문제를 다루는 새로운 시각을 열어주는 것이다.

팀원, 직속 부하, 상사들과 사무실의 돌아이 문제에 대해 이야기해

보고 싶다면 실제가 아닌 가상의 상황을 활용하는 게 더 쉽다. 이 설문이 여러분의 일터에서 논의의 장을 열어주길 기대한다. 스스로를 평가해보아도 좋고, 동료들에게 다른 사람들의 관점에서 답해보라고 해도 좋다. 이 설문의 답변은 당신이 속한 기업의 문화에 대해서도 많은 것을 이야기해준다. 조직의 사람들이 내놓은 답변이 '묵인하는 책략가형'으로 치우쳐 있다면, 근무 분위기가 경쟁적이라는 걸 알아차릴 수 있다.

설문에 즐겁게 답해보길. 그리고 다음 사내 파티 때 이 설문에 대해 이야기해보길. 흥미진진한 대화가 펼쳐질지도 모른다!

Q 1. 당신은 최근 취직해서 셔츠를 판매하는 업무를 시작했다. 당신이 채용된 건 셔츠 개기에 관한 한 타의 추종을 불허하는 전문가라서다. 당신이 선반에 개어 올려둔 셔츠들은 흠잡을 데 없이 완벽해 보인다. 그런데 어느 날, 당신은 새로 들어온 팀원 개빈의 실수를 발견한다. 그가 갠 셔츠는 엉성하기 짝이 없다. 셔츠 개는 법을 배우지 못한 게 분명하다. 당신의 상사는 말소리가 들릴 만큼 가까운 거리에서 당신과 개빈이 일하는 걸 감독하고 있다. 어떻게 할까?

ⓐ 상사가 들을 수 있도록 큰 소리로 개빈의 잘못을 고쳐준다. 개빈과 달리 당신은 일을 제대로 하는 사람이란 걸 상사에게 알리는 게 중요하다.

ⓑ 개빈이 바보가 된 기분을 느끼지 않도록, 단둘이 있을 때 개빈의 실수를 고쳐준다.

ⓒ 아무것도 하지 않는다. 개빈이 실수를 하건 말건 당신이 상관할

바 아니다.

ⓓ 개빈에겐 아무 말도 하지 않고, 나중에 상사에게 가서 개빈에

대한 우려를 표한다. 셔츠 하나 제대로 못 개는 사람이 다른 일

은 제대로 하겠는가?

Q 2. 연말 상여금이 나오는 주다. 영업직 직원들은 그해에 올린 매출에 따라

상여금을 다르게 받는다. 상여금이 나오는 날, 축하의 의미로 성대한 사내 파

티가 열린다. 당신의 계획은 무엇인가?

ⓐ 모든 사람에게 접근해서 상여금을 얼마나 받았는지 묻는다. 당신이

파티에 참석한 이유는 단 하나, 누가 승자고 누가 패자인지 알아내

기 위해서다.

ⓑ 상여금을 얼마나 받았는지 신경쓰이는 건 단 한 사람, 당신과 영업

팀장 자리를 두고 경쟁중인 레나뿐이다. 레나가 당신의 실적을 얼마

나 따라잡았는지 확인해야 한다. 당신은 레나에게 상여금이 얼마나

나왔냐고 직설적으로 묻는다.

ⓒ 돈은 사적인 부분이다. 묻지도 말하지도 않는 게 좋다.

ⓓ 곧장 상사를 찾아가서 다른 사람들에 비해 여러분의 상여금이 어

느 수준인지 묻는다. 정확한 정보를 얻어내는 게 중요하다. 상사가

답변을 피하면, 재차 묻는다.

Q 3. 건축가인 당신은 괴짜 백만장자를 위해 저택을 설계하는 팀에 합류하

게 되었다. 첫번째 대면 회의가 열리는 업무 첫날, 상사가 한 주 내내 자리를 비우게 되었으니 자기 없이 일단 일을 시작하라고 한다. 당신은 어떻게 행동하는가?

ⓐ 당신이 얼마나 경험이 많은지 얘기하고, 팀의 리더를 자청한다. 당신은 저택을 완성하는 데 무엇이 필요한지 정확히 알고 있다. 당신이 책임자를 맡지 않으면 일이 순조롭게 풀리기 어려울 것이다.

ⓑ 모두 돌아가며 이름과 경력을 소개하자고 제안한다. 서열을 정리하기 위해 당신의 경쟁자가 누구인지 미리 알아두는 게 좋다.

ⓒ 내내 입을 꾹 다물고 있는다. 계획을 진행할 방법은 남들이 찾아낼 것이다.

ⓓ 다른 팀원들과 힘을 모아, 그날의 목표에 집중하는 데 전력한다. 비효율적인 회의는 정말 싫다. 회의를 마냥 흘러가는 대로 두었다간 한없이 늘어질 것이다.


Q 4. 당신은 진급 후보자로서 케빈과 경쟁하고 있다. 케빈은 당신을 존중하며 당신과 그럭저럭 잘 지낸다. 하지만 최근에 당신은 케빈에게 상당한 경쟁의식을 느낀다. 상사가 케빈을 아낀다는 걸 알기에 불안하다. 당신은 어떻게 하는가?

ⓐ 상사에게 케빈의 단점을 알린다. 최대한 많은 요소를 고려해서 결정을 내리도록 정보를 주는 것이다.

ⓑ 진급자를 결정하는 다른 관리자에게 접근한다. 시에나는 인맥이 좋고 남들을 설득하는 능력이 있다. 당신은 시에나에게 케빈의 단점

을 알려준다.

ⓒ 당신의 능력을 보여주는 데 시간과 노력을 기울인다. 특히 케빈이 자기 능력을 발휘하고 있지 않을 때를 노린다.

ⓓ 평소의 자신답게 행동하며 상사들이 결정하도록 놔둔다. 이 시점에 뭘 해봤자 별 의미 없다.

Q 5. 당신은 팀원인 키에라와 높은 창조성이 요구되는 프로젝트에서 일하고 있다. 열띤 분위기로 진행되는 팀 회의에서는 아이디어가 수없이 나온다. 회의가 끝날 때 팀원들은 상사에게 보고할 아이디어 다섯 개를 뽑는다. 그런데 어느 날, 키에라가 당신이 5분 전에 낸 아이디어와 눈에 띄게 비슷한 아이디어를 낸다. 그 아이디어가 원래 당신의 것이었다고 인정해주는 사람은 없다. 결국 그 아이디어는 '키에라의' 아이디어로 상사에게 전달된다. 당신은 어떻게 행동하는가?

ⓐ 팀원들을 비판한다. 당신의 아이디어와 키에라의 아이디어는 한눈에 보기에도 비슷한데, 그걸 왜 모를까?

ⓑ 아무 말 하지 않고 속으로 화만 끓인다.

ⓒ 팀원들에게 부당한 대우를 받은 기분이라고 말한다. 그러면서 누가 무슨 말을 했는지 기록하는 등의 해법도 제안한다.

ⓓ 키에라를 찾아가서 왜 사실대로 밝히지 않고 남의 아이디어에 대해 공로를 인정받았느냐고 따진다. 키에라가 똑바로 말하지 않은 게 잘못이다.

Q 6. 당신의 진급을 축하하는 파티가 열렸다. 지난 6개월 동안 당신은 부하 직원 맥스와 힘을 모아 중요한 거래를 마무리했다. 그런데 맥스는 당신이 이 자리까지 온 건 전부 자기 아이디어를 훔쳤기 때문이며, 자기는 공로를 충분히 인정받지 못했다고 주장한다. 파티가 열리는 내내 맥스는 바에 기대서 이를 갈고 있다. 당신은 어떻게 하는가?

ⓐ 맥스를 무시하고 파티를 즐긴다. 맥스가 굳이 파티에 찬물을 끼얹을 것 같지는 않다. 월요일이면 맥스의 기분도 한결 나아질 것이다.

ⓑ 맥스가 하지 않은 온갖 일에 대해 그에게 감사하는 연설을 한다. 사람들 앞에서 당신이 맥스의 편임을 보여주는 것이다. 이제 당신에 대해 불평하면, 맥스는 배은망덕해 보일 것이다.

ⓒ 어색함을 참고 맥스와 대화를 나눈다. 각자 어떤 일을 했는지 명료하게 정리한다. 가만히 뒀다가 일을 키우는 것보다는 빨리 처리하는 게 낫다.

ⓓ 인맥 좋은 사람들을 찾아가서 맥스가 거짓말쟁이라고 알린다. 당신의 평판을 망가뜨리려 하다니, 가만둘 수 없다.

Q 7. 당신은 상사에게서 사무실 자리를 바꿀 때 자연광이 들고 천장이 아치형으로 된 좋은 사무실을 주겠다는 약속을 받았다. 그런데 이사 당일, 당신이 비좁고 불편한 사무실을 배정받은 걸 알게 되었다. 당신이 약속받은 사무실은 신입 직원에게 주어졌다. 상사에게 영문을 묻자 상사는 발뺌하며 그 신입 직원과 직접 문제를 해결하라고 말한다. 당신은 어떻게 하는가?

ⓐ 그 신입 직원에게 가서 실수가 있었다고 말한다. 불편한 사무실이

그의 것이고, 좋은 사무실은 당신 것이라고 말한다. 그리고 열쇠를 요구한다.

ⓑ 상사를 찾아가, 사무실 문제를 해결해주지 않으면 상사가 지금 열을 올리고 있는 새 프로젝트를 도울 의욕이 나지 않을 것 같다고 돌려 말한다.

ⓒ CEO인 존을 찾아가 상사에 대해 불만을 제기한다. 존의 자녀와 당신의 자녀는 같은 소프트볼 팀에서 활동한다. 존이 이 상황을 해결해줄 것이다.

ⓓ 신입 직원에게 다가가 거래를 제안한다. 좋은 사무실을 당신에게 양보하면, 회의에서 목소리를 내는 법, 상사와 면담을 잡기에 제일 좋은 요일과 같은 몇 가지 노하우를 아는 사람들을 소개해주겠다고 말한다.


Q 8. 상사가 당신에게 대면 업무로의 전환을 계획하는 팀에 들어와달라고 한다. 당신도 이 문제에 관심이 많다. 팀의 첫번째 업무는 대면 업무에 대한 다른 직원들의 의견을 알아보기 위해 데이터를 수집하는 것이다. 그런데 팀원 가운데 데이터 수집과 처리에 전문성이 있는 사람은 당신뿐이다. 상사는 절박한 얼굴로 당신만 바라보고 있다. 당신은 어떻게 하는가?

ⓐ 사내 설문조사를 만들고 데이터를 공유하겠다고 제안한다. 단 비밀번호와 데이터 처리법은 남들에게 알려주지 않는다. 당신이 만든 설문이니 당신의 일이다.

ⓑ 다른 두 팀원에게 데이터 수집 및 처리법을 알려주겠다고 제안한다.

업무를 아는 유일한 사람이 되는 건 사양이다.

ⓒ 상사의 요청을 거절한다. 데이터를 다룰 줄 아는 사람을 채용하지 않은 건 상사의 잘못이다.

ⓓ 설문조사를 당신이 만들겠다고 제안하되, 그 대신 당신이 회의를 주관하고 모든 절차를 결정하겠다는 조건을 건다. 설문을 만드는 데에는 품이 많이 들어간다. 그만큼 어느 정도 권력을 누리고 싶다.

Q 9. 당신은 무임승차자가 득실거리는 팀에서 일하다가 완전히 번아웃에 빠져버렸다. 퇴사하기로 마음을 굳힌 당신에게, 상사가 좋은 소식을 알린다. 성실하고 사이좋은 팀원들이 있는 새로운 팀으로 옮겨준다는 것이다. 새 팀에 들어간 당신은 무엇부터 하는가?

ⓐ 힘든 일을 남들에게 맡기고 농땡이를 친다. 당신에겐 잠시 쉴 권리가 있다.

ⓑ 다시 번아웃에 빠지지 않도록, 상사에게 월말마다 직원들의 순위를 정해서 발표하라고 권한다. 꼴찌를 한 사람은 다음달에 순위를 올리지 않으면 상여금을 받지 못하게 된다.

ⓒ 새 팀원들에게 각자 해야 할 업무 목록을 정하자고 제안한다. 월말에 다 같이 모여 원래 하기로 한 일과 실제 한 일을 비교하는 시간을 갖는다.

ⓓ 당신의 전문성을 필요로 하는 어려운 업무를 맡는 데 동의하나, 쉬운 일은 몰래 신입 인턴에게 넘긴다. 인턴에게 일거리를 찾아주는 것도 힘이 드니 일석이조다. 이 사실에 대해선 아무에게도 말하지

않는다. 인턴은 어차피 두 달 뒤면 떠날 사람 아닌가.

**Q 10. 컵케이크 회사를 운영하는 당신은 다섯 달 전에 매장 운영을 도울 직원 아이린을 채용했다. 당신이 매장에 들를 때마다 아이린은 앞에 나와서 손님들에게 인사를 하고, 컵케이크 하나하나에 완벽하게 프로스팅이 올라갔는지 확인하고 있다. 그런데 몇몇 제빵사가 아이린이 당신이 있을 때에만 그렇게 행동한다고 불만을 토로한다. 당신이 자리를 비우면, 아이린은 매장 뒤편에서 프로스팅이 묻은 숟가락을 핥아먹으며 시간을 때운다는 것이다. 당신은 어떻게 하는가?**

ⓐ 제빵사들에게 불평을 그만두라고 말한다. 상사에게 험담을 해서 모든 문제가 해결되는 건 아니다.

ⓑ 아이린을 즉시 해고한다. 판매할 상품을 먹으라고 월급을 준 게 아니다. 그리고 직원 공간에 커다란 표지판을 단다. "일을 하다가 먹는 컵케이크는 당신이 먹는 마지막 컵케이크가 될 것입니다." 어떤 행동이 용인되지 않는지를 알려주는 시범 사례를 만드는 게 중요하다.

ⓒ (아이린을 포함한) 팀원들에게 그날의 업무 체크리스트를 만들라고 한다. 그 리스트에 '계획에 없던 일을 추가로 했는가?' '다른 사람이 추가로 일을 했는가?' 같은 항목을 넣는다. 일주일 뒤, 체크리스트를 살펴보며 누군가 아이린의 일을 대신해주는 관습이 굳어진 건 아닌지 확인한다.

ⓓ 무임승차를 막기 위해, 모두에게 하루에 컵케이크 50개를 굽거나 판매한다는 할당량을 준다. 아이린도 예외가 아니다. 한 달 뒤, 모두

의 업무를 평가한다.

Q 11. 최근 관리자 직급으로 승진한 당신은 직원 열 사람의 업무를 감독하게 되었다. 그중 가장 직급이 높은 제시는 당신이 지난주까지 하던 업무를 물려받았다. 당신은 그 업무를 아주 잘했으며, 제시 역시 잘해내길 바란다. 당신이 새로 올라간 자리에서 제일 먼저 하는 일은 무엇인가?

ⓐ 제시가 당신만큼 잘해내는지 확인하기 위해 그가 하는 모든 일을 꼼꼼히 감독한다.

ⓑ 제시와 당신 사이에 직급 하나를 더 만들어, 제시가 자기가 하는 일을 그 사람에게 보고하도록 한다. 제시를 감독하는 사람은 많을수록 좋다.

ⓒ 제시와 면담을 잡아, 그의 장기 목표와 당신의 단기 요구사항에 관해 대화를 나눈다. 그는 이 일에서 무엇을 얻고자 하며, 당신은 그를 어떻게 도울 수 있는가? 대화를 나눈 뒤 함께 주간 계획을 세운다.

ⓓ 제시는 내버려두고, 당신의 상사에게 좋은 인상을 주는 데 집중한다. 제시가 잘하는 걸 보면 기분이야 좋겠지만, 제시 혼자서 해낼 능력이 충분히 있다고 믿는다.

Q 12. 당신이 관리하는 리조트 호텔은 성수기를 맞아 풀사이드 바에서 음료를 서빙하고 관광객들에게 서핑을 가르칠 직원을 백 명 넘게 뽑았다. 그런데 오늘은 심한 폭풍우가 닥쳐서, 다들 할일 없이 빈둥거리고 있다. 관리자인 당

**신은 어떻게 하는가?**

ⓐ 무엇이든 시킬 일을 찾아낸다. 풀사이드의 가구를 세 번 닦는 일이라 해도.

ⓑ 근무자 전원을 소집해서 고객 서비스 능력을 개선시키는 짧은 교육 세션을 연다. 비는 시간을 이용해 이처럼 유용한 걸 가르친다.

ⓒ 풀사이드 바를 열고, 포커 토너먼트를 개최해서 다들 마음껏 놀게 한다. 그동안 당신은 호텔 스파에서 마사지를 받는다.

ⓓ 직원들과 수다를 떨면서 호텔 내에서 도는 소문을 파악한다. 직원들이 누굴 좋아하고 누굴 싫어하는지 등등. 직원들이 마음을 열게끔 당신 자신에 대한 이야기도 조금 들려준다.


**Q 13.** 당신 밑에서 일하는 직원 에스터가 당신 때문에 숨이 막힐 지경이라고 불평한다. "한 시간에 이메일을 네 통씩 보내시잖아요. 하루종일 답장만 쓰고 있는데 어떻게 일을 하겠어요." 당신은 에스터에게 어떻게 반응하는가?

ⓐ 에스터가 일을 더 잘했더라면 당신이 한 시간에 네 번이나 지시를 할 일도 없었을 거라고 말한다.

ⓑ 당장 에스터를 해고하고 당신을 존경하는 직원으로 대체한다. 새 직원이 출근한 첫날, 상사에게 불평불만을 늘어놓으면 어떻게 되는지에 대해 설교한다.

ⓒ 에스터와 마주앉아 일과를 어떻게 보내고 싶은지 이야기한다. 매일 업무를 하기 위해 에스터에게 무엇이 필요한지 묻는다. 에스터가 해야 하는 일과 그를 어느 정도로 감독해야 하는지에 관해 둘의 생각

이 다른 게 분명하다.

ⓓ 어색하게 눈맞춤을 피하고, 핑계를 찾아 에스터를 사무실에서 내쫓는다. 다투는 건 싫다.


Q 14. 최근 당신은 일이 너무 버겁다고 느낀다. 직속 부하 열다섯 명의 업무를 감독하는 일에 더해 관리자 워크숍 계획도 담당하고 있기 때문이다. 그때 부하 직원인 숀이 사무실로 찾아와 일손을 좀 거들겠다고 한다. 당신은 숀을 잘 모르지만, 성취지향적이라는 평을 듣는다는 건 안다. 숀이 당신 대신 신입 직원들과 회의를 하겠다고 제안하면, 당신은 어떻게 하는가?

ⓐ 숀에게 고맙다고 말하고, 세탁소에서 옷을 찾아오는 일과 축구 연습에 다녀오는 당신 딸을 픽업하는 일 등의 할일 목록을 건넨다.

ⓑ 숀에게 다른 사람의 보고서에서 맞춤법이 틀린 부분이 있는지 찾아내는 등의 잡무를 주되, 회의는 맡기지 않는다.

ⓒ 숀에게 선을 지키라고 말한다! 당신 아래에서 일하는 누군가에게 일을 나눠준다는 생각만 해도 불안하다.

ⓓ 숀에게 모든 신입 직원에 대한 감독을 맡긴다. 한 달에 한 번 숀과 면담해서 신입 직원들에 대한 피드백을 받는다. 숀도 한때 신입이었으니, 어떻게 하면 되는지 잘 알 거다.


Q 15. 당신은 타 지역에 본사가 있는 지사 사무실에서 부하 직원 20여 명을 감독하고 있다. 상사가 너무 많은 일을 시켜서 허덕이는 가운데, 해외로 2주 동안 출장까지 다녀왔다. 돌아와 보니, 부하 직원들이 어떤 업무를 하고 있는

지 좀처럼 파악이 안 된다. 어떻게 하는가?

ⓐ 패닉에 빠져, 일단 모두를 통제하려 든다. 당신이 상사라는 걸 기억하게 하는 게 중요하다.

ⓑ 아무것도 하지 않는다. 무소식이 희소식이다. 누구든 문제가 있으면 당신에게 알렸을 것이다.

ⓒ 팀 면담을 잡아, 모두 자기 프로젝트에서 어떤 단계에 있는지 확인부터 한다. 프로젝트 론칭 직전 단계에 있는 사람이 있다면, 더 밀접하게 지도해줄 시간이다.

ⓓ 상사를 찾아가 이런 상황에 놓이게 한 것에 대해 화를 낸다. 상사만 아니었다면 당신이 업무 파악을 못하는 지경에 이르지는 않았을 것이다.

Q 16. 최근 당신은 자주 회의를 잊고 마감을 지키지 못한다. 한 팀원이 당신에게 분기 보고서를 제출한 지 두 달이 지났는데 아직도 책상 위에 그대로 놓여 있다고 불평한다. 다른 팀원은 당신과 미리 약속한 회의를 하러 찾아올 때마다 사무실에 다른 사람이 있다고 불평한다. 그들 말이 맞다. 당신은 중요한 사람들에게 소홀해졌다고 느낀다. 이때 당신은 어떻게 하는가?

ⓐ 다음에 누군가 조언을 구하러 오면, 그 사람을 도울 수 있는 다른 팀원과 연결해준다. 그러면 두 사람을 연결해주는 동시에 시간을 아낄 수 있다.

ⓑ 왜 다들 불평만 늘어놓는 걸까? 당신이 얼마나 바쁜지 설명하는 장문의 이메일을 쓰고, 제발 좀 기다리라고 부탁한다. 언젠가는 차례

가 돌아올 거라고 말이다.

ⓒ 아무 말도 하지 않고, 소셜미디어 계정에 불평을 털어놓는다. 주는 것 없이 받으려고만 하는 사람이 회사에 많다고 적는다.

ⓓ 모두에게 우선순위 목록을 작성해달라고 한다. 어떤 피드백이 제일 시급한지, 제일 덜 중요한 건 무엇인지 알려달라고 한다. 그리고 우선순위대로 일을 처리해나간다.

### 채점표

다음(272쪽) 표에 각 질문마다 여러분의 답변을 표시하고, 각 열에서 표시한 답변 개수를 적어라. 모든 질문에 네 개 유형이 다 들어 있지는 않으며, 어떤 답변은 두 개 유형에 해당한다.

| 질문 번호 | 무기력한 무관심형 | 전형적인 돌아이형 | 묵인하는 책략가형 | 이상적인 동료형 |
|---|---|---|---|---|
| 1 | c | a | d | b |
| 2 | | a | d | b 또는 c |
| 3 | c | | a 또는 b | d |
| 4 | | a | b | c 또는 d |
| 5 | b | a 또는 d | | c |
| 6 | a | d | b | c |
| 7 | | a 또는 c | b | d |
| 8 | c | a | d | b |
| 9 | | a 또는 b | d | c |
| 10 | a 또는 d | b | | c |
| 11 | d | a 또는 b | | c |
| 12 | c | a | d | b |
| 13 | d | a 또는 b | | c |
| 14 | d | c | a | b |
| 15 | b | a 또는 d | | c |
| 16 | | b | c | a 또는 d |
| **최대 점수** | 11 | 15 | 11 | 16 |
| **당신의 점수** | | | | |

## 무기력한 무관심형

당신은 문제에서 손을 놓아버린다. 문제의 일부가 되고 싶진 않지만 해법의 일부가 되고 싶지도 않다. 일터에서 화가 나면, 속으로 눌러 참기를 택한다. 당신의 아이디어를 훔치는 사람에게, 당신의 말을 끊는 사람에게, 상사 앞에서 당신을 깎아내리는 사람에게 굳이 따지지 않는다. 원활하게 돌아가지 않는 팀에서도, 특별히 개선하려는 노력은 하지 않는다. 팀을 궤도에 올리는 건 당신의 책임이 아니니까.

상사일 때 당신은 무소식이 희소식이라고 생각한다. 반드시 해결해야 할 문제가 있으면 누군가 귀뜸해주었을 것이다. 부하가 문제를 들고 따지러 오면, 당신은 귀담아듣지 않고 다른 안건으로 넘어간다.

무기력한 무관심형은 불성실한 상사나 무임승차자가 될 위험이 있다. 힘든 상황이 닥치면 잠수를 타버리는 유형이다.

### 전형적인 돌아이형

당신은 전형적인 돌아이의 특성을 갖추고 있다. 누군가에게 경쟁심이 발동하면 상사 앞에서(혹은 상사에게) 상대를 깎아내리기를 택한다. 상대적으로 유리한 고지에 올라갈 기회는 절대 놓치지 않는다. 동료들의 평판을 흠집 낼 소문을 퍼뜨리거나, 두 사람의 사이를 이간질하는 일도 서슴지 않는다. 당신은 업무상 당신에게 의존하고 있는 약한 상사를 이용해서, 부적절할 만큼 큰 통제권을 손에 넣기도 한다.

전형적인 돌아이형은 불도저와 통제광이 될 위험이 높다. 남들이 보거나 말거나 제멋대로 행동하는 유형이다. 이런 돌아이들은 주위 사람들을 통제하고 싶다는 욕망을 숨김없이 드러내기도 한다.

### 묵인하는 책략가형

당신은 전형적인 돌아이형이 한두 단계 진화한 버전이다. 당신은 평판을 지키기 위해, 소문을 퍼뜨릴 때 당신이 직접 아는 사람이 아니라 한두 다리 건너 아는 사람들을 타깃으로 한다. 당신은 상사의 약점을 이용하고, 남들이 보지 못하는 닫힌 문 뒤에서는 지저분하게 행동한다. 당신이 높은 자리에 올라갔다면 그건 아마 약육강식의 행동이 보상받는 환경에서 일하기 때문일 것이다.

상사일 때 당신은 남들에게 두려운 존재다. 인재들을 금방 퇴사시키는 회전문 역할을 하면서도 그 이유는 모른다. 당신에게 대놓고 사실을 일러주는 사람은 없을 테니까.

묵인하는 책략가형은 강약약강형, 성과 도둑, 가스라이팅형이 되기쉽다. 돌아이 중에서도 위장의 귀재인 유형으로 발전하기 쉽다는 뜻이다. 권력자 앞에서는 모범 직원 행세를 하면서 아랫사람 앞에서는 일진처럼 군다.


## 이상적인 동료형

당신은 어려운 상황에서도 역지사지의 태도를 잃지 않으려 노력한다. 일터에서 갈등이 일어나면 도망가거나 숨어버리지 않고 어려운 대화를 해낸다. 그러면서 스스로에 대해 달갑지 않은 사실을 알게 되더라도 회피하지 않는다.

팀에서 당신은 대화와 안건을 멋대로 좌지우지하지는 않으면서 팀을 이끌고자 한다. 상사일 때 당신은 과잉 통제라는 덫에 빠지지 않으려 신중하게 행동한다. 일이 버거울 때에는 남들의 도움을 받아들이고, 직속 부하들에게 일의 우선순위를 알려달라고 부탁하고, 어떤 프로젝트에 우선 주의를 기울여야 하는지 알아낸다.

## 답안 해설

### Q 1.

ⓐ 고전적인 강약약강형 행동이다. 상사에게 좋은 인상을 주기 위해서 라고 생각하겠지만, 그 과정에서 개빈을 잠재적인 적으로 돌렸다.

ⓑ 좋은 선택이다! 개빈의 행동을 바로잡아주는 건 좀 어색하겠지만, 적어도 민망함이 덜한 방식을 택했다.

ⓒ 아는 척을 피하는 게 당신의 본능이다. 하지만 대부분의 사람들은 뭔가 분명한 실수를 했을 때 피드백을 받으면 고마워한다.

ⓓ 고전적인 강약약강형의 또다른 사례다. 신입에게 힘을 실어주기는 커녕 보이지 않는 곳에서 헐뜯고 있다. 일을 시작한 지 얼마 안 된 사람의 단점을 상사에게 알리는 건 적신호다.

### Q 2.

ⓐ 이 전략은 경쟁적이고 불필요하다. 강박적으로 자신을 남과 비교하 는 건 강약약강형의 전형적인 버릇이다.

ⓑ 경쟁자에 비해 당신의 입지가 어떠한지 알아내는 건 직장에서 할 수 있는 정상적인 행동의 범위에 속한다. 레나가 말을 해주지 않을 지도 모른다. 하지만 물어보는 건 나쁘지 않다.

ⓒ 묻지도 말고 말하지도 말라는 전략은 여기서 완벽하게 적절하다. 돈 얘기가 불편한 사람도 있다.

ⓓ 용납할 수 없는 큰 실수다! 이런 식으로 남의 뒤를 캐는 전략은 노

련한 강약약강형이라면 절대 택하지 않는다.


## Q 3.

ⓐ 고전적인 불도저형 행동이다. 당신 뜻을 펼치려면 리더십이 필요하다는 걸 잘 알고 있다.

ⓑ 이 전략은 불도저형과 강약약강형의 혼합이다. 남과 비교하도록 강요함으로써 불필요하게 경쟁적인 팀 문화를 만들 수 있다.

ⓒ 팀 조직에 대해 손을 놓고 있는 건 괜찮다. 하지만 이 전략을 사용할 때는 유의할 것이 있다. 모두 이렇게 행동하면 팀은 절대 원활히 돌아가지 않는다.

ⓓ 좋은 전략이다! 당신은 팀의 안건을 주도하되 멋대로 쥐락펴락하지는 않고 있다.


## Q 4.

ⓐ 고전적인 강약약강형 행동이다. 케빈을 상대하기 위해 우물에 독을 푸는 건 당신이 할 일이 아니다.

ⓑ 한두 단계 업그레이드된 강약약강형의 행동이다. 누구에게 소문을 전할지에 관해선 조심하라. 이 전략은 상사에게 직접 접근하는 것보다는 안전하지만, 시에나가 당신이 케빈의 평판에 흠을 내려 했다고 다른 관리자들에게 알리는 걸 막을 길은 없다.

ⓒ 경쟁이 이루어지는 맥락에서 적절한 전략이다.

ⓓ 손을 놓아버리는 전략이긴 하지만 적절하다.

Q 5.

ⓐ 이 전략은 합당하게 여겨지지만, 팀에서 적합한 사람에게 공로를 돌리는 건 많은 이유로 인해 어렵다는 사실을 기억하길. 키에라의 실수가 의도적이었다고 추정하지 않는 편이 낫다. 그 대신, 팀원들과 이에 관해 대화하라.

ⓑ 상황을 감안할 때, 지나치게 소극적인 전략이다. 분노를 삭이고만 있으면 결국은 일에서 마음이 떠날 것이다.

ⓒ 다소 어색하고, 따지는 것처럼 느껴질지 몰라도 아주 좋은 전략이다. 당신 입장에서 상황이 어떻게 인식되는지에 초점을 맞추고, 팀원들에게 그들의 관점도 공유해달라고 부탁하라. 해법을 제안함으로써 다른 사람에게 같은 일이 일어나는 걸 예방할 수 있다.

ⓓ 좋지 않은 전략이다. 키에라에게 대화를 청하면서 상황에 대한 관점을 묻지 않으면 긴 말다툼이 벌어지기 쉽다. 다음 회의는 분위기가 어색해질 것이다. 또한 장래에 성과 탈취가 일어나지 않도록 예방하는 효과도 없다.


Q 6.

ⓐ 파티가 끝날 때까지 기다려서 맥스와 얘기하는 것도 괜찮지만, 그의 감정을 무시해서는 좋은 결말에 도달할 수 없다. 맥스의 아이디어를 훔쳤든 훔치지 않았든 대화로 해결하는 게 좋다. 지금 맥스에겐 당신에게 행사할 권력이 없을지 모른다. 하지만 당신의 평판에 먹칠할 힘은 있다는 걸 기억하자.

ⓑ 그야말로 남을 음해하는 전략이다. 아주 노련한 성과 도둑이 아니라면 실패하기 쉽다.

ⓒ 불편하게 느껴질지 모르나, 좋은 계획이다. 각자 서로에게 보이지 않는 어떤 일들을 했는지에 관해 꼭 대화해보길 바란다. 사람들이 일의 공로를 두고 의견을 달리하는 주된 이유 하나가 눈에 보이지 않는 일들이다.

ⓓ 답변 ⓑ와 같이, 음해적인 전략이다. 위험하기도 하다. 누가 맥스 편을 들지는 모르는 일이다.


## Q 7.

ⓐ 무례한 전략이다. 서열을 들먹이면 당장은 원하는 것을 얻어낼지 모르나, 언젠가 그 사원이 당신의 상사가 되는 날이 올 수도 있음을 유념하자.

ⓑ 상사를 착취하는 법을 제대로 아는 사람이 생각해낼 만한 전략이다. 사무실은 얻어낼 수 있겠지만, 평판이 깎일지 모른다.

ⓒ 중간 관리자를 건너뛰고 윗사람에게 불평할 때는 신중해야 한다. 두 관리자를 이간질하는 건 장기적으로 누구에게도 도움이 되지 않는다.

ⓓ 좋은 생각이다! 이 전략에서 당신은 원하는 것을 요청(요구가 아니다)하고, 그 대신 유용한 것으로 보답할 수 있다.

## Q 8.

ⓐ 돕겠다고 나선 건 고맙지만, 고전적인 불도저형 행동이다. 다른 사람이 당신의 전문 분야에 접근하지 못하도록 차단하면, 팀은 일을 하기 위해 당신에게 전적으로 의존하게 된다.

ⓑ 좋은 선택이다! 다른 사람을 교육하는 건 바람직한 첫발짝이다. 당신의 전문성을 활용하는 동시에 미래에 시간을 아낄 수 있다.

ⓒ 이 접근법은 지나치게 회피적이다. 일이 너무 많아 과로하는 상황이라면 업무를 거절해도 괜찮다. 하지만 적어도 당신 대신 일해줄 사람 몇 명을 제안하는 게 좋겠다.

ⓓ 착취적인 불도저형 행동이다. 팀에 대한 완전한 통제권을 받아야만 일을 맡겠다고 하는 건, 지나치게 독재적이다.


## Q 9.

ⓐ 나쁜 생각이다. 무임승차가 더 많은 무임승차를 불러서는 안 된다. 예전 팀에서 무임승차를 당했다고 해서, 새 팀원들에게 무임승차해도 된다는 뜻은 아니다.

ⓑ 무슨 마음인지는 알겠는데, 이 전략은 부작용이 크다. 순위를 알았을 때 동기부여를 받는 건 일등과 꼴찌뿐이다. 상사가 당신의 조언을 받아들여서 꼴찌에게 상여금을 주지 않겠다고 협박하면, 강약약강형 행동을 부추기는 경쟁적인 분위기가 만들어진다. 사람들은 사다리를 오르기 위해서 무슨 짓이든 할 것이다.

ⓒ 좋은 전략이다! 이게 바로 공정성 검사다.

ⓓ 음해적인 전략이다. 특히 아무에게도 알리지 않는다는 부분이 문제다. 남에게 일을 맡기고 당신이 직접 일하는 척하는 건 전형적인 무임승차형 행동이다. 이 접근법을 택한다면 신중하라. 단기적으로는 통할지 몰라도, 결국 말이 새어나가기 마련이다.

## Q 10.

ⓐ 상사로서는 너무 소극적인 전략이다. 직원들은 당신에게 불평하기를 그만두는 대신, 당신에 대해 불평할 것이다.

ⓑ 이 전략은 눈앞의 문제는 해결할지 몰라도, 실수가 절대 용납되지 않는다는 메시지를 전하게 된다. 실수를 하고도 인정하지 않는 비밀스러운 조직 문화를 만들고 싶은가? 아닐 것이다.

ⓒ 훌륭한 전략이다! 이로써 누가 아이린이 해야 할 일을 대신해주고 있는지 파악하고, 문제를 직접 해결할 수 있다.

ⓓ 표면상으로는 말이 되는 전략이지만 장기적으로는 통하지 않을 것이다. 한 사람의 나쁜 행동에 대해 모두를 벌주는 전략일뿐더러(일터 분위기를 해치는 지름길이다) 아이린의 무임승차를 막지도 못한다. 확인하는 주기가 한 달에 한 번이므로, 그사이 아이린은 누군가를 달콤한 말로 꼬드겨 자기 할당량을 떠넘길 기회를 얻을 것이다.

## Q 11.

ⓐ 남을 끊임없이 감독하는 전략은 전형적인 과잉 통제다. 과거의 업무를 내려놓는 건 쉽지 않다. 그래서 그 업무를 넘겨받은 사람을 과잉

통제하고 싶은 욕구에 불이 붙는 것이다.

ⓑ 너무 많은 보고 체계를 만드는 전략 역시 전형적인 과잉 통제다. 제시의 새 관리자가 제시를 감독하는 것 말고 할일이 별로 없다면, 과잉 통제로 빠지기 딱 좋다.

ⓒ 서로 무엇을 필요로 하는지를 놓고 대화하는 건 둘의 목표가 일치하는지 확인하는 훌륭한 방법이다. 일정을 함께 정하면, 어떤 일을 언제 해야 하는지에 관해 둘이 같은 생각으로 일하게 된다.

ⓓ 관리자로서는 너무 부하들을 방치하는 전략이다. 팀원들에게 관심을 두지 않고 당장 당신의 목표에만 집중하면 불성실한 상사가 될 위험이 있다.


## Q 12.

ⓐ 사람들에게 시킬 일이 떠오르지 않는다고 해서 아무 일이나 시키는 건 과잉 통제의 징후다.

ⓑ 끝내주는 전략이다. 시간이 잘 활용되며, 창조적이고, 평소 시간을 내서 연마하기 어려운 기술을 알려줄 수 있다.

ⓒ 정말 재미있는 상사다! 그런데 진지하게 말하자면 좋은 생각은 아니다(특히 술을 마시는 건). 파티는 퇴근 후로 미뤄라.

ⓓ 이 전략은 부적절하고, 자칫하면 남을 음해하는 방향으로 흐르게 된다. 당신과 직원들 사이에는 큰 지위의 격차가 있음을 잊지 마라. 직원들이 당신과 수다를 떠는 건 진짜 원해서가 아니라 상사의 청을 거절하지 못해서일 수 있다.

Q 13.

ⓐ 통제광에게 흔한 행동 유형이다. 에스터가 비판하는 방식이 썩 바람직하지 못했기 때문에, 당신은 방어적으로 나왔다. 에스터는 아마 벽을 치는 방법으로 대응할 것이다. 믿지 못하겠다는 표정으로 눈을 굴리고, 자리를 뜨고, 사무실 문을 쾅 닫을 것이다. 나쁜 의사소통의 사이클에서 벗어나려면 당신이 에스터에게 자꾸 간섭하는 이유가 무엇인지 정확히 알려라. 그리고 그가 효율적으로 일을 마치기 위해 필요한 게 무엇인지 물어라.

ⓑ 아주 나쁜 전략이다. 표현 방법이 좋진 않았을지언정 당신에게 솔직한 피드백을 하는 사람을 해고하면 잘못된 메시지를 전달하게 된다. 직원들에게 더 적절하게 비판하는 방법을 가르치는 데 주력하라(통제광에 대한 장이 이에 관한 내용을 다룬다).

ⓒ 훌륭한 생각이다! 두 사람의 생각이 어느 지점에서 다른지 알아내는 건 과잉 통제 문제를 해결하는 데 핵심이다.

ⓓ 상사로서는 너무 소극적인 전략이다. 지금 에스터에게서 달아날 수는 있지만, 에스터는 아마 다음날 똑같은 문제를 들고 올 것이다.


Q 14.

ⓐ 이 전략은 착취적이며, 손의 커리어에 도움이 되지 않는다. 당신은 호의를 베풀면 연봉이 오를 거라고 믿는 사람을 이용하는 셈이다. 연봉을 올리려면 상사의 잡일을 처리해줄 게 아니라, 본업을 잘해야 한다.

ⓑ 훌륭한 생각이다! 유용한 업무를 나눠줘라. 신중히 감독해야 한다는 점도 유념하라.

ⓒ 이 전략은 작은 규모에만 통한다. 좋은 관리자가 되는 관건은 언제 도움을 받아들일지 아는 데에 있다. 이대로 가다간 번아웃에 빠질 것이다.

ⓓ 위험한 전략이다. 만일 손이 강약약강형이라면, 그에게 자기가 함께 일하는 사람들의 평판을 통제할 완벽한 기회를 주는 셈이다.


Q 15.

ⓐ 오랫동안 태만하다가 갑자기 심하게 통제하는 패턴은 불성실한 상사의 특징이다.

ⓑ 상사로서는 너무 소극적인 전략이다. 불평하는 사람이 없다고 해서 다 괜찮다고만 생각해선 안 된다. 사람들이 불성실한 상사에게 불만을 제기하지 않는 데에는 많은 이유가 있다. 그중 첫번째 이유는 불평해봤자 무시당할 거라고 생각하기 때문이다.

ⓒ 좋은 전략이다! 대부분의 사람들은 론칭 직전에 가장 많은 관심을 원한다. 지금 누가 제일 도움을 필요로 하는지 알면 우선순위를 정할 수 있을 것이다.

ⓓ 남을 탓하면 당장은 마음이 편하다. 하지만 상부에 대고 불평한다고 해서 문제가 해결되진 않는다. 상사에게 문제를 꺼내되, 비판하는 방법에선 조심하라(통제광과 불성실한 상사를 다룬 장에 유용한 지침이 있다).

## Q 16.

ⓐ 좋은 계획이다! 시간 도둑에 대응하는 일을 팀원에게 맡김으로써 새로운 인맥을 쌓도록 도울 수 있다(다만, 가치가 있는 일에 한해서 그러하다).

ⓑ 이 전략을 실행하면 잠깐은 기분이 좋을 수 있다. 하지만 당신이 얼마나 힘든지 구구절절 이메일을 쓰는 데 들인 시간이면, 충분히 보고서를 편집할 수 있었다. 또한 이메일을 쓰는 게 근본 문제를 해결해주진 않는다. 문제는 당신이 중요한 사람들에게 내어줄 시간이 부족하다는 것이다.

ⓒ 소셜미디어에서 동료들을 욕하는 건 절대 좋은 생각이 아니다. 커리어빌더CareerBuilder에서 실시한 설문에 의하면, 약 70퍼센트에 달하는 고용주가 지원자를 소셜미디어를 활용해 걸러내며 3분의 1가량이 온라인에서의 행동을 이유로 직원을 해고하거나 징계한 적이 있다.[1] 현재 고용주를 욕했다간 자칫 일자리를 잃을 위험이 있다.

ⓓ 이것도 좋은 계획이다! 태만해지려고 할 때 궤도로 돌아오기 위해선, 직원들에게 우선순위를 정하게 하는 게 핵심이다.

# 테스트 2. 나는 유능한 아군일까?

우리 대부분이 일터에서 피해자가 아닌 관찰자로서 돌아이들을 지켜본 적이 있다. 이 설문은 돌아이의 목표물이 여러분이 아닌 다른 사람일 때, 여러분이 어떻게 대응하는지 평가하기 위한 것이다. 과연 여러분은 유능한 아군일까? 그렇지 않다면 어떤 유형의 동료일까? 피해자에게 도움이 되지 않는 동료 유형에는 '빛 좋은 개살구형' '극적인 구원자형' '행동하지 않는 방관자형'이 있다.

앞의 설문처럼 이 설문도 2부로 이루어진다. 1부에서는 10개의 질문을 던지고, 마지막에 점수를 계산하는 법을 알려준 다음 네 가지 아군 유형에 대해 설명할 것이다. 2부에서는 각각의 답변이 어째서 해당 유형으로 분류되는지 논리적으로 훑어볼 것이다.

이 설문에 답하는 방법은 여러 가지가 있겠지만, 내가 제일 좋아하는 건 여러 사람이 나의 관점에서 질문에 답해보도록 하는 것이다. 다른 사람은 내가 어떤 아군이라고 생각하는가? 그들의 답변이 내가 생각하는 내 모습과 일치하는가? 누가 나를 유능한 아군으로 보고, 누가 나를 행동하지 않는 방관자로 보는가? 나는 내가 다양한 사회적 상황에서 어떻게 행동할 것 같은지 여러 사람에게 물음으로써 나 자신에 대해 많은 것을 알게 되었다. 여러분도 그러리라 장담한다.

설문을 즐기길!


Q 1. 당신의 상사는 최근 일이 버겁다고 느낀 나머지, 신입 직원들과의 일대일 면담을 스티브에게 일임하기 시작했다. 스티브는 직장에서 살아남는 법을 아는 노련한 직원이다. 하지만 그에겐 남들보다 앞서 나가기 위해 수단과 방법을 가리지 않는 어두운 면도 있다. 자신이 경쟁자로 느끼는 사람에 대해선 험담도 서슴지 않는다. 당신과 스티브는 서로의 영역을 침범하지 않고 지내며, 스티브는 당신에게 불만이 없어 보인다. 당신은 어떻게 하는가?

ⓐ 스티브가 신입 직원들을 데리고 뭘 하든 신경쓰지 않는다. 당신이 상관할 일이 아니다.

ⓑ 사내 온라인 게시판에 이 문제에 대해 글을 올린다. 이름과 세부사항은 밝히지 않은 채, 사내에서 괴롭힘을 당하는 사람이 있으면 전적으로 지원할 거라고 선언한다.

ⓒ 남들 모르게 상사를 찾아가 우려를 표한다. 당신이 처음 일을 시작했을 때, 하루에 단 15분이라도 상사와 직접 소통한 것이 큰 의미가 있었다고 말한다.

ⓓ 스티브를 불러 경고한다. 조금이라도 잘못하면, 지난해 핼러윈 파티에서 찍은 낯부끄러운 사진을 사내 단체 메일로 뿌릴 거라고 협박

한다.


Q 2. 아이스크림 회사의 관리자인 당신은 새로운 맛을 개발하는 팀의 수장으로서 팀원 열두 명을 감독하고 있다. 일을 시작하고 한 달쯤 지났을 때, 신입 팀원인 모나가 팀에서 가장 오래 일한 타일러에게 술이 들어간 바닐라 퍼지 맛 아이스크림에 대한 아이디어를 빼앗겼다고 불만을 제기한다. 이에 타일러는 코웃음을 치며, 모나가 생각한 건 바닐라까지였고 나머지는 자기 아이디어라고 말한다. 당신은 어떻게 대응하는가?

ⓐ 타일러와 모나를 비롯해 모든 팀원을 불러모아 각자가 무엇을 기여했는지 기록하는 것의 중요성에 대해 이야기한다. 이 팀에는 소통 문제가 있는 게 분명하다. 누가 무엇을 했는지 기록하는 공식적인 절차가 필요하다.

ⓑ 두 사람을 불러서, 옹졸한 말다툼이나 하고 있을 시간은 없다고 말한다.

ⓒ 팀원 전체에게 장문의 이메일을 보내, 서로 힘이 되어주고 서로의 노력을 귀하게 여기는 게 얼마나 중요한지 강조한다. 팀에 '나'란 개인은 없다!

ⓓ 팀 회의를 소집해서 신입 사원을 괴롭힌 타일러를 비난한다. 팀의 터줏대감이 그렇게 행동해서 쓰겠는가.


Q 3. 최근 회의를 할 때마다 동료 애덤이 특별한 안건도 없이 절반의 시간을 독차지하고 이야기를 늘어놓는다. 나머지 아홉 명은 그만큼 발언권을 얻지

못한다. 그런데 아무도 그의 말을 끊을 생각이 없어 보인다. 당신은 어떻게 하는가?

ⓐ 애덤의 말을 끊고, 그의 목소리를 듣는 게 지긋지긋하다고 말한다. 남들도 말은 안 했지만 같은 생각일 것이다.

ⓑ 아무것도 하지 않는다. 어차피 회의는 금방 끝날 테니까.

ⓒ 그 순간은 아무것도 하지 않지만, 회의가 끝나고 몇 사람을 모아서 다음에 애덤이 발언권을 양보하지 않으려 하면 어떻게 할지 계획을 세운다. 한 번도 말할 기회를 얻지 못한 사람에게 발언권을 주는 역할을 누가 맡을지 정한다.

ⓓ 대화의 장을 열어, 회의에서 혼자만 떠드는 사람에 대해 어떻게 느끼는지 솔직히 털어놓자고 제안한다.


Q 4. 당신의 회사에서 뛰어난 인재인 민선을 채용하려 한다. 민선은 현재 일하는 회사에서 최고의 애널리스트로 꼽히며, 당신 회사에서는 그가 경쟁사에서 일하지 못하도록 높은 연봉을 지불하고 데려올 용의가 있다. 이때 당신이 생각하기에 최선의 전략은 무엇인가?

ⓐ 어떻게든 민선을 채용하고, 그다음 일은 걱정하지 않는다. 중요한 건 민선을 구직 시장에 풀어놓지 않는 것이다.

ⓑ 민선을 채용하고, 6개월마다 성과를 평가하는 계획을 수립한다. 만일 민선이 평가받기를 거부한다면 심각한 적신호로 여긴다.

ⓒ 민선을 채용하고 성취지향적인 팀에 배정한다. 팀원들과 자주 면담을 해서, 민선이 다른 팀원들과 똑같이 열심히 일하는지 확인한다.

민선이 일을 대충 한다는 이야기가 들리면 팀원들 앞에서 훈계한다.

ⓓ 민선을 채용하고 브랜드 홍보대사로 위촉한다. 그가 일을 하든 말든 무슨 상관인가? 회사의 가치를 보여주는 역할이면 족하다.


**Q 5. 여섯 명으로 구성된 당신의 팀은 마감을 맞추기 위해 바쁘게 일하고 있다. 회의는 어수선하다. 모두 테이블에 둘러앉아 공중에 대고 아이디어를 외치는 동안, 한 사람이 회의실 앞에 나가 화이트보드에 바삐 글씨를 적어나간다. 마지막 회의가 끝났을 때, 동료 스탠은 자기가 좋은 아이디어를 아무리 많이 내도 화이트보드에 적어주지 않는다고 불평한다. 이런 일을 방지하기 위해 당신은 어떻게 하는가?**

ⓐ 팀원들에게 20분마다 잠시 휴식하며 어떤 아이디어가 나왔는지, 누가 그 아이디어를 냈는지 기록하자고 제안한다. 회의마다 한 사람이 아이디어 기록원 역할을 맡는다. 한 사람에게 지나친 부담이 쏠리지 않도록 역할은 돌아가며 맡게 한다.

ⓑ 다음 회의가 시작될 때, 모두 스탠에게 더 관심을 기울이라고 설교한다. 스탠이 무시당한다고 느끼고 있다고 설명한다.

ⓒ 스탠에게 남들이 자기 말을 들어주길 원하면 스스로 목소리를 내야 한다고 알려준다. 그의 아이디어가 화이트보드에 적히도록 하는 건 당신의 책임이 아니다.

ⓓ 다음 사내 파티에서 모든 사람들의 목소리에 귀를 기울이는 것의 중요성에 관해 연설한다. 다음 파티는 6개월 뒤로 잡혀 있지만, 그때까지는 이대로 둬도 괜찮을 것이다.

Q 6. 너새니얼은 팀에서 자기 몫을 다하지 못하고 있다. 그가 제출하는 보고서는 때로 신입 인턴이 작성했다고 봐도 될 정도로 엉성하다. 어느 날 오후, 누군가 화장실 칸에 숨어 우는 소리가 들린다. 너새니얼 아래에서 일하는 신입 인턴 위니다. 위니는 너새니얼이 너무 많은 업무를 부적절하게 요청해서 버겁다고 느낀다. 당신은 어떻게 하는가?

ⓐ 조용히 다른 화장실로 떠난다. 직장에서 드라마 찍는 건 사절이다.

ⓑ 위니를 꼭 안아주고, 퇴근 후 술을 사주겠다고 한다. 괴로울 때는 기꺼이 의지할 곳이 되어주겠노라고 말한다. 하지만 그 이상으로 상황에 개입할 계획은 없다. 자기 인턴을 어떻게 관리할지는 너새니얼이 정하는 것이다.

ⓒ 너새니얼을 불러내서 위니에게 자기 일을 맡기는 이유를 묻는다. 너새니얼의 일을 처리하느라 위니가 버거워하는 게 우려된다고 말하고, 팀원들과 함께 너새니얼이 다시 업무의 궤도에 오르도록 도울 방법을 논해보겠다고 한다.

ⓓ 다음 팀 회의에 위니를 불러서 자기 경험을 이야기하라고 한다. 위니의 편에 서주고, 앞으로 나아갈 수 있도록 응원한다.


Q 7. 마셜과 당신은 각자 다른 상사 아래에서 일하지만, 사내에서 가장 가까운 친구로서 서로 자주 조언을 구한다. 그런데 최근 마셜이 당신과 교류를 꺼리는 듯하다. 어느 날 당신은 안부를 물으러 마셜의 사무실에 들렀다가, 그의 상사가 마셜에게 지금 하는 일이 극비사항이며 누구에게든 발설했다가는 둘 다 커리어가 망가질 거라고 말하는 것을 엿듣게 된다. 한때 남들에게 협조적

이었던 마셜의 상사가 그렇게 말하는 게 당신에겐 기묘하게 느껴진다. 당신은 어떻게 반응하는가?

ⓐ 이후 마셜을 찾아가, 가까이 지내던 때가 그립고 상사와의 관계가 걱정된다고 말한다. 어떻게 된 일인지 털어놓으라고 압박하지는 않는다. 단지 그가 비밀리에 문제를 털어놓고 싶으면 도움이 될 사람들의 명단을 건네준다.

ⓑ 조용히 뒷걸음질쳐서 당신의 사무실로 돌아간다. 마셜과 상사의 대화는 그들의 사생활이다.

ⓒ 즉시 당신의 상사에게 이메일을 보낸다. 그 위의 상사도 수신인으로 넣는다. 당신이 엿들은 내용을 자세히 적고, 마셜이 학대를 당하고 있다는 우려를 표한다.

ⓓ '고립과 학대에 반대하는 직원' 모임을 만든다. 마셜에게 가입을 권한다. 마셜은 원하면 이곳에서 자기 이야기를 들려줄 수 있을 것이다.

Q 8. 동료 핀이 요즘 기진맥진해 보인다. 상사가 끊임없이 그를 감시하면서 행동 하나하나를 통제하고 있기 때문이다. 핀은 누구보다도 늦게 퇴근하지만, 중요한 마감을 세 개나 놓쳤다. 핀이 통제광 상사를 어떻게 대해야 할지 조언을 청하면, 당신은 뭐라고 말하는가?

ⓐ 숨으라고 조언한다. 사무실 불을 끄고 없는 척하라고 한다. 그러면 상사는 다른 사람에게 관심을 돌릴 것이다.

ⓑ 상사에게 대화를 청하라고 조언한다. 과잉 통제에 과잉 통제로 맞

불 작전을 펼쳤다가는 상사가 방어적으로 나올 테니, 큰 그림에서 두 사람의 목표에 대해 이야기하는 것으로 시작하라고 권한다. 자신의 목표뿐 아니라 상사의 목표에 대해서도 물으라는 팁을 준다. 퀸이 해야 하는 일에 대해 두 사람의 생각이 다를지도 모른다.

ⓒ 직장에서 자신의 진짜 자아를 드러내라고 조언한다. 상사의 반응이 어떻든 감정을 숨기지 말라고 한다.

ⓓ 퀸의 상사 아래에서 일하는 다른 사람들을 찾아가 면담한다. 과잉 통제 문제가 얼마나 널리 퍼져 있는지 확인한 다음, 조직 상부에 문제를 제기한다.

**Q 9.** 당신과 동료 모건이 입사해 일을 시작한 지 5개월이 지났다. 당신의 상사는 당신에게 멘토링을 해주고 교육도 하지만, 모건의 상사는 자리에 붙어 있는 법이 없다. 모건은 일을 시작하고 상사를 한 번밖에 만나지 못했으며, 아직까지 사내에서 자리를 잡지 못해 애를 먹고 있다. 모건이 도와달라고 하면, 어떻게 대응하는 게 좋을까?

ⓐ 모건에게 상사의 주의를 끄는 법에 대해 조언한다. 작은 것부터 하는 게 좋다. 다음 2주 안에 30분 정도 짧은 회의가 가능할지 상사에게 묻고, 상사가 가능하다고 하면 회의에 당장 도움을 받을 수 있는 안건 몇 가지(3개가 넘으면 안 된다)만 들고 가라고 한다. 불성실한 상사에 대응하는 핵심은, 너무 많은 요청으로 상사를 압박하면 안 된다는 것이다.

ⓑ 모건에게는 따로 조언하지 않고, 바로 당신의 상사를 찾아가 모건

을 당신 팀으로 전배시킬 수 없는지 묻는다.

ⓒ 모건에게 자기 인생을 되찾는 법에 대한 자기계발서를 여러 권 선물
한다. 책을 읽는 모건의 사진을 찍어 당신의 소셜미디어 계정에 올
리면서 모건이 얼마나 멋진 사람인지 알려주는 해시태그를 단다.

ⓓ 당신은 어차피 모건의 상사를 통제할 수 없다. 모건이 당신에게서
뭘 원하는지 모르겠다. 당신이 모건 같은 처지였다면, 이미 이직할
곳을 알아보고 있을 것이다.


Q 10. 당신은 상사와 몇 년째 함께 일하며 바람직한 관계를 유지하고 있다.
상사는 뛰어난 멘토이며 당신은 그 덕분에 빠르게 진급했다. 그런데 최근, 상
사의 멘토링 능력에 대해 알게 된 사람들이 온갖 조언을 구하러 찾아오고 있
다. 상사는 온종일 그들을 상대하느라 지쳤고, 일이 버겁다고 느끼며, 팀원들
에게 내줄 시간이 부족하다. 당신의 새 동료 저넬은 당신과 같은 수준의 멘토
링을 받지 못하고 있다고 불평한다. 이 상황에 어떻게 대처하는가?

ⓐ 당신이 얼마나 멋진 상사 아래에서 일하고 있는지에 관해 트위터에
적고 상사를 태그한다. 그리고 상사가 보지 않는 곳에서 뒷담화를
한다.

ⓑ 상사를 찾아가, 그에게 도움을 구하는 다양한 사람들에게 당신이
대신 멘토가 되어주면 어떻겠냐고 묻는다. 그러면 상사는 시간을
아낄 수 있다(덕분에 저넬에게 쓸 시간도 생길 것이다). 한편 당신은 새
인맥을 쌓고 멘토링 실력을 키울 수 있다.

ⓒ 상사를 귀찮게 하는 사람들을 직접 찾아가서, 다른 사람을 알아보라

고 말한다. 자기 대신 개입해준 것에 대해 상사가 고마워할 것이다.

ⓓ 저녤에게 할 수 있는 일이 없다고 말한다. 시간을 어떻게 쓰든, 상사의 선택이다.

## 채점표

당신의 답변에 동그라미를 치고, 각 열에서 동그라미를 친 답변 개수를 맨 아래칸에 적어라.

| 질문 번호 | 빛 좋은 개살구형 | 극적인 구원자형 | 행동하지 않는 방관자형 | 유능한 아군형 |
|---|---|---|---|---|
| 1 | b | d | a | c |
| 2 | c | d | b | a |
| 3 | d | a | b | c |
| 4 | d | c | a | b |
| 5 | d | b | c | a |
| 6 | b | d | a | c |
| 7 | d | c | b | a |
| 8 | c | d | a | b |
| 9 | c | b | d | a |
| 10 | a | c | d | b |
| 최대 점수 | 10 | 10 | 10 | 10 |
| 당신의 점수 | | | | |

## 빛 좋은 개살구형

당신의 행동은 겉보기에는 선행처럼 보이지만 일터에서 사람들의 행동을 바꾸는 데에는 아무짝에도 쓸모없다.

당신은 사내 파티에서 연설하거나 소셜미디어에 글을 올리는 등 남들이 보는 앞에서 지지를 표명하는 건 잘한다. 특히 지지를 선언하는 게 일반적인 일터에서는 더욱 그렇다. 그러나 돌아이들의 행동을 직접 목격한 경우, 당신은 못 본 척 시선을 돌린다. 직장에서 드라마를 찍을 생각은 없다. 특히 상황에 개입함으로써 당신의 사회자본을 잃는 건 피하고 싶다. 신입 직원들은 처음엔 당신을 오해한다. 당신이 공적으로 그들을 지지해주니, 사적으로도 지지해줄 거라고 생각한다. 하지만 당신은 그러지 않는다. 남들 입장에서 당신은 위험한 가짜 아군이다.

## 극적인 구원자형

당신의 마음은 옳은 곳을 향하지만, 구조 행동은 다소 과하고 드라마틱하다. 당신은 남들이 보건 말건 개의치 않고 피해자를 돕겠다고 나선다. 지지를 표명하는 거창한 제스처를 선호하고, 빠르게 머리를 굴려 가해자에게 모욕과 수치를 준다.

돌아이에게 본때를 보이는 건 누구나 사이다처럼 속시원하게 느낀다. 하지만 당신이 사용하는 방법이 갈등에 오히려 기름을 부을 수도 있다. 입지가 불안한 피해자들은 당신의 보호에 감사하는 한편, 그로 인해 고립된 기분을 느낄 것이다. 아직 자기 이야기를 공개할 준비가 되지 않은 사람들은 당신의 행동으로 압박을 느낄 것이다. 당신이 사용한 전술로 인해, 당신이 보호하고자 하는 피해자는 직장에서 한 사람을 빼고는 친구를 잃을지도 모른다. 당신을 제외하면 그들 곁에 아무도 남지 않는 것이다.

### 행동하지 않는 방관자형

당신의 관점에서 제3자는 문제를 해결하러 나설 필요가 없다. 다른 사람들이 사무실의 돌아이 문제를 겪고 있어도, 당신이 해결할 의무는 없다. 당신은 스스로 일터의 이런저런 까다로운 사람을 대하는 법을 알아냈으며 다른 사람들도 알아서 해내야 한다고 생각한다. 팀에서 당신은 무임승차자와 불도저가 남들을 이용하는 걸 그냥 보고만 있다. 중요한 안건이면, 누군가 이미 개입했을 거라고 생각한다. 나쁜 상사에게 해를 입은 사람을 보면 조언 정도는 해주겠지만, 그들을 위해 목소리를 내주는 법은 없다.

어떤 경우 당신의 행동은 갈등 회피 성향에 기인한다. 직장에서 당신의 지위가 불안정하다고 느껴서 평화를 뒤흔드는 일만은 피하고 싶은 것이다. 다른 경우, 당신의 회피는 과로에 기인한다. 이미 너무 무리하고 있어서 남을 위해 개입할 시간이 나지 않는 것이다.

### 유능한 아군형

당신은 갈등을 정면돌파하는 전략과 조언을 적절히 조합해서 사무실의 돌아이에게 대응한다. 사무실의 돌아이를 해결하는 방법은 일터에서 아군을 만드는 것임을 알고, 피해자들이 한시바삐 자신을 보호해줄 적임자를 찾도록 돕는다. 남들 앞에서 보란듯이 지지를 표명하는 건 당신 스타일이 아니다. 반드시 정면으로 맞서야 할 상황이 벌어지면, 상대와 일대일로 만나기를 선호한다. 남들 앞에서 수치를 주는 방식으로는 원하는 목적지에 이를 수 없다는 것을 잘 알기 때문이다. 당신은 갈등을 악화시키기보단 완화시키는 전술을 사용한다. 관련자들끼리 터놓고 솔직하게 의사소통하도록 유도하는 게 당신이 제일 먼저 찾는 방법이다.

당신은 갈등에 놓인 두 사람의 상황을 해결하는 중재자 역할을 자주 맡게 된다. 대놓고 한쪽 편을 들지 않으면서 사람들 사이의 긴장을 누그러뜨릴 줄 알기 때문에 상사들에게 총애를 받는다. 이미 지도자가 아니라면, 언젠가 지도자가 될 확률이 높다.

### 답안 해설

Q 1.

ⓐ 당신이 관련되지 않은 문제에 신경을 끄는 건 지혜로워 보일지도 모른다. 하지만 이런 경우, 당신의 결정이 훗날 부메랑처럼 당신에게 되돌아올 수 있다. 강약약강형에게 한번 의존해본 상사는 나중에 같은 선택을 되풀이하게 된다.

ⓑ 사내 게시판에서 누군가를 비판하는 건 어지간해선 좋은 생각이 아니다. 대부분의 사람들은 문제에 대한 현실적인 해법을 찾아내는 게 아니라, 문제의 당사자가 누구인지를 두고 수다를 떨며 시간을

보낼 것이다.

ⓒ 제3자로서 간섭처럼 느껴지지 않도록 개입하는 건 타이밍을 잡기가 어렵다. 이 접근법에선 그 어려운 걸 해낸다. 스티브를 헐뜯지 않으면서 상사에게 우려를 표했다. 좋은 선택이다!

ⓓ 직장에서 사람들이 협박을 받았다고 해서 행동을 바꾸는 일은 드물다. 위협이 사라지면 나쁜 행동도 바로 돌아올 것이다. 이 접근법이 지속 가능하려면 스티브의 굴욕 사진이 여러 장 있어야 하는데, 그럴 것 같지는 않다.


Q 2.

ⓐ 훌륭한 해법이다! 공로를 두고 옥신각신하는 일은 일터에서 흔하다. 팀원들에게 누가 무엇을 기여했는지 정리하는 법을 일찍 알려주면 나중에 시간을 많이 절약하게 될 것이다.

ⓑ 팀원들에게 갈등을 알아서 해결하라고 말하고 싶은 충동이 들 것이다. 하지만 이 전략이 통하려면, 팀원들이 갈등을 해결할 줄 알아야 한다. 당신의 전략을 따를 경우 타일러는 단지 상급자라는 이유로 새로운 맛을 개발한 공로를 인정받게 된다. 팀원들을 좀더 지도할 필요가 있다.

ⓒ 최소한의 노력만 들이려 하는 접근법으로서, 팀에게 이런 메시지를 전한다. "말은 한마디 얹겠지만, 발 벗고 해결에 나설 만큼 신경쓰지는 않겠다."

ⓓ 타일러는 아마 다음날 출근해서 팔짱을 끼고 앉아선 팀에 아무런

기여도 하지 않으려 들 것이다. 공개적으로 비난받은 사람은 보통 일에서 마음이 떠나게 된다.

## Q 3.

ⓐ 가혹한 접근법으로서, 당장은 애덤을 막을 수 있다. 하지만 다른 사람들도 당신에게 굴욕을 당할까 두려워 회의에서 말을 아끼게 될 것이다. 신입 직원들과 스스로 발언권이 없다고 생각하는 사람들은 당신이 있는 자리에서는 어떤 기여도 하지 않으려 할 것이다.

ⓑ 사실이긴 하다. 그러나 애덤이 계속 회의를 멋대로 주무르게 놔두면 당신 인생의 몇 시간, 길게는 며칠을 허비하게 된다.

ⓒ 이처럼 간접적인 해법을 찾으면 애덤을 웃음거리로 만들지 않으면서 문제를 해결할 수 있다. 또한 평소에 말을 많이 하지 않는 사람들이 발언하도록 장려하게 되니, 일석이조다.

ⓓ 한 사람의 나쁜 행동 때문에 공개적으로 논의의 장을 열면, 이 문제가 널리 퍼져 있다는 착시를 일으키게 된다. 또한 많은 사람의 시간을 낭비하게 된다.

## Q 4.

ⓐ 이 전략은 매력적이지만 아마 역효과를 낳을 것이다. 민선의 입장에서는 입사 후에 일할 동기를 유지할 이유가 없다.

ⓑ 훌륭한 아이디어다. 슈퍼스타와 사랑에 빠지는 건 위험하다. 절차상으로 민선이 남들의 기대에 부응할 동기를 적어도 하나는 만들

어두는 게 현명하다. 만일 민선이 기대 이하라면, 빠져나갈 길도 생긴다.

ⓒ 성취지향적인 팀원들은 민선의 존재에 위압감을 느낀 나머지, 민선에 대해 제대로 보고하지 않을 것이다. 게다가 대부분의 직원들은 팀의 슈퍼스타를 곤경에 빠뜨리고 싶어하지 않는다.

ⓓ 고전적인 빛 좋은 개살구형 전략이다. 민선에겐 능력이 있다는 걸 잊지 말길! 조직의 모든 사람들이 그 능력을 발휘하는 모습을 보고 싶어할 것이다.


## Q 5.

ⓐ 회의가 어쩔 수 없이 어수선해질 때가 있다. 이 전략은 속도를 한 템포 늦추어 모두가 뜻을 모아 나아가도록 한다. 그렇게 하면 스탠처럼 남보다 큰 소리로 말하는 게 불편한 사람들도 자신의 느낌을 팀원들과 공유할 수 있다. 팀을 재정비하고, 모든 사람의 목소리를 듣기 위한 전략이다.

ⓑ 스탠이 불쌍하다! 스탠은 팀에 기여하려고 애쓰다가 곤란한 기분을 느끼고 있었다. 당신이 스탠의 그런 상황을 공개적으로 지적했으니, 지금은 기분이 어떻겠는가? 결과적으로 스탠은 팀에 대한 기여를 줄일 것이다.

ⓒ 자기 아이디어를 화이트보드에 남기겠다고 남을 방해하는 건 여러 사람을 불편하게 만든다. 이 전략은 남을 지배하려 드는 목소리 큰 사람 외에는 팀의 논의에 기여하기 어렵게 만든다.

ⓓ 6개월 뒤는 늦다. 또한 모호하고, 실행이 어려우며, 구체적인 문제를
정확히 해결하지 않는 전략이다.

Q 6.
ⓐ 평화롭게 당신의 일에만 집중하고 싶은 마음은 이해한다. 그러나 지
금이 아니라면 너새니얼이 자기 일을 자격 없는 사람에게 떠넘기는
이유를 영영 알 수 없을지도 모른다는 사실을 기억할 것. 너새니얼
의 행동으로 괴로워지는 건 위니 혼자가 아니다. 팀 전체가 괴로워
질 수도 있다.
ⓑ 위니는 당연히 당신이 자기편이라고 여길 것이다. 그러니 당신의 행
동은 위니에게 오해를 일으키는 부당한 행동이다. 위니에겐 마음 쓰
는 시늉을 해주는 사람이 아니라 진짜 아군이 필요하다.
ⓒ 너새니얼에게 사적으로 대화를 거는 것은 이 상황에서 올바른 접근
법이다. 사람들이 일을 떠넘기는 데에는 온갖 이유가 있는데, 그중
엔 팀원 전체 앞에서 논의하기 불편한 이유도 있을 수 있다. 해법에
집중하면 너새니얼이 자기방어 욕구에 사로잡히지 않도록 하는 데
도움이 된다.
ⓓ 회사에 들어온 지 얼마 되지 않아 아직 입지가 약한 위니의 입장에
서, 낯선 사람들에게 상사에 대해 나쁜 보고를 하는 건 피하고 싶은
일이다. 이 전략을 사용했다가는 아마 위니를 퇴사로 내몰게 될 것
이다.

## Q 7.

ⓐ 이렇게 섬세한 문제를 다루기에 완벽한 접근법이다. 당신은 마셜에게 입을 열라고 종용하지 않으면서 당신의 우려를 잘 전달했다. 마셜과 같은 상황에 놓인 사람들은 사내에서 부당 대우를 받은 것에 충격을 받은 나머지 누구에게 도움을 청해야 할지 잘 판단하지 못한다. 그 일을 당신이 대신 해줬으니, 잘했다.

ⓑ 마셜의 상사가 사적으로 대화하려 했던 건 맞다. 하지만 그 대화가 심각한 경보를 울렸으니 마셜에게 이 문제를 (조심스럽게) 꺼내보는 게 좋겠다. 설령 모든 게 당신의 오해였더라도, 밑져야 본전 아닌가.

ⓒ 마셜의 상사에 대한 경보를 즉시 발동하기 전에, 잠시 속도를 늦추고 찬찬히 생각해보길 권한다. 만일 마셜이 상사에게 조종당해 비윤리적인 일을 하게 되었다면, 진실을 천천히 밝히는 게 좋다. 물론 그 전에 마셜을 보호할 조치를 마쳐야 한다.

ⓓ 빛 좋은 개살구형 전략으로서, 조직의 극소수에게만 영향을 주는 문제를 여러 사람에게 알리기만 할 뿐, 효과가 없다. 마셜이 정말로 상사에게 가스라이팅을 당하고 있다면 이 모임에 가입하지 않을 것이다. 지금 그가 놓인 단계에서는 문제가 있음을 인정하지 않을지 모른다. 동료들과 그에 관해 이야기하고 싶지 않은 건 말할 필요도 없다.


## Q 8.

ⓐ 상사 눈을 피해 숨는 건 임시방편에 불과하다. 핀이 뭘 먹어야 하거

나 화장실에 가야 하면 어떻게 하겠는가?

ⓑ 과잉 통제를 당하고 있는 사람 대부분이 상사와 더 많은 시간을 보내는 것만은 피하고자 한다. 그러나 이 선택은 아주 좋은 해법이다. 사람들이 과잉 통제를 당한다고 느끼는 주된 이유 하나는 상사와 서로 다른 목표를 가지고 일하고 있기 때문이다. 목표를 일치시킴으로써 소통 오류를 해결할 수 있다.

ⓒ 나쁜 상사의 면전에 대고 속풀이하고 싶은 욕구는 이해하지만, 그런다고 해서 상대의 행동이 바뀌지는 않는다. 극단적으로 솔직하게 행동해서는 결코 목표에 이르지 못한다. 상사는 아마 자기 행동을 정당화한 다음, 핀을 사무실에서 내쫓을 것이다.

ⓓ 핀과 함께 일하는 모든 사람을 면담하는 건 당신의 지위에 걸맞지 않은 일이다. 핀에게 그의 우려를 남들과 공유해도 된다는 허가를 받은 적도 없지 않은가. 당신과 대화한 사람 중 누군가가 핀의 상사를 찾아가 불만을 보고할지도 모르는 일이다. 핀은 자기 문제를 '카더라 통신'에 맡길 게 아니라, 직접 해결해야 한다.

Q 9.

ⓐ 불성실한 상사를 유인하기 위한 훌륭한 조언이다. 대부분의 사람들은 긴박한 분위기를 풍기며 상사를 들볶고 싶은 유혹에 빠지지만, 모건은 2주라는 시간을 제시함으로써 상사에게 대답을 들을 확률을 높였다. 이미 다른 일로 바빠서 당신에게 소홀한 상사들에게는 당신의 '긴급 상황'에 내어줄 시간이 없다.

ⓑ 고위직이나 할 법한 행동을 모건과 같은 직위의 직원이 취하는 건
이상하다. 모건을 당신 팀으로 데려오고 싶으면, 먼저 그와 논의해
봐라. 모건이 자기 상사를 완전히 포기하고 싶을 거라고 지레 넘겨
짚지 마라.

ⓒ 모건에게 책을 사주는 건 친절한 행동이지만, 그보다는 상사 문제
를 직접 해결하는 데 시간을 쓰는 편이 나을 것이다.

ⓓ 아무 노력을 하지 않는 이런 접근법은 모건을 사내에서 무력하게
만든다. 아직 포기하긴 이르다. 모건은 상사를 되찾으려 노력해봐야
한다.


Q 10.

ⓐ 오프라인 인격과 상반된 온라인 인격을 가지는 게 요새 유행인가?
직장 사람들은 대부분 그런 걸 싫어한다.

ⓑ 이 접근법으로 상사는 시간을 아끼고 당신은 신입 직원을 교육하는
경험을 얻을 것이다. 훌륭한 전략이다.

ⓒ 스스로 상사의 보디가드를 자처하기 전에, 우선 상사에게 물어라.
상사가 새로 온 사람들에게 멘토링하는 걸 즐길지도 모른다. 당신은
신입 직원들을 상사에게 접근하지 못하도록 막을 지위가 아니다.

ⓓ 당신은 상사를 공략하는 방법을 알고는 있지만, 그 방법을 공유할
마음은 없다. 저넬은 사무실에서 다른 아군을 찾아 나서야 한다는
걸 빠르게 깨달을 것이다.

## 감사의 글

이 책을 쓰는 데 필요했던 영감을 준 사람들이 있다. 내 안에 책 한 권이 될 만한 이야깃거리가 있다고 (나보다 먼저) 믿어준 제이 반 베이블, 그리고 사람들에게 스트레스와 공포를 주는 주제에 대해 유머를 곁들여 써보라고 제안해준 하이디 그랜트에게 감사한다. 두 사람이 없었다면 이 책을 쓸 자신감을 얻지 못했을 것이다.

코로나19로 인한 록다운 기간 내내 초등학교 2학년 인생에서 만난 돌아이 이야기를 들려준 아들 매티에게 크나큰 도움을 받았다. 레고 집 아이디어를 훔친 '성과 도둑'과 이야기 시간이 되면 늘 자기가 읽는 역할을 맡겠다고 고집하는 '불도저' 이야기, 잘 들었다.

많은 사람이 이 책에 담긴 이야기에 영감을 주었다. 직장에서의 고민 이야기로 나를 즐겁게 해준 엄마에게 감사한다. '컴퓨터 담당하는 남자'(자신이다)가 직장에서 사회적 교류가 제일 많은 사람이라고 알려준 오빠에게 감사한다. 사무실의 돌아이 일화들을 들려주고 그들을 다루는 귀중한 조언까지 전해준 재닛 안에게 감사한다.

퍼서비어런스팀에서 일한 경험을 친절히 공유해준 롭 도넬리와 사무실의 돌아이 설문지에 어떤 개선점이 있는지 조언해준 칼릴 스미스에게 감사한다.

지금까지 내가 가르친 학생들, 지금 가르치고 있는 학생들, 나와 함께해온 연구 동료들에게 고마운 빚을 졌다. 이 책에서 논한 연구는 모두 그들 덕분에 가능했다. 행동과 생리학적 변화를 기록함으로써 사람들 사이의 역학을 연구하는 방법에 통찰을 심어준 케이트 토슨과 오아나 두미트루에게 감사한다. 의자를 사용해서 개인 간 거리를 측정한다는 창의적인 아이디어를 낸 채들리 스턴에게, 복잡한 사회적 상황에서 사람들 사이의 유사성을 조작하는 방법을 알아낸 조 매지, 린디 걸렛, 새러 고든에게 감사한다. 지위에 관한 연구에 나를 참여하게 배려해준 개빈 킬더프와 스위 유에게도 감사한다.

현실 상황처럼 느껴지는 실험을 설계하는 법에 대해 내가 아는 모든 걸 가르쳐준 웬디 멘디스에게 감사한다. 데이브 케니와 잭 도비디오 선생님들에게도 감사한다. 그들에게 배운 그대로 내 학생들을 가르칠 수 있기를 바랄 뿐이다.

세심하고 사려 깊은 피드백을 통해 원고를 함께 빚어나간 나의 에이전트 넷 잭스에게 감사한다. 그 덕분에 내 아이디어에 자신감이 생겼다. 편집자 리아 트라우보스트와 니나 로드리게스 마티에게, 발견하기 어려운 세부사항까지 주의깊게 살펴준 점에 감사한다. 이들 세 사람이 없었다면 이 책은 세상의 빛을 보지 못했을 것이다.

주

**프롤로그**

1. Lindsay Kolowich Cox, "Eleven reasons having friends at work makes you happier," *Hubspot*, February 1, 2017, https://blog.hubspot.com/marketing/workplace-friendships.

**1장**

1. Cynthia Kay Stevens and Amy L. Kristof, "Making the right impression: A field study of applicant impression management during job interviews," *Journal of Applied Psychology* 80, no. 5 (1995), https://doi.org/10.1037/0021-9010.80.5.587.

2. Siyu Yu, Gavin J. Kilduff, and Tessa V. West, "Status Acuity: How the Ability to Accurately Perceive Status Hierarchies Reduces Status Conflict and Benefits Team Performance" (Unpublished manuscript, 2021).

3. Mercer, "Connectivity in the human age: Global Talent Trends 2019," www.mercer.com/our-thinking/career/global-talent-hr-trends-infographics.html.

4. Felicia Pratto et al., "Social dominance orientation: A personality variable predicting social and political attitudes," *Journal of Personality and Social Psychology* 67, no. 4 (1994), https://doi.org/10.1037/0022-3514.67.4.741.

5. Sanne Feenstra et al., "The Hazard of Teetering at the Top and Being Tied to

the Bottom: The Interactive Relationship of Power, Stability, and Social Dominance Orientation with Work Stress," *Applied Psychology* 66, no. 4 (2017), https://doi.org/10.1111/apps.12104.

6. Katherine R. Thorson, Oana D. Dumitru, and Tessa V. West, "Physiological linkage among successful high-status women in international teams," *Social Cognitive and Affective Neuroscience* 16, nos. 1-2 (2021), https://doi.org/10.1093/scan/nsaa112.

7. Tessa V. West et al., "A little similarity goes a long way: The effects of peripheral but self-revealing similarities on improving and sustaining interracial relationships," *Journal of Personality and Social Psychology* 107, no. 1 (2014), https://doi.org/10.1037/a0036556.

8. NFL, "NFL Junior Rotation Program Overview," www.nfl.com/careers/jrp.

9. Daniel C. Feldman, "Toxic Mentors or Toxic Proteges? A Critical Re-Examination of Dysfunctional Mentoring," *Human Resource Management Review* 9, no. 3 (September 1999), https://doi.org/10.1016/S1053-4822(99)00021-2.

10. Sarah P. Doyle et al., "Helping Others Most When They Are Not Too Close: Status Distance as a Determinant of Interpersonal Helping in Organizations," *Academy of Management Discoveries* 2, no. 2 (2016), https://doi.org/10.5465/amd.2014.0104.

11. Tessa V. West, Adam R. Pearson, and Chadly Stern, "Anxiety perseverance in intergroup interaction: When incidental explanations backfire," *Journal of Personality and Social Psychology* 107, no. 5 (2014), https://doi.org/10.1037/a0037941.

## 2장

1. Leigh Thompson and George Loewenstein, "Egocentric interpretations of fairness and interpersonal conflict," *Organizational Behavior and Human Decision Processes* 51, no. 2 (March 1992), https://doi.org/10.1016/0749-5978(92)90010-5.

2. Chrome River, "Chrome River survey reveals insights on business travel expense fraud, how businesses can deter it," May 31, 2018, www.chromeriver.com/news/chrome-river-survey-reveals-insights-on-business-travel-expense-fraud.

308 · 사무실의 도른자들

3. Lou Solomon, "The Top Complaints from Employees About Their Leaders," *Harvard Business Review*, June 24, 2015, https://hbr.org/2015/06/the-top-complaints-from-employees-about-their-leaders.

4. Randy Thornhill, "Adaptive Female-Mimicking Behavior in a Scorpionfly," *Science* 205, no. 4404 (1979), https://doi.org/10.1126/science.205.4404.412.

5. Daniel H. Stein et al., "The Mistaken Preference for Overclaiming Credit in Groups" (Unpublished manuscript, January 6, 2020).

6. Taeya M. Howell et al., "Who gets credit for input? Demographic and structural status cues in voice recognition," *Journal of Applied Psychology* 100, no. 6 (2015), https://doi.org/10.1037/apl0000025.

7. Raymond T. Sparrowe et al., "Social networks and the performance of individuals and groups," *Academy of Management Journal* 44, no. 2 (2001), https://doi.org/10.2307/3069458.

8. Steven R. Corman and Craig R. Scott, "Perceived Networks, Activity Foci, and Observable Communication in Social Collectives," *Communication Theory* 4, no. 3 (2006), https://doi.org/10.1111/j.1468-2885.1994.tb00089.x; Miller McPherson, Lynn Smith-Lovin, and James M. Cook, "Birds of a Feather: Homophily in Social Networks," Annual Review of Sociology 27, no. 1 (2001), https://doi.org/10.1146/annurev.soc.27.1.415.

9. Mark C. Bolino and Adam M. Grant, "The Bright Side of Being Prosocial at Work, and the Dark Side, Too: A Review and Agenda for Research on Other-Oriented Motives, Behavior, and Impact in Organizations," *Academy of Management Annals* 10, no. 1 (2016), https://doi.org/10.5465/19416520.2016.1153260.

10. Elizabeth J. McClean et al., "The Social Consequences of Voice: An Examination of Voice Type and Gender on Status and Subsequent Leader Emergence," *Academy of Management Journal* 61, no. 5 (2018), https://doi.org/10.5465/amj.2016.0148.

11. Samuel R. Sommers, "On racial diversity and group decision making: Identifying multiple effects of racial composition on jury deliberations," *Journal of Personality and Social Psychology* 90, no. 4 (2006), https://doi.org/10.1037/0022-3514.90.4.597.

12. Thomas Gilovich, Justin Kruger, and Victoria Husted Medvec, "The Spotlight

Effect Revisited: Overestimating the Manifest Variability of Our Actions and Appearance," *Journal of Experimental Social Psychology* 38, no. 1 (January 2002), https://doi.org/10.1006/jesp.2001.1490.

13. Emily Pronin et al., "Everyday magical powers: The role of apparent mental causation in the overestimation of personal influence," *Journal of Personality and Social Psychology* 91, no. 2 (2006), https://doi.org/10.1037/0022–3514.91.2.218.

14. Seale Harris, *Banting's Miracle: The Story of the Discovery of Insulin* (Philadelphia: Lippincott, 1946).

15. Louis Rosenfeld, "Insulin: Discovery and Controversy," *Clinical Chemistry* 48, no. 12 (2002), https://doi.org/10.1093/clinchem/48.12.2270.

16. Nicholas Wade, "Nobel Follies," *Science* 211, no. 4489 (1981), https://doi.org/10.1126/science.211.4489.1404.

## 3장

1. Cameron Anderson and Robb Willer, "Do Status Hierarchies Benefit Groups? A Bounded Functionalist Account of Status," in *The Psychology of Social Status*, ed. Joey T. Cheng, Jessica L. Tracy, and Cameron Anderson (New York: Springer, 2014).

2. Mark Goulston, "How to know if you talk too much," *Harvard Business Review*, June 3, 2015, https://hbr.org/2015/06/how-to-know-if-you-talk-too-much.

3. Katherine R. Thorson, Oana D. Dumitru, and Tessa V. West, "Physiological linkage among successful high–status women in international teams," *Social Cognitive and Affective Neuroscience* 16, nos. 1–2 (2021), https://doi.org/10.1093/scan/nsaa112.

4. Dana R. Carney, "The nonverbal expression of power, status, and dominance," *Current Opinion in Psychology* 33 (June 2020), https://doi.org/10.1016/j.copsyc.2019.12.004.

5. Matthew Feinberg, Robb Willer, and Michael Schultz, "Gossip and Ostracism Promote Cooperation in Groups," *Psychological Science* 25, no. 3 (2014), https://doi.org/10.1177/0956797613510184.

# 4장

1. David A. Kravitz and Barbara Martin, "Ringelmann rediscovered: The original article," *Journal of Personality and Social Psychology* 50, no. 5 (1986), https://doi.org/10.1037/0022-3514.50.5.936.

2. Ian J. Deary et al., "More Intelligent, More Dependable Children Live Longer: A 55 Year Longitudinal Study of a Representative Sample of the Scottish Nation," *Psychological Science* 19, no. 9 (2008), https://doi.org/10.1111/j.1467-9280.2008.02171.x.

3. Avan Jassawalla, Hemant Sashittal, and Avinash Sashittal, "Students' Perceptions of Social Loafing: Its Antecedents and Consequences in Undergraduate Business Classroom Teams," *Academy of Management Learning & Education* 8, no. 1 (2009), https://doi.org/10.5465/amle.2009.37012178.

4. Michaéla C. Schippers, "Social Loafing Tendencies and Team Performance: The Compensating Effect of Agreeableness and Conscientiousness," *Academy of Management Learning & Education* 13, no. 1 (2014), https://doi.org/10.5465/amle.2012.0191.

5. Robert C. Liden et al., "Social Loafing: A Field Investigation," *Journal of Management* 30, no. 2 (2004), https://doi.org/10.1016/j.jm.2003.02.002.

6. Michael J. Rosenfeld, Reuben J. Thomas, and Sonia Hausen, "Disintermediating your friends: How online dating in the United States displaces other ways of meeting," *Proceedings of the National Academy of Sciences* 116, no. 36 (2019), https://doi.org/10.1073/pnas.1908630116.

7. Chris Lam, "The Role of Communication and Cohesion in Reducing Social Loafing in Group Projects," *Business and Professional Communication Quarterly* 78, no. 4 (2015), https://doi.org/10.1177/2329490615596417.

8. Vasyl Taras et al., "Straight from the horse's mouth: Justifications and prevention strategies provided by free riders on global virtual teams," *Journal of Management and Training for Industries* 5, no. 3 (2018), https://search.informit.org/doi/10.3316/informit.170441492915342.

9. Anthony J. Nyberg et al., "Collective Pay for Performance: A Cross-Disciplinary Review and Meta-Analysis," *Journal of Management* 44, no. 6 (April 2018), https://doi.org/10.1177/0149206318770732.

10. Matt Bolch, "Rewarding the Team: It requires careful consideration to craft a compensation plan that encourages and rewards employees for effective teamwork," *HR Magazine* 52, no. 2 (February 2007).

11. Kipling Williams, Stephen G. Harkins, and Bibb Latané, "Identifiability as a deterrant to social loafing: Two cheering experiments," *Journal of Personality and Social Psychology* 40, no. 2 (1981), https://doi.org/10.1037/0022-3514.40.2.303.

12. Jennifer M. George, "Extrinsic and Intrinsic Origins of Perceived Social Loafing in Organizations," *Academy of Management Journal* 35, no. 1 (1992), https://doi.org/10.5465/256478.

13. Steve W. J. Kozlowski and Daniel R. Ilgen, "Enhancing the Effectiveness of Work Groups and Teams," *Psychological Science in the Public Interest* 7, no. 3 (2006), https://doi.org/10.1111/j.1529-1006.2006.00030.x.

14. Mary-Ann Russon, "How to get paid for doing nothing: Inside Silicon Valley's controversial 'rest and vest' culture," *International Business Times* August 7, 2017, www.ibtimes.co.uk/how-get-paid-doing-nothing-inside-silicon-valleys-controversial-rest-vest-culture-1633884.

15. Robert B. Lount, Jr., et al., "Only When Others Are Watching: The Contingent Efforts of High Status Group Members," *Management Science* 65, no. 7 (2019), https://doi.org/10.1287/mnsc.2018.3103.

16. Kenneth H. Price, David A. Harrison, and Joanne H. Gavin, "Withholding inputs in team contexts: Member composition, interaction processes, evaluation structure, and social loafing," *Journal of Applied Psychology* 91, no. 6 (2006), https://doi.org/10.1037/0021-9010.91.6.1375.

17. Christy Zhou Koval et al., "The burden of responsibility: Interpersonal costs of high self-control," *Journal of Personality and Social Psychology* 108, no. 5 (2015), https://doi.org/10.1037/pspi0000015.

18. David Gill et al., "First-Place Loving and Last-Place Loathing: How Rank in the Distribution of Performance Affects Effort Provision," *Management Science* 65, no. 2 (2019), https://doi.org/10.1287/mnsc.2017.2907.

19. Allen J. Neuringer, "Animals Respond for Food in the Presence of Free Food," *Science* 166, no. 3903 (1969), https://doi.org/10.1126/science.166.3903.399.

20. Robert D. Tarte, "Contrafreeloading in Humans," *Psychological Reports* 49, no. 3

(1981), https://doi.org/10.2466/pr0.1981.49.3.859.

21. N. T. Feather, "Protestant Ethic, conservatism, and values," *Journal of Personality and Social Psychology* 46, no. 5 (1984), https://doi.org/10.1037/0022-3514.46.5.1132.

## 5장

1. Harry E. Chambers, *My Way or the Highway: Micromanagement Survival Guide* (San Francisco: Berrett-Koehler Publishers, 2004).

2. David Sturt and Todd Nordstrom, "10 shocking workplace stats you need to know," *Forbes*, March 8, 2018, www.forbes.com/sites/davidsturt/2018/03/08/10-shocking-workplace-stats-you-need-to-know/?sh=42e412c2f3af.

3. Richard D. White, "The Micromanagement Disease: Symptoms, Diagnosis, and Cure," *Public Personnel Management* 39, no. 1 (2010), https://doi.org/10.1177/009102601003900105.

4. Iskandar Aminov, Aaron De Smet, Gregor Jost, and David Mendelsohn, "Decision making in the age of urgency," McKinsey & Company, survey, April 30, 2019, www.mckinsey.com/business-functions/organization/our-insights/decision-making-in-the-age-of-urgency.

5. Jeffrey Pfeffer et al., "Faith in Supervision and the Self-Enhancement Bias: Two Psychological Reasons Why Managers Don't Empower Workers," *Basic and Applied Social Psychology* 20, no. 4 (December 1, 1998), https://doi.org/10.1207/s15324834basp2004_8.

6. White, "The Micromanagement Disease."

7. Mike Ramsey, "Electric-car pioneer Elon Musk charges head on in Detroit," *The Wall Street Journal*, January 11, 2015, www.wsj.com/articles/electric-car-pioneer-elon-musk-charges-head-on-at-detroit-1421033527.

8. Aminov, De Smet, Jost, and Mendelsohn, "Decision making."

9. Matt Villano, "The control freak in the corner office," *The New York Times*, May 28, 2006, www.nytimes.com/2006/05/28/business/yourmoney/28advi.html; Ben Wigert and Ryan Pendell, "The ultimate guide to micromanagers: Signs, causes, solutions," Gallup, July 17, 2020, www.gallup.com/workplace/315530/ultimate-guide-micromanagers-signs-causes-solutions.aspx.

10. Menelaos Apostolou and Yan Wang, "The Challenges of Keeping an Intimate Relationship: An Evolutionary Examination," *Evolutionary Psychology* 18, no. 3 (2020), https://doi.org/10.1177/1474704920953526.

11. John M. Gottman, "Repair and the core triad of balance," in *The Marriage Clinic: A Scientifically-Based Marital Therapy* (New York: W. W. Norton & Company, 1999).

12. John M. Gottman, *The Seven Principles for Making Marriage Work* (New York: Crown, 1999).

13. Kathleen A. Eldridge et al., "Demand-withdraw communication in severely distressed, moderately distressed, and nondistressed couples: Rigidity and polarity during relationship and personal problem discussions," *Journal of Family Psychology* 21, no. 2 (2007), https://doi.org/10.1037/0893-3200.21.2.218.

14. Annamarie Mann, "What are the best employee perks? Four questions to ask first," Gallup, August 2017, www.gallup.com/workplace/236141/best-employee-perks-questions-ask-first.aspx.

15. Brigid Schulte, "Millennials want a work life balance. Their bosses just don't get why," *The Washington Post*, May 5, 2015, www.washingtonpost.com/local/millennials-want-work-life-balance-their-bosses-just-dont-get-why/2015/05/05/1859369e-f376-11e4-84a6-6d7c67c50db0_story.html.

16. Shauna W., "David Lee Roth explains Van Halen's no brown M& Ms rule," *Ultimate Classic Rock*, 2012, https://ultimateclassicrock.com/david-lee-roth-van-halen-brown-mms-rule.

## 6장

1. Eleni Zoe, "Satisfaction with Onboarding: What New Hires Want," TalentLMS, August 22, 2019, www.talentlms.com/blog/new-employee-onboarding-study.

2. C. Lampic et al., "Short-and long-term anxiety and depression in women recalled after breast cancer screening," *European Journal of Cancer* 37, no. 4 (March 2001), https://doi.org/10.1016/S0959-8049(00)00426-3; Patricia Pineault, "Breast Cancer Screening: Women's Experiences of Waiting for Further Testing," *Oncology Nursing Forum* 34, no. 4 (July 2007).

3. Kate Sweeny et al., "Two definitions of waiting well," *Emotion* 16, no. 1 (2016),

https://doi.org/10.1037/emo0000117.

4. Kristy Threlkeld, "Employee Burnout Report: COVID 19's Impact and 3 Strategies to Curb It," Indeed, March 11, 2021, www.indeed.com/lead/preventing-employee-burnout-report.

5. Gallup, "The Manager Experience Series: Top Challenges & Perks of Managers," www.gallup.com/workplace/259820/manager-experience-challenges-perk-perspective-paper.aspx?g_source=link_wwwv9&g_campaign=item_259466&g_medium=copy.

6. Alyssa Place, "How managers can protect themselves from burnout," *Employee Benefit News*, March 11, 2021, www.benefitnews.com/news/how-managers-can-protect-themselves-from-burnout.

7. Randall Beck and James Harter, "Why good managers are so rare," *Harvard Business Review*, March 13, 2014, https://hbr.org/2014/03/why-good-managers-are-so-rare?utm_source=link_wwwv9&utm_campaign=item_231593&utm_medium=copy.

8. Julian Birkinshaw and Simon Caulkin, "How Should Managers Spend Their Time? Finding More Time for Real Management," *Business Strategy Review* 23, no. 4 (2012), https://doi.org/10.1111/j.1467-8616.2012.00901.x.

9. Sharyn E. Herzig and Nerina L. Jimmieson, "Middle managers' uncertainty management during organizational change," *Leadership & Organization Development Journal* 27, no. 8 (2006), https://doi.org/10.1108/01437730610709264.

10. Michael E. Porter and Nitin Nohria, "How CEOs manage time," *Harvard Business Review*, July-August 2018, https://hbr.org/2018/07/the-leaders-calendar#:~:text=The%20leaders%20in%20our%20study,days%2C%20averaging%202.4%20hours%20daily.

11. Annabel Fenwick Elliott, "Are you a first date fibber? Two thirds of us admit to doing it . . . with men lying most about their wealth and women shaving four years off their age," *Daily Mail*, April 8, 2015, www.dailymail.co.uk/femail/article-3030591/Two-thirds-admit-lying-date.html.

12. HireRight, "Liar, liar! The pants and the rest of you are fired," August 10, 2020, www.hireright.com/blog/tag/lied-on-resume.

13. Philip F. Stahel et al., "The 5th anniversary of the 'Universal Protocol': Pitfalls

and pearls revisited," *Patient Safety in Surgery* 3, no. 1 (July 2009), https://doi.org/10.1186/1754-9493-3-14.

14. Balraj S. Jhawar, Demytra Mitsis, and Neil Duggal, "Wrong-sided and wrong-level neurosurgery: A national survey," *Journal of Neurosurgery: Spine SPI* 7, no. 5 (November 2007), https://doi.org/10.3171/spi-07/11/467.

15. David Witt, "2020 Leadership development trends, challenges, and opportunities," Ken Blanchard Companies, January 2, 2020, https://resources.kenblanchard.com/blanchard-leaderchat/2020-leadership-development-trends-challenges-and-opportunities.

## 7장

1. Ashlee H. Rowe et al., "Voltage-Gated Sodium Channel in Grasshopper Mice Defends Against Bark Scorpion Toxin," Science 342, no. 6157 (2013), https://doi.org/10.1126/science.1236451.

2. Bella M. DePaulo et al., "Cues to deception," *Psychological Bulletin* 129, no. 1 (2003), https://doi.org/10.1037/0033-2909.129.1.74.

3. Maria Hartwig and Charles F. Bond, Jr., "Why do lie-catchers fail? A lens model meta-analysis of human lie judgments," *Psychological Bulletin* 137, no. 4 (2011), https://doi.org/10.1037/a0023589.

4. Michael G. Aamodt and Heather Custer, "Who Can Best Catch a Liar?," *Forensic Examiner* 15, no. 1 (Spring 2006); Charles F. Bond and Bella M. DePaulo, "Accuracy of Deception Judgments," *Personality and Social Psychology Review* 10, no. 3 (2006), https://doi.org/10.1207/s15327957pspr1003_2.

5. David F. Larcker and Anastasia A. Zakolyukina, "Detecting Deceptive Discussions in Conference Calls," *Journal of Accounting Research* 50, no. 2 (February 2012), https://doi.org/10.1111/j.1475-679X.2012.00450.x.

6. Hee Sun Park et al., "How people really detect lies," *Communication Monographs* 69, no. 2 (June 2002), https://doi.org/10.1080/714041710.

7. Bertjan Doosje et al., "Terrorism, radicalization and deradicalization," *Current Opinion in Psychology* 11 (October 2016), https://doi.org/10.1016/j.copsyc.2016.06.008.

8. Vera E. Mouradian, "Abuse in intimate relationships: Defining the multiple di-

mensions and terms," National Violence Against Women Research Center, 2000, https://mainweb-v.musc.edu/vawprevention/research/defining.shtml.

9. David T. Welsh et al., "The slippery slope: How small ethical transgressions pave the way for larger future transgressions," *Journal of Applied Psychology* 100, no. 1 (2015), https://doi.org/10.1037/a0036950.

10. Todd C. Buckley, Edward B. Blanchard, and W. Trammell Neill, "Information processing and PTSD: A review of the empirical literature," *Clinical Psychology Review* 20, no. 8 (November 2000), https://doi.org/10.1016/S0272-7358(99)00030-6; Kate Clauss and Caroline Clements, "Threat Bias and Emotion Recognition in Victims of IPV," *Journal of Interpersonal Violence* 36, nos. 5-6 (March 2018), https://doi.org/10.1177/0886260518766424.

11. Elizabeth Levy Paluck, Hana Shepherd, and Peter M. Aronow, "Changing climates of conflict: A social network experiment in 56 schools," *Proceedings of the National Academy of Sciences* 113, no. 3 (January 2016), https://doi.org/10.1073/pnas.1514483113.

## 부록

1. www.prnewswire.com/news-releases/more-than-half-of-employers-have-found-content-on-social-media-that-caused-them-not-to-hire-a-candidate-according-to-recent-careerbuilder-survey-300694437.html.

옮긴이 박다솜

서울대학교 언어학과를 졸업했다. 옮긴 책으로『관찰의 인문학』『여자다운 게 어딨어』
『죽은 숙녀들의 사회』『매일, 단어를 만들고 있습니다』『스피닝』『요즘 애들』『애도 클럽』
『로스트 웨일』『노동의 상실』등이 있다.

# 사무실의 도른자들

1판 1쇄 2023년 11월  9일
1판 3쇄 2023년 12월 21일

지은이 테사 웨스트 | 옮긴이 박다솜
책임편집 신기철 | 편집 심재경 김봉곤 이희연 고아라
디자인 최윤미 이정민 | 저작권 박지영 형소진 최은진 서연주 오서영
마케팅 정민호 서지화 한민아 이민경 안남영 왕지경 황승현 김혜원 김하연 김예진
브랜딩 함유지 함근아 고보미 박민재 김희숙 박다솔 조다현 정승민 배진성
제작 강신은 김동욱 이순호 | 제작처 영신사

펴낸곳 ㈜문학동네 | 펴낸이 김소영
출판등록 1993년 10월 22일 제2003-000045호
주소 10881 경기도 파주시 회동길 210
전자우편 editor@munhak.com | 대표전화 031) 955-8888 | 팩스 031) 955-8855
문의전화 031) 955-3579(마케팅) 031) 955-3571(편집)
문학동네카페 http://cafe.naver.com/mhdn
인스타그램 @munhakdongne | 트위터 @munhakdongne
북클럽문학동네 http://bookclubmunhak.com

ISBN 978-89-546-9593-0 03180

www.munhak.com